당신의 현실에는 이유가 있습니다

아픈 현실을 만드는
숨은 관념 치유하기

# 당신의
# 현실에는
# 이유가
# 있습니다

카밀로 지음

정신세계사

## 당신의 현실에는 이유가 있습니다

ⓒ 카밀로, 2022

카밀로가 지은 것을 정신세계사 김우종이 2022년 7월 15일 처음 펴내다. 이현율과
배민경이 다듬고, 변영옥이 꾸미고, 한서지업사에서 종이를, 영신사에서 인쇄와 제본을,
하지혜가 책의 관리를 맡다. 정신세계사의 등록일자는 1978년 4월 25일(제2021-
000333호), 주소는 03965 서울시 마포구 성산로4길 6 2층, 전화는 02-733-3134, 팩스는
02-733-3144이다.

2024년 10월 21일 펴낸 책(초판 제4쇄)

ISBN     978-89-357-0457-6  03190

홈페이지 mindbook.co.kr | 인터넷 카페 cafe.naver.com/mindbooky |
유튜브 youtube.com/innerworld | 인스타그램 instagram.com/inner_world_publisher

# ◆ 차 례 ◆

**2부**

# 인간관계 시크릿

3부

# 자아실현과 외모, 건강 시크릿

첫 번째 저서 《시크릿을 깨닫다》를 출간한 지 벌써 3년여가 흘렀다. 그동안 나는 내적 성장을 통해 인생을 변화시키는 코칭 기업 '라이프 루시딩Life Luciding'을 운영하면서 수많은 사람들을 만나 교류했고, 인간과 세상에 대한 많은 이야기를 나누었다. 이 과정에서 새삼 놀란 부분이 있는데, 그것은 사람들이 표면적 현실을 바꾸는 데만 관심이 있다는 것이었다. 자신의 삶에 나타난 현상의 본질을 탐구하기보다는 당장 에고의 소망을 이루고자 하는 마음이 더 큰 것이다. 왜 그런 걸까?

　　가장 큰 이유는 마음이 곧 현실이라는 사실을 모르기 때문이다. 우리는 마음속에 각기 다른 관념들을 품고 산다. 그리고 관념은 곧 그 사람의 현실을 만든다. 따라서 중요한 것은 표면적으로 나타난 현실을 내 입맛대로 바꾸는 게 아닌, '나의 현실' 속에서 나타난 가치와 의미를 깨달아 보다 근본적인 삶의 변화를 이루는 것이다. 이 과정에서 쓰이는 것이 바로 '관념분석'이라는 방편이다. 나는 이 관념분석을 통해 삶을 해부하고 탐구하여, 궁극적으로는 자신의 세상을 재창조하는 방법을 실제 사례들을 바탕으로 전하고자 한다.

　　이 책에 인용된 사례들은 내가 한국에 돌아와 활동하는 동안 있었던 수많은 사건들을 그 핵심만 담아 편집한 것이다. 사례를 선정할 때는 거창하고 초자연적으로 보이는 사례들보다 우

리의 주변에서 항상 벌어지는 일들을 중심으로 선정하려 노력했
다. 독자가 삶의 다양하고 실질적인 측면에 관념분석을 적용할
수 있게끔 안내하기 위해서였다. 그래서 사례들을 분석하고 피
드백하는 데 가장 큰 비중을 두었고, 관념분석의 이론적인 부분
에 대해서는 가장 기초적인 부분만을 간단하게 기술했다.

　　이 책에서는 부, 인간관계, 자아실현과 몸이라는 세 부분
으로 카테고리를 구분해두었다. 이 세 가지 카테고리가 우리의
삶을 채우는 가장 큰 주제들이기 때문이다. 각각의 부에서는 사
례자의 상황을 만든 관념을 분석하고, 그 상황을 변화시킬 수 있
었던 관념처리 방법을 알려준다. 독자들은 책을 읽으며 관념의
분석과 허용, 재규정이라는 과정이 어떤 식으로 이루어지는지
알게 될 것이다. 또, 자신이 가진 것과 비슷한 관념이 사례로 나
왔을 때는 그러한 관념분석을 자기 자신에게 적용해볼 수도 있
을 것이다. 이렇게 다양한 관념분석 사례담을 읽어나가다 보면
독자는 단순한 심상화나 확언을 통한 현실창조가 아닌, 보다 통
합적인 삶의 변화를 스스로 이루어갈 수 있을 것이다.

　　나는 이 책을 전편인 《시크릿을 깨닫다》를 이미 읽은 독
자들을 예상 독자로 하여 집필했다. 하지만 비이원성과 상대성
에 대한 앎이 어느 정도 있는 독자라면 굳이 전편을 읽지 않아도
충분히 이 책을 이해할 수 있을 것이다. 또한 마음공부와 자기계
발이 생소한 독자라 하더라도 여러 사례를 읽고 관념분석의 이
치를 반복적으로 사유하다 보면 관념을 알아볼 수 있는 눈이 떠
질 것이고, 변화가 시작될 것이다.

　　본격적으로 관념분석에 대해 알아보기 전에, 책을 읽는

법에 대해 당부하고 싶은 것이 몇 가지 있다. 첫째로, 본문을 읽을 때는 거기에 실린 사례들을 나의 이야기처럼 읽어보자. 사례들을 나의 경우에 대입하고 적용해보면 몰랐던 나 자신의 관념을 발견할 수도 있고, 관념을 알아볼 수 있는 통찰력이 커진다. 둘째로, 각 부의 끝부분에 있는 셀프 코칭 가이드, 즉 사유 주제와 질문들에 스스로 답을 해보자. 그리고 이 가이드를 연습문제 삼아 사유하고 명상해보자. 이렇게 함으로써 독자는 필자와 같은 타인의 도움 없이도 스스로 자신의 관념을 확인할 수 있다. 이 두 가지를 잘 기억한 채로 이 책을 따라가다 보면 어느새 변화된 자신을, 변화된 현실을 마주하게 될 것이다. 그럼 이제, 그 변화의 첫발을 내디뎌보자.

## 마음이 현실을 만든다

"마음이 현실을 만든다." 살면서 한 번쯤 들어보았을 법한 말이다. 이와 비슷한 격언들은 아주 다양하다. "말이 씨가 된다", "생각이 현실이 된다" 등의 생활 속담에서부터 불교에서 말하는 일체유심조一切唯心造, 현실의 해석은 받아들이는 마음에 달려 있다는 교훈으로 유명한 원효대사의 해골 물 일화에 이르기까지. 마음과 현실이 밀접한 관계라는 것을 알려주는 격언과 가르침은 수없이 많다. 이러한 말들의 세부적인 뜻은 조금씩 다르지만 간단하게 한 줄로 정리하자면 "마음이 현실을 만든다"가 그 핵심이 될 것이다. 좀 더 정확히 말하자면 마음을 형성하는 '관념'들이 현실을 만든다.

우리의 삶을 한 편의 영화 혹은 컴퓨터 게임으로 생각하면 이를 이해하기가 쉽다. 먼저, 당신의 삶을 한 편의 영화라고 생각해보자. 영화를 만들기 위해서는 시나리오가 필요하다. 그 시나리오에는 완성되어 상영되는 영화에서 펼쳐지는 모든 장면들이 이미 다 들어 있다. 우리 삶이 영화라고 했을 때, 탄생에서부터 죽음에 이르기까지 매 순간의 모든 장면들은 영화 필름 속에 존재하는 정보들이 영상의 형태로 '배경의식'이라는 스크린에 투영되는 것이다. 즉 우리는 몸의 감각기관이라는 어플과 뇌에 깔려 있는 현실해석 소프트웨어를 통해 매 순간 인생이라는 장면들을 다운로드하고 있으며, 이 정보들을 재구성하고 있다.

우리의 삶을 컴퓨터 게임에 비유해도 마찬가지다. 이 비유는 매 순간 일어나는 다양한 선택의 가능태를 이해하는 데 도움이 된다. 당신이 컴퓨터 게임을 실행시키는 순간 모니터(배경의식의 스크린)에는 하나의 세상이 펼쳐진다. 유저는 한 명의 플레이어를 고를 수 있고, 전체 게임의 스토리를 따라 그때그때 다양한 선택이 가능해진다. 유저가 선택하면 그 선택으로부터 각기 다른 스테이지와 스토리가 펼쳐진다. 게임 안에서 구현 가능한 모든 가능성과 선택지는 게임 안에 이미 정보의 형태로 다 들어 있다.

영화에서는 시나리오 안에 없는 내용을 볼 수 없고, 게임에서는 프로그램된 정보만을 체험할 수 있다. 이처럼 영화를 구성하는 시나리오 요소와 게임을 구성하는 프로그램 정보요소가 바로 개개인의 삶을 만들어내는 '현실출력 회로', 다른 말로 '관념망'이다. 이를 카르마라고 부르기도 한다.

## 영화 속 캐릭터는 현실을 바꿀 힘이 없다

많은 사람들이 현실을 바꾸고자 하는 꿈을 가지고 있다. 현실을 바꾸는 것은 정말로 가능한 일일까? 결론부터 말하자면 가능하다. 그러나 그것이 불가능하거나 어렵게 느껴지는 이유는 포지션을 잘못 잡았기 때문이다. 현실을 변화시키려면 포지셔닝이 가장 중요하다. 자신을 삶이라는 영화 속 등장인물로 포지셔닝한 상태에서는 현실을 바꿀 힘이 제대로 작동하지 않는다.

영화 속 등장인물은 영화의 주인공이기는 하지만 영화 장면을 바꿀 수 있는 권한은 가지고 있지 않다. 그저 짜여진 스토리에 따라 매 장면에 등장하며 이야기를 이어가는 역할을 할 뿐이다. 영화 속 장면을 만들어나가는 권한은 감독에게 부여된 권한이다. 컴퓨터 게임 속 캐릭터도 마찬가지다. 아무리 멋져 보여도 하나의 캐릭터에 불과하다. 그는 게임을 실질적으로 플레이하는 자가 아니다. 플레이되어지는 자다. 게임 캐릭터는 유저의 결정과 선택에 따라 게임 속 역할을 충실하게 할 뿐이다.

　　자기 자신을 삶이라는 영화 속 등장인물로 규정하면 흘러가는 현실의 스토리에 끌려다닐 뿐, 현실창조 능력은 제한된다. 그러니 현실을 바꾸려면 영화 장면이나 게임 속 스토리를 바꿀 수 있는 포지션으로 자기 자신을 규정해야 한다. 그것이 포지셔닝이다. 그렇다면 어느 위치에 자리 잡아야 현실창조의 능력을 충분히 발휘할 수 있을까? 적어도 영화 속 등장인물의 위치에서는 빠져나와야 한다.

## 바라보는 자의 지점

영화 속 주인공의 관점으로 아등바등해봤자 원하는 영화 속 장면들을 체험할 수 없다. 게임 속 캐릭터도 마찬가지다. 영화와 게임 속 장면을 바꾸려면 필름을 갈아 끼워야만 한다. 체험 가능한 모든 필름들은 이미 준비되어 있다. 새로운 필름을 골라서 끼워 넣으면 된다. 하지만 그러기 위해서는 영화 속 등장인물이 아닌, 최소한 관객의 관점으로 물러나야 한다. 자신의 삶을 대상화하여 바라볼 수 있어야 한다는 뜻이다. 이와 같은 의식의 상태를 '주시자 의식'이라 부른다.

　　그렇다면 왜 주시자 의식이 필요할까? 관객은 자신이 보고 싶은 영화를 고를 수 있기 때문이다. 우리는 영화나 게임 속 주인공을 나라고 할 수도 있고, 관객을 나라고 할 수도 있다. 더 나아가 영사기 기사가 나일 수 있고 감독, 제작자, 평론가가 나일 수도 있다. 이것이 포지셔닝이다. 자기 자신을 어떻게 규정하고 인식하느냐에 따라 '관점'이 형성된다. 관점은 내가 삶을 인식하는 지점이 되고, 현실은 관점을 통해 출력된다. 따라서 어떤 관점을 유지하느냐에 따라 내 삶을 형성하는 관념의 내용이 달라진다.

등장인물은 그저 주어진 대본을 연기할 수밖에 없다. 하지만 관객은 영화, 즉 현실과의 비동일시가 가능하고 빨리감기, 건너뛰기의 힘도 가지고 있다. 이러한 관객의 입장에서 뒤로 더 물러나면 감독의 입장이 된다. 감독은 영화의 시나리오를 수정하는 권한이 있다. 구경하는 자의 입장(관객의 시선)을 벗어나 나의 세상을 규정할 자격을 가지게 되는 것이다. 여기서 한 번 더 물러나면 제작자의 입장이 된다. 제작자는 배우, 관객, 감독의 모든 입장을 고려할 수 있는 힘이 있다. 제작자는 구경하는 자(주시자), 규정하는 자(인식), 영화 자체를 허용(긍정과 부정의 모든 상황을 모두 받아들임)하는 자로서의 정체성을 모두 가지게 된다.

자기 자신을 무엇으로 인식하느냐에 따라 포지션이 변하고, 그 포지션을 따라 관념으로 이루어진 현실출력 회로가 변한다. 자기 자신을 어쩌다 삶이라는 영화에 출연하게 된 엑스트라나 짜여진 대본대로 연기해야 하는 주인공으로 여긴다면 당신의 삶은 변하지 않는다. 삶을 바꾸기 위해서는 적어도 관객의 입장이 되어 자신의 삶을 대상 바라보듯 구경할 수 있어야 한다. 바로 이때 변화가 시작된다. 관객이 된 당신은 감독과 제작자가 될 수 있는 자격을 갖추게 된다. 감독과 제작자의 입장이 되어 당신의 현실을 구성하는 관념을 분석하고 새로 짜는 것이다. 이것이 관념분석이다.

그러나 이 과정은 오직 나의 삶을 구성하는 모든 요소들에 대한 전적인 사랑과 이해를 가지고 이루어져야 한다. 당장의 소망을 위해 지금의 나를 이루는 데 참여한 것들을 부정하거나 외면해서는 안 된다. 나의 현실을 만든 관념들의 입장을 가슴으로 실감하고, 이해해주는 마음이 필요한 것이다. 따라서 관념분석은 머리가 아닌 가슴의 작업이 되어야 한다.

당신이 감독과 제작자의 입장이 되어야 할 이유가 또 있다. 이들은 나의 삶이라는 영화에 출연하는 모든 출연진의 입장을 알고 있다. 여기서의 출연진이란 내 안의 수많은 소인격들, 즉 인격화된 관념인 '내면아이'들이다. 이 내면아이의 입장이 되어 그들의 마음을 헤아릴 수 있는 이들이 바로 감독과 제작자다.

내면아이 소통과 관련해서는 수많은 가르침이 있지만 실제로 행해보면 결코 쉬운 일이 아니다. 이유가 뭘까? 내면아이들을 이해하려면 철저하게 그들의 입장이 되어야 한다. 먼저 고집불통의 '나는 ~하다'는 이미지, 즉 아상我想을 놓아버려야 그들을 이해할 수 있다는 말이다. 하지만 영화 속 등장인물로 사는 사람은 개인의 아상을 놓을 수 없다. 그러니 내면아이와 소통할 때도 개인적 성향을 그대로 유지한 채 소통하게 되고, 이 아상 때문에 소통이 아니라 마찰이 일어나게 된다. 이런 식으로, 아상을 버리지 못하면 내적 소통작업은 진정한 힘을 발휘할 수 없게 된다.

만약 내면과의 소통에 자주 실패했다면 내가 철저히 상대

방의 입장이 되지 않은 것, 즉 소통의 자격을 갖추지 못한 것이
이유임을 알아야 한다. 자, 내면아이와의 소통할 준비가 충분히
되었다면 이제 우리의 관념이 현실에서 어떻게 펼쳐지는지 살펴
보자.

# 1부

# 부 시크릿

첫 번째로 부와 관련된 현실창조를
살펴보자. 부를 첫 번째이자 가장 중요한
카테고리로 삼은 이유는 부가 단순히
물질적인 측면에 국한되는 것이 아니기
때문이다. 인간관계에서도, 자아실현과
건강, 외모 차원에서도 부와 궁핍은 모습을
바꿔가며 나타난다. 부와 궁핍이라는
상대성의 본질을 깨달으면 이를 다른
카테고리에도 똑같이 적용할 수 있다.

## 1장
## 나는 인정받기 위해 부자가 될 거야

A씨는 50대 중반의 부동산 중개인이다. 그는 누구보다 열심히 산다고 자부하고 있었지만 중개업에 종사한 20여 년 동안 한 번도 풍족한 부를 누려본 적이 없다. 열심히 일하는 데 비해 실적이 제대로 나오지 않았던 것이다. 부동산 중개업을 하지만 막상 자신은 한 번도 자가 주택을 가져본 적이 없었고, 월세를 전전하며 살고 있다. 가장 견디기 힘든 것은 아내와 자식들에게 경제적 능력 때문에 무시를 당하는 것이라고 한다. 이렇게 고충을 털어놓는 그는 나와 만나 관념분석을 진행하는 내내 반복되는 궁핍한 경제 사정에 답답해하며 불만을 늘어놓았다.

**카밀로**　당신은 항상 경제적으로 궁핍했습니다. 맞나요?
**A**　　　맞습니다. 단 한 번도 풍족해본 적이 없습니다.
**카밀로**　물질적 풍족함이란 상대적인 것이라는 사실을 감안해도 마찬가지인가요? 예를 들어 월급이 300만 원이라고 칩시다. 자식이 셋이나 있는 사람에게는 300만 원의 수입이 적은 것일 수 있지만 혼자 사는 사람에게는 넉넉할 수 있습니다. 다양한 취미 생활을 하는 사람에게는 300만 원이 모자랄 수 있지만 아무런 취미 없이 그저 회사와 집을 왕복하는 사람에게는 그것만으로도 충분할 수 있습니다. 이처럼 물질적 풍요는 달마다 300만 원을 번다는 현실 자체보다는 그것을 해석하고 받아들이는 마음의 상태와 밀접한 관계가 있습니다. 이런 부분을 감안하더라도 항상 결핍을 경험했냐는 뜻입니다.

A 　　네, 모든 부분을 감안해도 저는 항상 궁핍했던 것 같습니다.

카밀로 　가난이 항상 반복되고 있는 거군요.

A 　　맞아요. 계속 반복되고 있습니다.

카밀로 　그런 상황을 바라보는 당신의 마음은 어떻습니까?

A 　　답답합니다. 처자식에게도 돈 못 버는 아버지라고 무시당하는 듯해서 죽을 듯 괴롭습니다.

카밀로 　좋습니다. 당신이 왜 돈과 인연이 없는지 알겠군요. 제가 그 이유를 말해드리면 크게 충격을 받을 수도 있습니다. 들을 준비가 되셨나요?

A 　　네, 어떤 얘기가 나올지 무섭지만 준비되었습니다.

카밀로 　당신이 가난한 이유는 당신이 가난을 선택했기 때문에 그렇습니다. 부를 밀어내고 있는 것이지요.


　　A씨의 경우를 살펴보면 한 가지 특징이 있다. 바로 '반복'

이다. 첫 번째로 반복되고 있는 것은 '경제적 궁핍'이다. A씨의 가난은 한두 번 반복되고 그친 것이 아니라 계속 반복되고 있다. 그다음, 두 번째로 반복되고 있는 것은 '답답함과 불만'이다. 결국 '궁핍한 현실과 이에 대한 불만'이 반복되고 있다. 이 부분에 주목해야 한다.

**카밀로** 대부분이 받아들이기 힘들어하는 사실이지만, 무언가가 계속 반복되고 있다는 것은 사실 그것이 나 자신의 모습으로 선택되었다는 뜻입니다.

**A** 믿을 수가 없네요. 제가 가난을 선택했다고요?

**카밀로** 그렇습니다. 하지만 가난을 선택한 것은 당신이 익숙하게 생각하는 당신이 아닙니다. 당신에게 익숙한 '나'라는 느낌은 의식의 가장 표면에 나타난 자아일 뿐이죠. 가난에 대한 선택은 그보다 훨씬 깊은 마음 안에서 일어났습니다. 당신이 그것을 눈치채지 못했을 뿐입니다.

**A** 이해가 안 됩니다. 제가 왜 저한테 해로운 것을 선택했겠습니까? 혹시 잘못 보신 건 아닌가요?

**카밀로** 그렇지 않습니다. 반복되는 현실은 당신의 의식 깊은 곳으로부터 '나의 현실'로 선택된 것입니다. 그렇지 않고서는 반복이 일어나지 않습니다.

**A** 그럼 저는 무엇 때문에 그런 선택을 한 거죠?

**카밀로** 당신의 삶에서 반복되는 것이 또 하나 있지 않나요? 그것 때문입니다.

**A** 그게 뭐죠? 감이 안 오네요.

**카밀로** 불평불만입니다.

A씨의 현실에서는 가난이 반복되고 있었고, 그와 더불어 가난에 대한 불평불만도 반복되고 있었다. 이 두 가지의 상관관계를 파악해보자. 일반적인 관점으로는 당연히 불만을 가질 만한 현실, 즉 가난이 있기에 불만이라는 결과가 발생한다고 생각할 것이다.

그러나 비이원적 관점은 한쪽 방향으로만 흐르지 않는다. 원인과 결과를 통으로 보자. 가난하기에 불평불만을 가질 수도 있지만, 그 반대로 불평불만을 하기 위해 가난한 현실이 존재할 수도 있다. 위에서 내려다보듯 사건과 결과를 한꺼번에 보자. 가난한 현실과 불평불만은 상호의존적인 관계다. 가난한 현실이 있어야 불평불만이 있을 수 있고, 불평불만이 있어야 그것의 정당한 근거가 되는 가난한 현실이 있을 수 있다. 결국 가난과 불평불만은 하나인 것이다. 원인(가난한 현실)과 결과(불평불만)가 하나라면 어떻게 변화를 이룰 수 있을까? 결과를 바꿔주면 된다.

**카밀로** 가난한 현실을 바꾸고 싶다면 불평불만을 멈춰야 합니다.
**A** 생각지도 못했던 반전이군요. 이해가 쉽지 않습니다. 결과를 바꾸려면 원인을 바꿔야 하는 것 아닌가요?
**카밀로** 그것이 일반적인 생각이니 잘못된 것은 아닙니다. 하지만 원인과 결과는 하나이며, 본래 상대성 안에 동시에 있는 것입니다. 일방적인 것이 아니죠. 시간이 과거에서 미래로 흐른다고 여기는 관점에서는 원인이라는 것이 결과보다 선행하지만, 전체적인 시각으로 본다면 우리가 결과라고 부르는 것이 사실은 원인을 만들고 과정을 펼쳐내는 숨은 원인일 수도 있습니다. 지금 당장은 이 사실을 받아들이기 힘드시겠지만, 그렇게 해야 합니다. 익숙한 사고방식의 사슬을 끊어내기 위해서요.

A        아무리 생각해도 쉽지 않네요. 어떻게 결과를 먼저 바꿀 수 있다는 거죠?

카밀로   결과라는 것을 잘 들여다보면 거기에는 단순히 사건 하나만 있지 않습니다. 하나의 사건이라는 것은 매우 종합적인 인식입니다. 하나의 사건 안에는 그 사건을 받아들이는 관점, 사건에 동반되는 느낌, 감정, 생각, 정서 등이 모두 담겨 있습니다. 그러니 결과를 바꾼다는 것은 엄밀히 말하자면 사건 자체를 부정하는 것이 아니라 사건에 담겨 있는 감정, 느낌, 관점, 정서 등을 새롭게 인식하는 것입니다. 이제 당신의 현실과 그 현실을 나타나게 만든 관념의 작용을 한번 분석해보겠습니다. 그 과정에서 당신은 관념분석에 대해 이해하게 될 것입니다. 당신의 현실이 어떻게 나타나게 되는지 그 원리도 알게 될 거고요.

A        좋습니다.

카밀로   당신의 궁핍한 현실은 매번 반복되고 있습니다. 이에 동반되는 부정적인 감정도 매번 반복되고 있습니다. 당신의 경우, 대표적인 감정 형태는 '불만'입니다. 그렇죠?

A        맞습니다. 저는 제 현실에 불만이 많습니다. 도대체 제가 뭘 잘못했다고 이렇게까지 현실이 고된 건지 당최 그 이유를 모르겠습니다.

카밀로   당신은 아내와 자식들에게 인정받지 못한다고 느끼고 있습니다. 나의 노력이 보상받지 못했다고 느끼고, 억울해하고 있죠. 이 모든 경우에 공통적으로 작용하고 있는 욕구가 하나 있습니다. 바로, '인정받고 싶은 욕구'입니다.

A  네, 저는 인정받고 싶어요. 하지만 살면서 한 번도 인정을 받아본 적이 없습니다.

카밀로  당신에게는 항상 궁핍한 현실이 있습니다. 이에 동반되는 불만이 바로 궁핍한 현실이 당신에게 미치는 영향이자 현실에 대한 당신의 반응입니다. 그런데 여기서 생각해봐야 할 것이 하나 있습니다. 현실이 궁핍하면 궁핍한 거지 왜 불만일까요? 현실이 어렵다고 불평불만을 늘어놓아야 한다는 법이라도 있나요? 사실 꼭 그래야만 하는 건 아닙니다. 하지만 당신의 현실에는 궁핍과 불만이 늘 함께 있었습니다. 그렇다면 이 현실은 그 불만을 위한 것입니다. 불만이 반복되고 있다는 사실이 이를 증명합니다.

A  그러고 보니 그런 것 같기도 하네요.

카밀로  당신의 마음속 깊은 곳에는 '인정욕구'가 있습니다. 그런데 현실에서는 인정을 받지 못하니 불만이 계속 반복되는 것이지요. 그런데 이 인정받고 싶은 욕구 자체가 함정입니다. 당신은 사실 인정받기를 원하지 않고 있습니다.

A  아닙니다. 저는 인정받고 싶습니다. 정말 간절히 원하고 있다고요.

카밀로  만약 진정으로 인정받기를 원한다면 당신의 현실은 인정받는 현실로 변해가야 합니다. 현실은 마음속 관념들의 완벽한 반영이기 때문입니다. 그러나 애석하게도 마음속 깊은 곳에서 당신이 원하는 것은 인정받고 싶은 욕구를 유지하는 것이지, 인정받는 것을 원하는 게 아닙니다. 인정욕구를 통해 충족되어야 하는 것은 인정받음이 아니라 '인정을 받고 싶은 욕구를 계속 유지하는 것'이란 말입니다. 자, 돌이켜봅시다. 당신은 인정욕구를 느낀 적이 있죠?

A　네, 있습니다.

카밀로　인정욕구가 충족되었을 때 문제가 근본적으로 해결된 적이 있었나요? 그러니까, 인정욕구가 사라진 적이 있었냐는 뜻입니다.

A　아… 그런 적은 없었습니다. 그저 잠시 사라졌다 다시 나타났어요.

카밀로　그것이 방어기제로서의 욕구가 가지는 속성입니다. 인정욕구는 오히려 인정을 받으면 안 됩니다.

A　이해가 안 되는군요. 인정받고 싶은 욕구라면 인정받으면 그만인 거 아닌가요?

카밀로　이를 이해하기 위해 인정욕구의 입장에서 생각해봅시다. 인정욕구는 충족되는 순간 사라집니다. 인정욕구 자체를 하나의 인격으로 여긴다면 이해가 될 겁니다. 인정욕구의 타고난 역할은 인정을 받아내는 것이지만, 오히려 그것이 충족되면 그의 입장에서는 자신의 역할이 끝났기 때문에 사라져야 합니다. 일종의 딜레마이자 모순이죠.

A　인정욕구는 오히려 인정받으면 안 된다는 거군요. 충격적입니다.

카밀로　당신의 마음속 깊은 곳에서 인정욕구라는 방어기제가 작동했습니다. 그런데 인정욕구의 입장에서는 자신의 존재를 유지하는 것이 가장 중요합니다. 인간의 제1원칙인 생존 본능이지요. 이것이 모든 욕구의 슬픈 진실입니다. 원하되, 원하는 것이 충족되면 사라질 수밖에 없기에 오히려 이루어지면 안 됩니다. 그럼 어떻게 하는 것이 좋을까요? 충족되지 않도록 판을 짤 수밖에 없는 것입니다.

A     무언가를 원하는 모양으로 나타났지만 원하는 것이 충족되면 사라지기에 오히려 진정으로 원할 수가 없다는 건가요?

카밀로     그렇습니다. 겉으로 드러난 마음인 '인정받고 싶은 욕구'는 인정받음으로써 그 욕구가 충족되지 않기 위해 수를 써야 합니다. 그래서 다양한 '두려움'을 고용합니다. 소유했던 것을 상실하는 경우에 대한 두려움, 실패해서 더욱더 인정받지 못할 것에 대한 두려움 등이 그것입니다.

A     인정욕구가 두려움을 고용하는 이유는 뭔가요?

카밀로     두려움은 책임지지 않기 위한 장치입니다. "인정은 받고 싶지만 내가 가진 것을 잃을까 봐 두려워" 혹은 "인정은 받고 싶지만 실패해서 인정을 못 받을까 봐 두려워" 같은 마음인 것이죠. 인정받고자 노력한다 해도 성공할 거라는 자신이 없는 겁니다. 물론 이 마음에도 숨은 내막이 있습니다. 인정받고자 노력한다 해도 성공할 거라는 자신이 없어서 두려운 '척'함으로써 자신의 존재를 유지하고자 하는 것입니다. 사실 당신의 마음속 깊은 곳에서는 '나는 경제적으로 궁핍한 존재다'라는 사실을 받아들인 상태이기 때문에 인정받을 수 있을지 없을지에 대한 이 같은 불확신, 즉 두려움은 가속됩니다.

그럼 어떻게 하는 게 가장 좋을까요? 차라리 무언가를 시도하지 않는 게 마음이 편할 것입니다. 이것이 상실에 대한 두려움입니다. 시도조차 하지 않던가, 아니면 시도하던 것들이 중간에서 그럴듯한 이유로 계속 어긋나야 합니다. 그래야 내가 나를 받아들이지 못하는 일이 애초에 일어나지 않을 테니까요. 자신의 실패를 미리 정해놓고 스스로를 변호하기 위해 "난 최선을 다 했는데 일이 이러저러해서 잘 안 풀렸을 뿐이야"와 같은 치밀한 알리바이를 준비하는 것과 마찬가지입니다.

A        충격입니다. 내 안에 그런 마음들이 있었다니…. 저는 실패하기 위해 치밀한 준비를 하고 있었네요. 믿을 수가 없습니다.

카밀로   다시 한번 정리하자면 당신은 "나는 결핍된 존재다"라는 자기규정이 있습니다. 그리고 이에 따라 생긴 인정욕구는 자신의 존재를 유지하기 위해 두려움을 활용하고, 이 두려움은 '나 자신을 받아들일 수 없는 상황'이 애초에 일어나지 않도록 나를 계속 궁핍한 상태에 몰아넣습니다. 결국, 당신은 마음속 깊은 곳에서부터 스스로를 '궁핍한 사람'으로 규정해놓은 겁니다. 또, 그렇기에 "나는 뭘 해도 안 돼"라는 관념이 있는 것입니다. 이 관념은 당신의 현실이 증명하고 있죠. 경제적 결핍이 계속 반복되는 현실 말입니다.

그러나 이를 인정하면 스스로가 무능하다는 사실을 인정하는 꼴이 됩니다. 이것 또한 견디기가 힘들겠죠. 그래서 "나는 열심히 살지만 운이 따라주지 않아서 현실이 이렇다"라는 관념을 만들어내고, 이를 증명하기 위해 계속 불평불만을 하는 것입니다. 당신은 내심 불평불만을 즐기고 있습니다. 현실은 이러한 메커니즘을 위해서 계속 궁핍한 형태로 반복되는 것이구요.

A       도대체 무엇을 위해서죠? 참담하네요.

**카밀로**  그래야 합법적으로 징징거릴 수 있는 자격이 부여되니까요. 그리고 이 덕분에 인정받지 못할 수도 있다는 두려움과 궁핍한 현실에서 벗어나려면 더 노력해야 한다는 압박감으로부터 도피할 수도 있구요. 이 전체적인 과정을 보세요. 당신의 현실에서 나타나고 있는 인정욕구는 무언가를 이루어서 충족되는 것이 목적이 아닙니다. 말 그대로 인정욕구 그 자체의 지속, 생존이 목표인 것입니다. 또, 궁핍한 현실이 계속되어야만 불완전하고 결핍된 존재라는 자기규정에 부합할 수 있습니다. 보다 깊은 곳의 당신에게는 어떻게든 계속 가난해야만 하는 이유가 있었던 것입니다.

A씨의 문제는 결국 이것이었다. 그의 현실은 궁핍한 현실에 따른 감정을 계속 체험해서 심층 무의식 속의 자기규정인 "나는 결핍된 존재다"라는 관념을 유지하기 위한 장치였다. 이런 그의 현실을 바꾸기 위해서는 현실에 대한 불평불만을 멈추는 것이 가장 먼저 할 일이었다.

관념분석 이후, 그는 어떻게 되었을까? A씨는 현실에 대한 불만을 멈췄고, 현실이 아무리 힘들어도 긍정적인 시각을 유지하고자 했다. 이런 노력만으로도 그의 사업은 성장하기 시작했다. 성과가 나타나기 시작하니 A씨는 자신에 대한 확신이 더욱 커져 선순환을 시작했고, 2년 뒤 자신의 명의로 된 집을 사게 되었다. 그를 바라보는 아내와 자식들의 시선 또한 변했다.

## 2장
## 돈이 없으면 죽을지도 몰라

B씨는 평범한 중산층 가정에서 태어났다. 풍족하지는 않지만 모자라지도 않았던 어린 시절을 보낸 B씨의 가정은 그의 나이 열여섯 살 때 아버지가 돌아가시며 크게 휘청이기 시작한다. 홀로 남은 어머니는 B씨를 키우고 교육하기 위해 여러 일용직, 계약직을 전전했다. B씨는 힘들어하는 어머니의 모습을 보며 나중에 반드시 돈을 벌어 어머니를 행복하게 해드리고 자신의 가정도 지키겠다고 다짐했다. B씨는 자신의 꿈을 포기하지 않았고, 열심히 노력해서 어렵게 대학을 졸업했다. 그런 후 직장에 들어갔고, 가정을 이뤘다. 이후에는 작은 무역회사도 차렸다. 그렇게 회사 직원이 어느새 열두 명으로 늘었다.

그때부터 문제가 생기기 시작했다. 매출이 급속도로 기울기 시작한 것이다. 직원들의 실수 또한 속출했다. 이제껏 발군의 능력을 발휘해왔던 직원들인데 이상하게 실수를 연발하기 시작한 것이다. 그렇게 사업은 자연스레 기울어갔다. 그는 이제 모든 직원들을 정리하고 혼자 회사를 운영하고 있었다.

카밀로　사업이 기울어진 지 얼마나 되셨죠?

B　　　4년이 다 되어갑니다.

카밀로　어이없는 질문으로 들리시겠지만, 그 4년 동안 심정이 어떠셨나요?

B　　　이루 말할 수 없을 만큼 불안했습니다. 특히 정든 직원들을 하나둘 해고할 때마다 너무 괴로웠습니다.

카밀로　직원들을 해고하는 게 괴로웠다면 계속 함께하면 될 일 아니었나요?

B　　　직원들을 유지할 만큼의 자금이 없었습니다. 만약 계속 그 상태를 유지했다면 급여도 주지 못하다가 결국 폐업으로 이어졌을 겁니다. 그래서 어쩔 수 없이 해고했습니다.

카밀로　좋습니다. 당신의 행동은 정당했습니다. 그렇죠?

B　　　적어도 그 당시에는 정당했다고 생각합니다.

카밀로　그들을 해고함으로써 회사가 유지될 수 있었고요. 맞죠?

B　　　맞습니다. 그나마 살아남을 수 있었죠. 직원들이 회사에 있는 동안에는 급여가 밀린 적도 없었고요. 결국 그들에게도 그 편이 더 이득이었다고 생각합니다.

카밀로　맞아요. 급여를 밀리지 않고 제때 퇴사시키는 것도 직원들에게 이득이 될 수 있죠. 그런데 혹시 직원들과 힘을 모아 위기를 극복할 수도 있다고 생각한 적은 없었나요?

B　　　사실 그런 적은 없네요. 워낙에 앞날이 불안했기에 그런

생각을 하지 못했던 것 같습니다. 하지만 고용을 유지했더라도 급여로 모든 재정이 다 소모되고 사업자금이 남아나지 않았을 겁니다. 그러니 그런 일은 없었을 겁니다.

**카밀로** 그런 일이 없었을 거라고 단정 짓고 계시네요. 좋습니다. 지난날의 선택은 지난날의 선택이고, 이제 앞으로 어떻게 하고 싶으세요?

**B** 사업을 다시 키우고 싶습니다. 부자가 되고 싶고요.

**카밀로** 부자가 되고 싶군요. 그럼 과거의 마음을 한번 들여다봅시다. 과거의 당신으로 돌아가서 부자가 되고 싶은 이유를 떠올려보세요. 당신은 왜 부자가 되고 싶었나요?

**B** 아버지가 돌아가시고 난 후 어머니께서 돈 때문에 너무 고생을 하시면서 저를 키우셨습니다. 그래서 다시는 돈이 없어서 곤란을 겪고 싶지 않았습니다. 어머니는 "돈이 없으면 죽은 목숨"이라는 말을 입에 달고 사셨어요.

**카밀로** 어머니께서 고생을 많이 하셨군요. 그럼 그 당시를 회상하며 '돈'을 떠올려보세요.

**B** 돈을 떠올리라고요?

**카밀로** 네, 마음속으로 돈을 떠올려보세요.

**B** 했습니다.

**카밀로** 어떤 감정이 느껴지나요?

**B** (시간이 꽤 흐른 후) 불안하네요…. 돈이 없는 상태가 무섭기까지 합니다.

**카밀로** 잘 찾아내셨습니다. 그 두려움이 당신의 삶에서 작용하고 있는 '돈에 대한 전반적인 인상'이자 메인 카르마입니다. 당신은 돈 자체를 두려워하고 있습니다. 당신의 삶에 있어 돈은 항상 '불안과 두려움의 대상'입니다.

B       상상도 못했습니다. 돈에 대한 감정은 그저 감정일 뿐이라고 여겼거든요. 그래서 이 두려움으로부터 도망치려고 악착같이 돈을 벌었고요. 사업이 실패했을 때도 그저 운이 없었다고 여겼습니다. 그런데 무엇이 잘못된 걸까요?

카밀로   당신의 경영방식에 그 비밀이 숨어 있습니다. 당신은 항상 '자금이 풍족한 미래'보다 '돈이 없는 미래'를 정해두는 버릇이 있습니다. 대비를 해도 '돈이 없는 미래'를 대비하며, 현재를 '돈이 더 없을 미래'로 가는 과정으로 느끼고 있다는 말입니다. 알고 있었나요? 그래서 당신은 회사에 자금이 없어지기 전에 계속해서 인원을 감축해왔죠.

하지만 인원을 감축할 때의 마음속에 있었던 진짜 마음을 잘 들여다보세요. 인원감축을 하면서 마음이 어땠나요? 이 인원감축으로 인해 회사가 발전할 거라고 생각하진 않으셨을 겁니다. 인원을 감축하면서도 당신의 마음은 여전히 '돈이 없는 미래'를 계속 두려워하고 있었습니다. 이러한 판단으로 인해 미래가 더 풍요로워질 거라는 마음이 아니었다는 말입니다. 오히려 당신의 판단과 행위는 결핍된 미래를 두려워하는 마음에서 기인한 겁니다. 두려움에 사로잡혀 내린 결정이었죠.

B       전혀 몰랐습니다. 저는 오히려 그것이 미래를 내다보는 선견지명이라 생각했습니다.

카밀로   인원감축 자체에 문제가 있는 게 아닙니다. 그 선택과 행위 안에 깃들어 있는 마음의 상태가 '돈에 대한 두려움'이었기에 문제가 된 것이죠. 당신에게 있어서 '돈=두려움'이기에 당신의 현실은 항상 돈을 두려워하는 형태로 펼쳐지게 됩니다.

B      저는 왜 그렇게까지 돈을 두려워할까요?

B씨의 경우 어린 시절 돈에 대한 트라우마가 메인 관념으로 자리 잡았다. 특히 어머니께서 입버릇처럼 말씀하시던 "돈이 없으면 죽은 목숨"이라는 말이 그의 마음에 박혀버렸다. 결국 돈의 유무가 생존의 조건이 되어버린 것이다. 어린 시절의 체험을 토대로 생성되는 돈에 대한 전반적인 인상이 평생의 메인 카르마가 되는 경우는 매우 흔하다.

B씨는 돈에 대한 두려움을 대면했고, 두려움을 만들었던 과거의 시간에 멈춰 있는 내면아이를 만나 승화시켰다. 그러자 그의 경제 사정은 드라마틱하게 변하기 시작했다. 물론 내면아이와의 소통은 쉬운 일이 아니기에 그 과정은 지난했다. 하지만 그는 포기하지 않았고, 결국 자신의 메인 카르마를 훌륭하게 승화시켰다. 지금 B씨는 예전의 상승세를 회복하고 있다.

3장
돈이 뭔지 모르겠어. 그래서 두려워

돈에 대한 두려움 때문에 경제적 궁핍이 반복되는 사례를 이어서 살펴보자. C씨는 결혼을 앞두고 있는 상황에서 직장을 잃었다. 그리고 취업 준비기간이 2년 가까이 이어지자 자연스럽게 파혼을 당하며 혼자가 되었다. 이때의 기억은 그의 자존감에 치명적인 상처를 입혔다. 돈이 없으면 가정을 이룰 수도 없는 암울한 세상에 살고 있다는 생각이 들어 긴 기간을 술에 빠져 지냈다. 간신히 마음을 추스르고 새로운 직장에 들어가도 1년을 채 넘기지 못하고 실직했다. 엎친 데 덮친 격으로, 지인이 추천했던 투자처가 사기임이 밝혀져 그간 모아놓았던 돈도 날리게 되었다. 그는 이제 돈이 너무 무섭다고 고백한다. 그런데 그 두려움의 밑바닥에는 돈에 대한 무지가 있었다.

C  돈이 없는 현실이 너무 무섭습니다. 열심히 살려고 노력

했는데 돈은 항상 제 손에서 빠져나갑니다. 이제는 빚까지 있고요. 도대체 이유를 모르겠습니다. 그래서 더 무섭습니다. 이러다가는 스스로 극단적인 선택을 할 것만 같아요.

**카밀로** 자신이 돈을 두려워하고 있다는 사실을 인지한 것만으로도 변화가 일어나기 시작합니다. 그러니 너무 걱정하지 마세요. 걱정은 지금의 당신에게 전혀 도움이 되지 않습니다. 당신의 말을 듣다 보니 매우 중요한 문제가 하나 보이네요. 바로, 돈을 두려움의 대상으로 바라보고 있는 마음입니다. 당신도 그 부분을 인지하고 있죠?

**C** 네, 돈이 너무 두렵습니다.

**카밀로** 정확히는 돈이 없는 상황에서 내가 감당해야 할 현실이 무서운 것이지요. 그런데 돈은 돈이고 현실은 현실일 텐데 왜 현실이 무서운 걸까요? 당신이 무서워하는 것은 돈이지 현실은 아니지 않습니까? 그런데도 현실이 무섭다면 결국 돈과 현실이 동일시되어 있는 것은 아닐까요?

**C** 돈은 돈이고 현실은 현실이라…. 낯선 사고방식이네요. 너무 낯설어서 이해가 잘 안 됩니다. 이것들을 꼭 알아야 하나요? 이런 걸 알고 사는 사람들이 몇이나 있을지 모르겠네요.

**카밀로** 남들이 어떤지는 전혀 신경 쓰지 마시고 당신의 문제에만 집중해보죠. 당신이 직면한 가장 큰 문제는 바로 돈이 무엇인지 모른다는 것입니다. 당신은 막연히 돈과 현실을 동일시하고만 있어요. 돈이 무엇이라고 생각하나요? 돈의 실체는 무엇이고, 돈이 무슨 역할을 한다고 생각하나요?

**C** 돈은 그냥 돈 아닌가요? 제가 일생을 보다 풍족하게 살

수 있게 해주는 게 돈의 역할이구요. 사실, 그렇게 질문하시니 말문이 막히긴 합니다. 저는 돈이 무엇인지도, 돈의 역할이 무엇인지도 솔직히 잘 모르겠습니다.

**카밀로** 돈에 대한 당신의 두려움은 바로 거기에서 나옵니다. 돈이 무엇인지, 돈이 당신 삶에서 어떤 역할을 하는지를 모르기 때문에 두려움이 생기는 것입니다. 게다가 당신의 마음속에서는 돈과 현실이 동일시되어 있습니다. 따라서 당신의 현실은 돈에 대한 당신의 '무지'와 '막연한 두려움'을 어떻게든 보여주는 모양으로 나타납니다. 먼저, 당신은 돈이 무엇인지 알아야 합니다.

**C** 이해했습니다. 무작정 돈이 두려운 이유는 그것이 무엇인지를 모르기 때문이니까 돈이 무엇인지를 확실히 이해하자는 말이군요.

**카밀로** 그렇습니다. 먼저, 당신은 스스로 돈이 무엇인지 모른다는 데 동의했습니다. 여기서 살펴봐야 할 것이 있습니다. 돈을 모르면 모르는 거지 왜 두려움이 생길까요?

**C** 생각해본 적이 없습니다. 충격의 연속이군요. 돈도, 삶도, 두려움도, 심지어 그 두려움의 이유까지도… 저는 아무것도 모르고 있었습니다.

**카밀로** 모름에서 두려움을 느끼는 이유는 인간의식 자체가 '앎'으로부터 시작되었기 때문입니다. 단순히 육체라는 유기물을 인간으로 정의할 수는 없습니다. 몸은 인간 이외의 동식물들도 가지고 있는 것이니까요. 이 고깃덩어리에 의식이 흘러야 비로소 인간다운 인간이라고 할 수 있습니다. 이 인간의식의 첫 번째 시작점이 하나의 '앎'입니다. 앎이라는 것은 그 속성상 반드시 무언가를 알아야 직성이 풀립니다. 알아야 속이 시원하고, 알아야 마음이 편합니다. 인간 특유의 끈질긴 호기심이 여기서 나오게 됩니다. 그럼 이제 두려움이 생길 때를 살펴봅시다. 언제 두렵습니까? 다 아는 과거를 회상할 때 두렵습니까? 그렇지 않습니다. 미래를 떠올려보세요. 당신에게 익숙한 정서대로, 평소처럼 미래를 예상해보라는 뜻입니다. 어떠세요?

C        … 두렵네요.

카밀로    왜 두렵습니까?

C        모르니까요. 내 미래가 어떻게 될지 모르니까 두렵습니다.

카밀로    엄밀히 따지면 그것은 구체적인 두려움이라기보다는 불안감에 가깝습니다. 미래를 모른다고 생각하니까, 알아야 마음이 놓이는 당신의 의식이 불안한 겁니다. 그러면 의식은 미래를 예측하기 시작합니다. 그러나 예측을 위해서는 예측의 기준이 있어야겠죠? 그래서 의식은 나에게 익숙한 '돈에 대한 인상과 과거'를 그 기준으로 사용하게 됩니다. 그런데 당신에게 있어서 돈은 두려움의 상징과도 같습니다. 그러니 당신의 미래는 돈에 대한 두려움으로 막막한 그 상태 그대로 실현될 수밖에 없습니다. 결국 과거에 생성된 두려운 돈 이미지가 미래의 돈 이미지마저 결정해버립니다. 돈이 현실과 동일시되어 있으니, 당신의 현실은 돈이 없어서 두렵고 막막한 상태를 충실하게 나타내는 것입니다.

C        그럼 돈은 무엇입니까? 돈이 뭐기에 나를 이토록 괴롭히는 건가요?

　　　　이제 부 시크릿의 근본적인 의문을 해결해보자. 누구나

돈을 바라고 부자가 되고 싶어한다. 그런데 부자가 되려면 돈이 무엇인지를 먼저 알아야 하지 않을까? 지피지기면 백전백승이라는 말이 있다. 적을 알고 나를 알면 승률이 올라간다는 이 말처럼, 자신의 목표에 대해 많이 알고 있을수록 목표달성 확률도 높아질 것이다. 그러니 돈이 무엇인지 알아보자.

**카밀로**  돈은 두 가지 역할을 가지고 있습니다. '매개체' 그리고 '대변인' 역할입니다.

C  이런 식으로 말씀하시니 그나마 감이 좀 오네요. 무엇을 매개하고 무엇을 대변한다는 말인가요?

**카밀로**  질문에 대답하기 전에 먼저 돈의 속성부터 알아봅시다. 돈의 속성은 '비어 있음'입니다. 비어 있기 때문에 모든 의미와 가치가 돈 안에 담길 수 있습니다. 예를 들어보죠. 화폐가 등장하기 이전에는 물물교환의 시대였습니다. 서로에게 필요한 가치를 물건 대 물건으로 교환하는 거죠. 그 시절에는 물건과 물건 사이의 인연 관계를 연결해주는 매개체가 따로 없었습니다. 그래서 물건의 가치가 매우 상대적이었습니다. 정해진 기준이 거의 없었죠.

시간이 흐르면서 사회가 복잡해지고, 물물교환으로는 원활한 가치교환이 어려워지기 시작했습니다. 그래서 등장한 것이 '기준가치'이며 이 기준가치를 대변해주는 상징이 바로 화폐입니다. 화폐가 나타나면서 돈의 정체성이 구체화되었습니다. 그래서 돈이 삶 안에서 일어나는 온갖 인연관계, 인과관계의 매개체 역할을 한다고 말한 것입니다.

C      이해가 잘 안 되네요. 무슨 뜻이죠?

카밀로   마트에 갔다고 쳐보죠. 거기서 필요한 물건을 고르고 그에 대한 대가를 지불하는 순간, 당신은 마트와 마트 종사자, 그물건을 만들고 유통한 사람들, 당신이 낸 돈으로 임금을 받아 생활할 사람들의 가족과 인연관계를 만들게 됩니다. 돈이 없었다면 만들어지지 않았을 인연입니다. 자, 또 다른 예를 들어보죠. 커피를 마시기 위해 우연히 들른 카페에서 평생의 반려자가 될 사람을 만난다면 그 사람과의 인연은 누가 이어준 것입니까? '커피를 살 수 있는 경제적 능력'이, 그리고 '우연한 만남을 통해 서로 사랑에 빠져 가정을 이룰 수 있는 능력'으로 대변되는 당신의 인간적 매력과 가치들이 표현될 수 있는 기회를 돈이라는 매개체가 불러오고 있음이 보이죠? 돈이 인연 메이커 역할을 하는 것입니다.

이것이 돈의 역할입니다. 수많은 인연관계의 매개체이자 그것을 사용하는 사람의 무한한 가치를 대변하는 역할을 하는 것이죠. 이 모든 것이 가능한 이유는 돈이 '비어 있음'이라는 속성을 가지기 때문입니다. 비어 있기에 새로운 인연의 매개체가 될 수 있고, 가치의 대변인이 될 수 있죠. 이제부터 돈의 이 같은 역할과 속성을 깊이 연구하셔야 합니다.

C      멍~해지네요. 돈이 그런 역할을 한다고는 생각지도 못했습니다. 이전에는 막연하게 돈이 없으면 안 된다고 생각해서 두려웠던 건데, 돈이 이렇게나 대단한 것이었군요.

카밀로   돈 쓸 때의 마음을 돌이켜보세요. 돈을 쓰면서 어떤 느낌이 들었습니까? 당신의 소비와 지출이 당신의 능력을 대변해주는 상징이라고 여긴 적이 있습니까? 돈을 당신을 대변해주는 감사한 존재이자 마땅히 존중받아야 할 대상으로 여겨본 적이 있습니까? 아마 없을 겁니다. 수입이 생겼을 때도 마찬가지입니다. 내게 찾아와준 돈이 나의 가치를 상징하는 것이라는 사실을 인정하고, 기쁘고 감사하게 받아들여본 적이 있나요? 아니면 이것밖에 못 벌었다며 한숨을 쉬거나 투정 부리지는 않았나요? 아니, 당신은 아예 돈을 두려워하고 있었지요.

분명히 말하지만, 돈은 본래 비어 있는 것이며 그것을 사용하는 이의 다양한 가치와 인격을 대변하는 도구입니다. 돈은 당신 마음의 거울이며 아바타입니다. 그런데 그런 돈을 두려워하고 있다면 돈은 당신의 삶에서 그 두려움과 불안을 그대로 드러낼 수밖에 없습니다. 이제 무엇을 해야 할지 아시겠죠?

C  네, 명확해졌습니다. 돈을 두려움의 대상이 아니라 나 자신을 대변하는 나의 상징, 아바타로 받아들이고 그에 어울리는 대우를 해야 한다는 말씀이죠?

카밀로  그렇습니다. 이제 당신의 마음 안에서 돈은 새롭게 태어났습니다. 그러니 당신의 현실에서도 돈은 새로운 형태로 나타나게 될 것입니다. 들어오고 나가는 모든 돈에 당신 스스로의 자존감, 만족감, 자신감을 반영하세요. 그러려면 먼저 마음을 닦아야 합니다. 스스로에 대한 자기규정을 바꾸고, 바뀐 그 느낌을 당신의 분신인 돈에게 부여하세요.

 C씨는 돈의 속성에 대해서 새롭게 인식하기 시작했다. 돈의 속성은 '비어 있음'이다. 그렇기에 그것을 사용하는 이의 존재

상태가 마치 거울처럼 투영된다. 내가 사용하는 돈은 나의 거울이며, 나는 하나의 인격이니 돈 또한 하나의 인격으로 변하게 된다. 인격적 존재는 자신의 생각, 감정, 느낌을 가지고 의도하며 행위할 수 있다. 돈도 마찬가지다.

인격으로서의 돈은 나의 내면 상태와 공명하며 그것을 투명하게 드러내는 형태로 나의 삶에 나타나게 된다. 보다 구체적으로 설명하자면 돈은 의식표면의 얕은 생각, 감정, 느낌이 아니라 심층의식의 순수한 생각, 감정, 느낌, 의도 등과 하나되어 그것들이 증명하고자 하는 관념을 정직하게 드러내는 형태로 활동한다. 이를 이해하면 돈이 한 개인의 화신(아바타)임을 받아들이게 된다.

C씨는 이제 더 이상 돈이 없는 현실을 두려워하지 않는다. 돈이 내면의 투영임을 알게 되니 내가 나를 두려워할 필요가 없고, 내가 나 자신을 해치지 않는다는 믿음이 생겼다. 자신에 대한 믿음이 돈에 대한 믿음이 되고, 삶 자체가 믿음이 되었다. 돈에 대한 막연한 그의 두려움은 곧 자기 자신에 대한 막연한 두려움이었다.

그 두려움이 사라지자 그의 삶은 그에게 믿음을 주는 모습으로 변하기 시작했다. 돈을 벌 때마다 감사해하고, 쓸 때마다 축복해주었더니 갖가지 인연들이 나타나 그를 돕기 시작했다. 좋은 투자 기회가 생겼고, 그곳에 투자한 그는 큰 경제적 이득을 거두었다. 현재 그는 자신이 투자한 업체의 대리점을 운영 중이다.

## 4장
## 항상 부자이고만 싶어

D씨는 중년 회사원이다. 자기 자신이 평범한 삶을 살고 있다고
여기는 그의 일상은 사실 무미건조하다. 그럴 수밖에 없는 것이,
사실 그의 삶은 큰 이슈 한 번 없이 흘러왔다. 활력 있는 삶을 살
아본 적이 없었던 그이기에 큰 사건이 있었다 하더라도 미처 알
지 못하고 넘어간 적도 많았다. 그런데 나이가 40대 중반으로 접
어들어감에 따라 D씨의 마음속에서도 미래에 대한 불안감이 싹
트기 시작했다.

　　주위 사람들은 회사에서 받는 월급만으로는 안 된다고,
다들 재테크니 투자니 하면서 분주하게 움직이고 있었다. 반면
D씨는 직장에서 받는 월급과 그 월급을 쪼개서 붓는 적금을 제
외하면 재테크라고는 해본 적이 없었다. 자기 자신의 능력에 대
한 자신이 없었기 때문이다. 자신이 재테크를 잘할 수 있으리라
는 보장도 없었다.

하지만 자기 능력에 대한 불신보다 미래에 대한 두려움이 더 커진 그는 생애 처음 투자를 해보기로 결심한다. 문외한인 주식보다는 그래도 나을 것이라 여겼던 부동산 투자에 손을 댄 것이다. D씨는 모든 예금을 털어 처음으로 부동산 투자를 시작했고, 그 결과 투자금의 30퍼센트를 손해 보게 되었다. 그의 속은 시커멓게 타들어갔지만 현실은 그의 마음을 외면하는 듯 2년 만에 60퍼센트 손실을 안겨주었다. 무엇이 문제였을까? 이제부터 어떤 관념들이 D씨의 현실을 만들어냈는지 분석해보자.

카밀로　당신은 돈에 대해 전반적으로 어떤 인상을 가지고 있나요?
D　질문이 이해가 잘 안 되네요. 전반적인 인상이라니… 그런 건 평소에 한 번도 생각해보지 않았습니다.
카밀로　그럼 질문을 바꿔봅시다. 돈이 없으면 당신의 삶이 어떻게 될 것 같습니까?
D　돈이 있으면 왕후장상이 부럽지 않고, 돈이 없으면 시체라고 생각합니다. 그래서 돈이 없으면 불안하고 두렵습니다.

　　의미심장한 대화이다. 대부분의 사람들이 돈에 매여 살아가면서도 정작 그렇게 원하는 '부'에 대해 자신이 어떤 인상을 가지고 있는지는 인지하지 못한다. D씨의 관념을 분석할 때 가장 먼저 주목했던 요소는 그가 가지고 있는 부에 대한 이미지였다. 아니나 다를까, 그가 가지고 있는 부에 대한 전반적인 이미지는 '두려움의 대상'이었다. 그렇다면 그는 어느 정도로 부가 두려운 걸까?

D씨는 이 각박한 세상에서 돈이 있으면 왕이고, 돈이 없으면 시체와 다를 바 없다고 당연하게 느낄 정도로 부를 두려워하고 있다. 역설적인 상황이다. 부를 얻길 바라면서도 그것을 두려워하고 있으니 말이다. 이는 사실 대부분의 사람에게 있는 심리다. 부를 원하지만 원하는 이유가 두려움 때문인 심리 말이다. 대부분의 경제적 문제가 바로 여기에서 시작된다.

부가 두려움의 대상이 되어버리면 자기 자신에 대한 이미지와 관념은 자동적으로 결핍에 초점이 맞추어진다. 스스로를 경제적으로 결핍된 존재로 규정하는 것이다. 이 사실을 쉽게 인지하지 못하는 이유는 이것이 표면의 마음으로 의식하지 못하는, 무의식 영역에서 일어나는 자기규정이기 때문이다. 표면의식은 심층의식에서 받아들여진 관념들을 최종형태로 체험하는 의식층이다. 그렇기에 표면의식에 머물러 있는 상태에서는 심층의식 안에서 무슨 일이 일어나고 있는지 알 수 없다. 어찌 보면 표면의식은 일어난 사건에서 발생하는 생각과 감정의 사후처리에 시달리는 안쓰러운 의식층이다.

이제 보다 근본적인 문제에 대해 이야기해보자. 어째서 부에 대한 두려움이 일어나는 걸까? 아니 그보다 먼저, 부는 무엇일까? D씨와의 대화를 살펴보자.

카밀로   당신이 두려워하는 그 부가 뭐라고 생각하나요?

D   부요? 그야 돈 아닌가요?

카밀로   돈은 부를 표상하는 한 모습입니다. 돈이 부의 전부가 될 수는 없지요. 당신에게 있어 부라는 것이 무엇인지 조금 더 명료하게 정의해보세요.

D    듣고 보니 그렇네요. 분명 부를 원하긴 하는데, 막상 그 것에 대해 뚜렷한 정의를 갖고 있지 않아요.

많은 사람들이 부를 추구하고 있지만 부가 무엇인지 명확히 정의 내릴 수 있는 사람은 그리 많지 않다. 먼저 부가 무엇인지 알아야 그것을 추구하든 멀리하든 할 것 아닌가? 부에 대해 알아보려면 반드시 그것의 상대적 개념인 궁핍을 알아야만 한다. 서로가 서로의 비교 대상이 되어주기 때문이다. 이 상대적인 개념들은 함께 바라볼 때 그 의미가 명확해진다.

먼저, 부의 사전적인 정의는 '가치 있는 물질적 소유물 또는 가치의 풍요'다. 반면, 이에 대비되는 개념인 궁핍은 '최소한의 인간다운 삶을 영위하는 데 필요한 물적 자원이 부족한 상태'를 가리키는 용어다. 사전적 의미로만 보면 부와 궁핍이 물적 자원에만 한정된 듯 말하고 있지만 사실 이러한 개념들이 물질적 차원에만 국한되는 것은 아니다. 물질적 빈곤뿐 아니라 정신적 궁핍, 결핍 등으로도 얼마든지 활용이 가능하다. 유연하게 사고해보는 것이다. 어쨌든 부는 '풍요'라는 상위의 개념과 연결되며, 무언가가 풍족하게 있는 상태를 의미한다. 반면 빈곤, 궁핍은 '결핍'이라는 상위의 개념에서 파생되었으며, 무언가가 부족한 상태를 표현하는 개념이다.

부를 알려면 먼저 궁핍에 대해 알아야 하는 이유가 뭘까? 단순히 개념적 비교를 통해 이해를 돕기 위해서일까? 아니다. 그보다 더 큰 의미가 숨어 있다. 궁핍을 대하는 자세가 곧 풍요를 대하는 자세이기 때문이다. D씨는 궁핍과 풍요를 차별하여 대우하는 실수를 범하고 있었다.

카밀로　당신은 궁핍을 어떤 눈으로 보고 있나요? 궁핍을 떠올리거나, 궁핍을 느낄 만한 상황을 만났을 때 어떤 느낌과 생각이 지배적으로 나타나는지 살펴보세요.

D　　지긋지긋합니다. 너무 싫고 소름 끼쳐요. 마치 마귀처럼 느껴집니다.

　　실제로 그가 했던 말이다. 부는 환영하고 소중히 대하면서 궁핍은 배척하고 천대하는 게 일반적인 반응이다. 하지만 이것은 대단한 실수이다. 궁핍을 천대하면 동시에 내 삶의 풍요마저 밀어내는 결과를 불러온다. 상대성 안에서 개념적 짝이 되는 것들은 분리될 수 없다. 마치 손바닥을 다루는 태도가 손을 대하는 태도가 되어, 종국에는 손바닥의 짝이 되는 손등에게도 같은 태도를 취하게 되는 상황과 같다.

　　전체성 안에서 분별되는 모든 것은 쌍으로 존재한다. 그러니 한 쌍으로 구성되어 있는 것들을 하나씩 떼어내 차별대우할 수 없다. 내 삶에 나타난 결핍과 궁핍을 대하는 자세가 곧 내 삶에서 나타날 수 있는 모든 형태의 풍요와 부를 대하는 자세다.

　　하지만 진짜 문제는 '부 시크릿'이 단순히 부에 대한 인상을 달리하고 마음을 고쳐먹는 정도로 끝나는 게 아니라는 것이다. 삶을 바라보는 관점과 문제를 대하는 자세 자체가 근본적으로 변해야 한다. 인간의 삶은 문제의 연속이라 해도 과언이 아니다. 물론 개개인의 수양에 따라 문제를 문제로 대하는 정도와 그 대처방식이 다르겠지만 문제를 겪지 않는 삶은 없다고 봐도 무방하다. 이처럼 '문제'로 여겨지는 사건들은 우리 삶의 도처에 널려 있다. 이와 같은 수많은 사건, 상황들을 단지 드러난 모습 그대로인 '문제'로서만 받아들이는 마음은 지혜의 궁핍이라고 할 수 있다.

**카밀로**  당신은 지금 당신이 처해 있는 경제적 궁핍을 큰 문제라고 여기고 있나요?

**D**  어떻게 문제가 아닐 수 있겠어요? 이 나이에 모아둔 돈을 전부 쏟아부었단 말입니다. 그런데 상황이 이 지경이 되었습니다. 큰 문제로 느끼지 않는다면 더 이상한 것 아닙니까?

그렇지 않다. 문제라고 느껴지는 그 상황 자체는 전혀 문제가 없다. 현실의 상황이라는 것은 모두 그럴 만한 원인과 조건들이 모여서 그럴 만한 결과로 출력된 값일 뿐이다. 오히려 상황을 바라보는 시선과 마음가짐에서 진짜 문제가 발생한다.

문제를 문제로 받아들이는 마음을 잘 들여다보라. 그 마음을 잘 살펴보면 현실의 상황을 문제로 여길 때 자신이 그 반대편에 존재하는, 문제가 해결된 상태를 은연중에 배제하고 있다는 사실을 알게 될 것이다. 당신은 놀라울 정도로 자연스럽게 삶 속에서 일어난 문제를 해결방안이 없는, 절대적으로 불운한 사건으로 여기고 있다. 설령 문제와 해결의 상대성을 인정한다 해도 그 문제를 해결하는 과정을 고단하기 그지없는 가시밭길로 여기고 있을 것이다. 좋은 것은 환영하고 나쁜 것은 배척하는 마음이 작용한 결과이다.

카밀로　당신의 삶이 어때야 마음이 편안하겠습니까?
D　　　솔직히 말하면 항상 좋은 일만 가득했으면 좋겠습니다. 꽃길만 걸었으면 해요. 지쳤어요.

　　　좋은 것은 환영하고 나쁜 것은 배척하는 마음은 우리의 시야가 '배중률'을 받아들여 한쪽으로 치우쳐 있기에 나타나는 마음이다. 배중률은 A = B or C의 형태를 취한다. A가 B라고 일단 한번 규정되면 그 상대적인 가능성인 C가 될 수 없다고 받아들이는 사고의 흐름이다. 이는 궁핍에도 적용된다. 단순히 사전적인 정의로만 본다면 궁핍은 결코 환영받지 못하는 부정적인 것이다. 그러나 상대성의 눈으로 바라본다면 궁핍은 '부의 다른 얼굴'이기도 하다. 바로 이것이 궁핍을 대하는 자세가 곧 부를 대하는 자세라는 말의 진짜 의미다.
　　　상대성 속에서는 양면의 어느 한쪽을 차별하면 그 짝이 되는 쪽도 온전히 받아들여지지 않는다. 상대적으로 존재하는 양면이 모두 온전하고 완벽하게 허용되도록 나타났기 때문이다. 이 원리는 석가모니께서 설하신 연기법에서도 찾아볼 수 있다. "이것이 있어 저것이 있고, 이것이 없어 저것이 없다"는 가르침을 잘 고찰해보자. 상대성의 어느 한쪽을 긍정(풍요로운 부)과 부정(결핍된 부)으로 분별하여 차별하는 마음은 눈앞에 나타난 것의 반대쪽 가능성을 부정해버린다.

　　이와 같은 마음의 움직임은 주로 종교에서 많이 나타난다. 세상의 악을 없애버리자는 모토를 가진 종교가 있다고 치자. 이게 과연 가능할까? 세상에서 악을 없애버린다면 비교 대상이 사라져버려 그 반대편의 선도 함께 사라진다. 악이 있어야 선이 무엇인지 알아보고 행할 텐데, 무엇이 악이고 선인지 구분 자체가 없어진다면 세상은 그야말로 아수라장이 될 것이다. 그렇게 가득 채우고 싶어하는 선이 세상에 존재하는 한, 악도 사라질 수 없다. 그러니 '항상 좋은 일만 가득한 현실'도 존재할 수 없다. 애당초 없애지 못하는 것을 그럴 수 있다고 착각하고 있는 것이다.

　　상대성 안에서 존재하는 양면성은 받아들이고 허용해야 할 대상이지, 입맛대로 취사선택할 수 있는 대상이 아니다. 그러니 부를 체험하고 싶다면 먼저 궁핍을 인정해야 한다. 또, 부와 궁핍 모두를 동등하게 대해야 한다. 그런데 궁핍마저 인정해야 한다고 하면 겁부터 난다. 궁핍을 인정하면 그 궁핍이 영원히 지속될 것 같다는 생각 때문이다.

**카밀로**　당신은 먼저 궁핍을 인정해줘야 합니다. 할 수 있겠습니까?
**D**　궁핍을 인정하고 허용하면 사는 동안 계속 궁핍해지는 게 아닌가요? 허용하는 것은 계속된다고 들은 적이 있어서요.

　　대표적인 오해이다. 궁핍을 인정하라고 하면 자기 자신을 영원히 궁핍한 사람으로 인정하게 될까 봐 두려워한다. 궁핍을 인정한다는 것은 구체적으로 무슨 의미일까? 첫째로, 궁핍이 상대성의 작용 안에서 완벽한 존재의 표현임을 인정한다는 뜻이

다. 둘째로, 내 삶에 궁핍이 나타난 이유가 나를 괴롭히기 위해서
가 아닌, 그만의 뚜렷한 이유와 목적 그리고 고유한 역할을 수행
하기 위해 나타난 것임을 인정한다는 뜻이다. 셋째로, 궁핍이 풍
요의 짝이요 증거라는 사실을 인정하는 것이다.

　　궁핍마저 인정하라는 말의 뜻은 '나는 궁핍하다'는 사실을
인정하고 포기하라는 뜻이 아니다. 오히려 궁핍이 상대성, 동시
성, 전체성 안에서 지니는 의미와 가치를 인정하고 그 안에 있는
무한한 가능성을 인정하라는 뜻이다. 우리의 삶에 나타난 모든
것들은 이미 일원성의 영역에서 그 모습으로 나타나도록 허용된
것이다. 그렇기에 그 무엇도 배척해야 할 대상이 아니다. 궁핍을
밀어내고 배척하는 마음 자체가 '지혜의 궁핍'이다. 탐食, 진嗔, 치
痴(탐욕, 분노, 어리석음)에 해당하는 부정성, 특히나 치에 해당하는
부정성인 것이다.

　　'부'를 소중히 대하고 아끼듯이 '궁핍한 내 현실'에도 그러
한 마음을 가져야 한다. 궁핍한 나라고 하여도 결국 '나'의 표현
이 아닌가? 그렇다면 궁핍은 '나'를 표현하는 소중한 통로인 것이
다. 궁핍마저도 기꺼이 허용하고 품어 안는 '마음의 풍요'가 생기
면 부의 순환회로도 풍성해진다. 이를 통해 내가 애타게 추구하
고 있는 '부'에 대한 전반적인 이미지, 주도적인 정서와 관점도 변
해간다.

　　예수께서 남기신 명언 중에 "원수를 사랑하라"는 말씀이
있다. 이 말씀은 단순히 모든 존재를 사랑하라는 뜻이라기보다
는 상대성의 진실을 꿰뚫어 보고, 원수(궁핍, 부정적인 것)를 허용하
고, 그것을 사랑(풍요, 긍정적인 것)으로 대하라는 말씀이다. 이처럼

상대적으로 존재하는 모든 요소들에 대한 허용(사랑)과 감사(만족)가 모든 현실창조의 근본적인 자세다.

　　궁핍을 드러난 그대로 비참함으로 받아들이면, 그리고 그것에 대한 반발로 소망을 품게 되면 그 소망은 반(反)의도로 작용하게 된다. D씨는 경제적 풍요를 원했고, 그것을 이루는 수단으로 부동산을 선택해 자산을 불리려고 했다. 하지만 부동산이라는 수단을 선택하게 된 숨은 동기가 자신의 능력에 대한 불신과 부 자체에 대한 두려움이었기에 그의 소망은 반의도로 작용하였다.

**카밀로**　　완전히 솔직해져 봅시다. 당신이 부동산 투자라는 방식을 선택하게 된 진짜 이유는 무엇입니까?

**D**　　그게 가장 쉬울 것 같았어요. 주식 등의 투자는 전문지식이 있어야 가능할 것 같았거든요. 저 같은 사람은 주식을 하면 안 될 것 같았습니다. 걱정이 많거든요. 주식 투자해놓고 하루 종일 투자 어플만 쳐다보면서 가슴 졸이고 싶지 않았어요. 반면, 부동산 투자는 그렇게까지 어려울 것 같지 않았어요. 그저 목 좋은 곳 추천받고 투자하면 오를 줄 알았죠.

**카밀로**　　당신이 부동산 투자를 선택한 이유를 들어보니, 스스로의 능력과 운에 대한 믿음이 없었던 것 같군요.

**D**　　네, 없었습니다.

**카밀로**　　그러니까 부동산 투자는 어쩔 수 없이 선택한 차선책이었군요? 부동산이 주식보다 만만해 보인 것 아닙니까?

**D**　　네, 맞습니다. 주식보다는 만만해 보였습니다. 사업을 벌이는 것에도 자신이 없었고요. 땅덩이 작은 대한민국에서 부동

산은 언젠가는 오를 거라는 생각을 했습니다.

**카밀로** 그 마음이 당신이 투자한 부동산에 그대로 반영되었습니다. 당신은 부동산이 내게 부를 가져다주기를 바라면서도, 최선을 다해 당신의 부동산을 예우하지 않았어요. 존중도 감사도 없었던 겁니다. 오히려 만만하게 보았죠. 인정하나요?

**D** 네…. 그렇게 말씀하시니 정말 그렇네요.

나는 위에서 현실을 표현하고 있는 것은 표면의식보다 깊은 심층의식이라고 말했다. 그 심층의식에서 '나의 현실'로 인정하고 받아들여 나타난 것이 궁핍한 현실이라면, 궁핍한 현실 그 자체는 아무런 죄가 없다. 심층의식에서 입력된 값이 표면의식이 체험하는 현실트랙으로 출력된 것일 뿐이다. 하지만 우리에게는 이런 상황을 자신에게 불리하다고 느끼고 반발하는 어떤 자아(내면아이)가 있다. 그리고 이 자아의 저항에 의해 나타난 표면적인 소망에는 지금 여기 주어진 현실에 대한 배척이 내재되어 있다. 당신의 그 아름다워 보이는 소망 자체가 결핍에 뿌리를 둔 부정성의 표현이라는 뜻이다.

표면의식의 소망 자체에 내재되어 있는 결핍을 승화시키지 않으면 그 소망은 탐진치 쪽으로만 굴러가게 된다. 소위 말하는 '역노력의 법칙', 그러니까 노력하면 할수록 결과가 안 나오는 현상이 생기는 이유도 이 강력한 집착 에너지가 그 소망에 내재된 부정적인 속성을 증폭시키기 때문이다. 자, 그럼 어디서부터 시작해야 할까? 먼저, 첫 번째 풍요를 일으켜야 한다.

**카밀로**  당신은 지금의 결핍된 경제상황이 결국 스스로에 대한 규정으로부터 나왔음을 인정할 수 있나요?

**D**  내 삶을 이렇게 만든 것이 실은 나 자신이었다는 사실을 인정하라는 말인가요?

**카밀로**  그렇습니다. 표면적인 당신이 아닌, 아주 깊은 곳의 당신이요. 당신의 현실은 당신이 만들어낸 것이란 사실을 인정할 수 있나요?

**D**  인정을 하고는 싶지만 왜 그렇게 되는지도 잘 모르겠습니다. 이해가 안 가네요.

**카밀로**  "나는 ~이다"라고 규정된 관념이 깊은 곳의 상위자아에게 받아들여져 그대로 투영된 것이 바로 당신의 현실입니다. 그것은 스스로에 대한 직관적인 느낌이고, 그것으로부터 당신의 현실이 나옵니다.

**D**  내 현실이 내 마음의 표현이란 말이군요. 그렇다면 인정할 수 있을 것 같습니다.

첫 번째 풍요는 궁핍한 현실을 만들어낸 자기규정에 대한 인정이다. 내 현실이 나의 생각과 감정, 정서와 같은 마음의 작용을 반영하기 위해 나타났음을 인정하는 것이다. 이런 내 현실을 만든 모든 요소들을 밀어내거나 외면하지 말고 따뜻한 마음으로 품어 안아야 한다.

이 작업은 가슴으로 대표되는 감성 영역에서 일어나야 한다. 감성 영역은 내면아이들의 놀이터다. 아이라는 표현이 붙은 만큼 대단히 감정적인 에너지의 영역인 것이다. 그 상처받은 감정의 처리는 결코 쉽지 않을뿐더러 잘못 건드리면 더욱 크게 저항이 일어난다. 이때는 상대성을 충분히 이해한 이성 영역의 도움이 필요하다. 이성적 사유는 합리적인 웅변으로 내면아이들을 납득시키는 힘이 있다. 그때의 자세는 강압적인 자세가 아닌, 한없이 부드럽고 따뜻하지만 단호하고 명료한 논리적 사고에 기반해야 한다. 어린아이 설득하기와 똑같다.

**카밀로** 당신은 자신의 내면에 어린아이와 같은 소인격체들이 살고 있음을 알아야 합니다. 다양한 생각, 감정, 느낌들이 인격을 가지고 있다고 생각하면 편할 겁니다. 그들이 내 현실의 많은 것을 결정합니다. 그들을 설득시켜야 합니다. 할 수 있겠죠?

**D** 제 가슴속 부정적인 감정들을 비롯한 내면 작용들을 설득해야 한다는 말인가요?

**카밀로** 정정할게요. 무조건적인 설득이라기보다는 그들의 이야기를 들어주고 공감하며, 이치를 사유해 '납득'시키는 것입니다.

이 설득작업이 결실을 맺으면 궁핍을 적대적으로 바라보는 시선이 변하기 시작한다. 궁핍이 단순히 나를 괴롭히기 위해 나타난 것이 아닌, 그 이면에 '무한한 풍요의 가능성'을 품고 있는 보물처럼 여겨지기 시작하는 것이다. 이 마음으로 궁핍을 바라보면 궁핍을 대하는 마음가짐 자체가 변한다. 풍요를 원하고 환영하는 것과 마찬가지로 풍요를 품고 있는 소중한 손님인 궁핍을 정중하게 존중하기 시작하는 것이다.

이렇게 첫 번째 변화가 일어난다. 대상이 좋아 보이건 나

빠 보이건 존중하는 마음이 생긴 것이다. 존중이란 무엇인가? 내 삶에 궁핍이 나타날 수밖에 없었던 고유한 드라마를 인정하고, 그 역할을 하고 있는 현재의 궁핍을 존중해주는 것이다. 눈앞에 나타난 궁핍의 고유한 의미와 가치, 그리고 또 다른 가능성을 인정하는 것이다. 부 시크릿은 부와 궁핍이라는 '대립'을 보는 것이 아닌, 그 '상대적인 존재성'을 보는 데서부터 시작된다. 또, 각각의 가치들이 모두 동일한 궁극실재의 완벽한 표현임을 아는 데서부터 시작된다.

그러나 D씨의 경우 부에 대한 인상 자체가 '두려움의 대상'으로 형성되어 있었다. 부의 전반적인 인상은 부에 대한 원초적 감상으로부터 온다. 그가 부를 두려워하게 된 계기에는 여러 가지가 있을 것이다. 어린 시절의 체험과 기억이 될 수도 있고, 성장하면서 주입된 막연한 두려움일 수도 있다.

**카밀로** 당신의 대답에서 흥미로운 표현이 있었습니다. "돈 없으면 시체"라는 말이었죠. 그 말은 누구에게 들은 건가요? 스스로 생각해낸 표현인가요?

**D** 사실 부모님께서 입에 달고 사시던 말입니다. 어렸을 때부터 지겹게 들으며 자랐습니다.

**카밀로** 부모님은 돈을 흔쾌히 잘 쓰시는 편이었나요?

**D** 아뇨. 솔직히 돈 쓰는 법을 모르시는 듯 보였습니다. 10원짜리 하나 쓸 때도 벌벌 떨었으니까요. 돈은 있으면 그냥 쟁여놓는 것인 줄 알고 자랐습니다. 나중에 없을 때를 대비해서 악착같이요.

안타깝지만 D씨의 돈에 대한 두려움은 어린 시절부터 주입된 것이었다. 10원짜리 하나 쓸 때도 덜덜 떨며 썼다는 그의 부모님은 돈을 두려워했다. 그러니 D씨에게도 돈은 두려움의 대상인 것이다. 이 두려움이 적극적인 재테크를 가로막았다. D씨는 심지어는 직업을 선택할 때도 자신의 능력에 맞는 회사를 택하기보다는 안정적으로 근무할 수 있는 곳을 택했다. 부를 순환시키는 방법도 진취적인 투자보다는 꼬박꼬박 들어오는 제한된 급여에 의존했다. 그러다 보니 인간관계마저도 제한되었다. 이처럼 부에 대한 두려움은 단지 경제적인 측면에만 영향을 끼친 게 아니라 그의 자아실현과 인간관계에도 영향을 끼쳤다.

D씨에게 가장 먼저 필요한 것은 '부는 두려움의 대상'이라는 원초적, 전반적 이미지를 바꾸는 것이었다. 부는 두려움의 대상이 아닌, 그 액수가 많든 적든 존중과 감사의 대상으로 받아들여져야 한다. 투자기법 같은 기술을 배우는 것은 그 이후의 일이다. 어째서 그럴까?

부가 두려움의 대상으로 느껴진다면 재테크에 성공해 재산이 불어난다 하더라도 치명적인 마음이 생겨난다. 바로, 지금 내가 소유한 그 부를 믿을 수 없는 마음이다. 더불어, 미래에 소유하게 될 부도 인정할 수 없게 된다. 이런 상황에서는 재산이 불어날 때 나의 불안감도 함께 불어난다. 그리고 이런 상황이 계속되면 그동안 모아두었던 재산이 어이없는 방식으로 한순간에 사라지는 사고가 일어나기도 한다. 알고 보면 이런 현상은 심층의식의 관념 중 '상실에 대한 두려움'이 작동했기 때문에 일어난다. 이 관념 또한 부에 대한 두려움과 같은 부정적인 측면에 의식의 초점이 맞추어져 있을 때 극대화된다.

　D씨는 생애 처음으로 큰 용기를 내서 투자를 시작했다. 그러나 마음속으로는 자신의 능력과 부를 믿지 못했고, 부를 두려워했다. 그는 항상 불안했으며, 그런 마음이 투자실패라는 현실로 드러났다. 스스로 이런 현실을 만들었다는 사실을 D씨가 뼈저리게 인정하게 되기까지는 2년에 가까운 시간이 걸렸다. 그후, 어떤 변화가 일어났을까? '궁핍에 대한 인상'과 '부에 대한 인상'을 바꾼 것만으로 그의 투자는 수익을 내기 시작했다. 이전에는 상상조차 할 수 없었던 기묘한 인연들이 만들어지며 드라마틱하게 경제 상황이 반전되기 시작한 것이다. 1년 넘게 비어 있던 그의 오피스텔에 알맞은 조건의 세입자가 들어오고, 부동산 관련 법까지 그의 상황에 유리하게 개정되며 그의 투자는 흑자로 돌아서기 시작했다.

　그러나 이런 변화에 너무 들뜨면 안 된다. 부와 궁핍에 대한 인상을 바꾸어 그 둘을 한결같은 마음으로 존중하는 마음은 말 그대로 부 시크릿의 시작에 불과하기 때문이다. 마음 깊은 곳에는 해결해야 하는 수많은 관념들이 여전히 단단히 매듭지어져 있음을 알아야 한다.

## 5장
## 가진 것을 잃을 바에는 차라리 가지지 않는 게 마음이 편해

E씨는 능력 있는 사업가다. 그는 대형 피부관리실과 마사지숍, 식당을 운영하고 있었고 지점도 몇 개씩 있을 정도로 제법 큰 규모의 사업을 하고 있었다. 하지만 그런 그에게는 말 못 할 고민이 하나 있었다. 자기가 생각해도 이해가 가지 않을 정도로 자신의 현실이 비슷하게 반복된다는 점이었다. 그는 스스로도 자신이 돈을 잘 번다고 말한다. 그가 손대는 사업은 언제나 번창했다. 그러나 규모를 키우기 위해 지점을 오픈하기만 하면 사업이 기울기 시작하는 것이 그의 문제였다. 본점을 잘 관리해서 돈을 벌게 되면 그는 무언가에 홀린 듯이 지점들을 오픈하기 시작한다. 그리고 지점의 매출이 잘 안 나오면서 마이너스로 돌아서는 상황이 매번 반복되었다.

이런 상황은 사실 드문 일이 아니다. 의외로, 상당수의 자영업자들에게서 이런 패턴을 찾아볼 수 있다. 많은 이들에게서 공통적인 패턴이 발생한다면 이와 같은 현실을 만들어내는 무언가가 인간의 무의식 깊은 곳에 공통적으로 숨어 있다는 말이다. 그것이 무엇인지를 지금부터 알아보자.

E  저는 어느 정도의 성공과 그보다 큰 실패를 계속 반복하고 있습니다. 처음에는 이런 패턴을 눈치채지 못했지만 어느 순간 알게 되었죠. 저는 돈을 잘 법니다. 그런데 계좌에 남아 있는 돈이 없습니다. 오히려 항상 마이너스 상태가 되고 맙니다. 아무리 잘 벌어도 일정 규모에 도달하면 그 이상의 손해가 일어나는 패턴이 지겹게 반복되고 있습니다.

카밀로  당신의 손해는 사업확장으로 인해 발생하고 있습니다. 사업을 확장하고자 하는 마음 안에 무엇이 있는지 자세히 들여다본 적이 있었나요?

E  아뇨, 없었습니다. 지금도 마찬가지입니다. 그저 막연히 무언가가 있구나 하고 눈치챈 정도입니다.

카밀로  질문을 바꿔보죠. 사업을 확장하고자 하는 마음이 일어날 때, 그 마음은 어떻게 나타나죠? 마치 무언가에 홀린 듯이 욕망이 나타나진 않았나요?

E  맞아요. 지금에서야 눈치채는 것이지만, 저는 사업 규모를 확장하는 게 당연하다고 여겨왔습니다. 그 마음이 나타날 때는 그게 너무 당연해 보여서 왜 확장해야 하는지를 의심해보지 않았던 것 같습니다.

카밀로  잘 살펴보세요. 사업을 확장할 때 "이 부를 유지하려면 머물러 있는 것만으로는 부족해. 끊임없이 규모를 확장해야 직성이 풀려"라는 마음이 있지는 않았나요?

E        살펴보니 정말 그러네요. 뭔가 만족이 안 됐어요. 돈을 벌고는 있지만 "이룩해놓은 것을 유지할 수 있을까" 하는 막연한 불안감이 있었어요. 지금은 풍족하지만 언제까지나 풍족할 거라는 보장이 없으니까요. 그래서 지금까지 이뤄놓은 걸 유지하기 위해서는 사업을 확장해야 한다는 마음이 있었던 것 같아요.

카밀로   결국 두려움이었군요. 내가 지금까지 이뤘던 것들을 지키기 위해서는 끊임없이 덩치를 불려야 한다는 일종의 강박감이 은연중에 있었을 겁니다. 따져보면 스스로를 온전히 믿지 못했던 것이죠. 자신을 믿지 못하니 안심하기 위해 덩치를 불리려고만 하는 마음이 자연스럽게 나타났을 테고요. 당신은 그 마음의 소리에 자연스럽게 동의했던 것입니다. 결론적으로 보자면, 현재 당신은 스스로의 능력을 온전히 인정하지 못하고 있습니다. 더불어, 당신에게는 "이제까지는 운이 좋았어. 하지만 계속 잘 될 거라는 보장이 없으니 안심이 안 돼. 사업을 반석에 올려놓으면 안심이 되겠지" 하는 마음이 있습니다. 그것이 보이나요?

E        결국 스스로의 안전에 대한 보장이 없었다는 말이군요.

카밀로   맞습니다. 의식 깊은 곳에서 스스로의 능력을 온전히 인정하지 못하고 있었기에 그 마음이 끊임없는 보장욕구를 만들고 사업의 확장에 집착하게 만든 것입니다.


        아주 중요한 핵심관념을 찾아낸 듯 보인다. 하지만 알고 보니 E씨의 문제는 단순히 불안감을 해결하기 위한 사업확장 정도가 아니었다. 진짜 문제는 이보다 더 깊은 곳에, E씨 스스로도 전혀 인지하지 못한 곳에 있었다. 이 깊은 의식 속 관념은 E씨와 비슷한 문제를 반복하는 수많은 자영업자들의 공통관념이라 해도 과언이 아니다.

**카밀로**  큰 비밀을 알아낸 듯 보이지만, 이보다 더욱 충격적인 진실이 남아 있습니다. 이를 알기 위해서는 '실패의 반복'에 주목해야 합니다. 왜 당신의 모든 사업확장이 실패로 귀결되는 걸까요? 이상하지 않습니까? 관점을 조금 더 확장해서 살펴보면 그 이유가 뭐였든 당신이 하는 모든 사업의 과정은 결국 '가진 것을 잃기 위해' 달려가는 듯 보이지 않나요?

**E**  실패하기 위해 일단 성공해왔다는 거군요. 그러고 보니 이뤄냈던 것을 모두 잃는 것이 제 사업의 일관된 결말이었어요. 가진 것을 잃기 위해 이 모든 것들을 이뤄왔던 거라면, 저는 도대체 무엇을 위해 살아온 걸까요?

**카밀로**  인간의 의식 깊은 곳에는 상실에 대한 두려움이 있습니다. 내가 무언가를 이루고 소유하는 순간, 마음은 자연스럽게 그것을 잃는 경우를 가정합니다. 그리고 "이걸 잃게 된다면 견딜 수 없을 거야"라는 생각에 빠집니다. 그러면 어떻게 하는 게 최선일까요?

**E**  맙소사! 가진 것을 빼앗길 바에는 차라리 가지지 않는 것을 선택하는 거군요.

**카밀로**  맞습니다. "~할 바에는 차라리 ~하는 것이 마음이 편해"라는 마음입니다. 이 마음은 의식의 깊은 곳에서 일어나기에 표면의식으로는 알아차리기 힘듭니다. 말 그대로 은밀하게 발동하는 거죠. 상실에 대한 두려움은 자신에게 합당한 명분이 생기도록 현실의 상황들을 이루는 인연조합, 인과관계를 조합합니다. 그리고 이 두려운 마음은 소유했다고 여기는 것이 많아질수록 커집니다. 소유했던 것을 잃는 상황을 견디지 못할 거라 여기는 마음, 그렇기에 차라리 이 정도만 가지는 게 마음이 편하다는 마음이죠.

E　　　이 마음은 대체 왜 나타나는 건가요?

카밀로　　이런 마음은 '나'라는 이미지를 지키기 위한 방어기제입니다.

E　　　이해가 안 됩니다. 이런 식의 처사가 결국 나 자신에게 도움이 안 된다는 것을 모르는 걸까요? 내가 정말 나를 위한다면 이런 식으로 행동하지 않을 것 아닙니까? 도대체 뭘 지키고자 하는 건지 모르겠어요.

카밀로　　인간의 의식구조에 대해 좀더 깊은 이해가 필요한 때가 왔군요. 인간의 의식은 크게 구분하면 표면의식, 잠재의식, 심층의식으로 구분할 수 있습니다. 이를 의식의 피라미드라고 부릅니다. 피라미드는 꼭대기의 면적이 제일 작고, 밑변으로 갈수록 그 면적이 커지죠. 인간의 의식도 이와 같습니다. 심층의식으로 들어갈수록 덩치가 커지고 현실에 미치는 영향력도 큽니다. 사실, 우리의 현실에 가장 큰 영향력을 미치는 것은 이 심층의식에 존재하는 관념들입니다. 그런데 심층의식에 존재하는 관념들은 주격이 없습니다.

E　　　주격이 없다니요? '나'라는 느낌이 없다는 말인가요?

카밀로　　없습니다. 무자성無自性이라고도 합니다. 그곳에 존재하는 관념들은 그 자체로 순수한 존재의 표현일 뿐입니다. 심층의식 속에서는 가난, 결핍, 피해자, 고통처럼 부정적으로 여겨지는 것들에게도 아무런 판단이 가해지지 않습니다. 그럼 자아의식은 어디에서 시작될까요? '나'라는 느낌은 심층의식보다 표면에 있는 잠재의식에서 나타납니다. '나'라는 느낌이 하나의 개인으로 굳어져 고착되는 지점이죠. 이때 작용하는 '나'라는 느낌은 고정된 것이 아니며 실체도 없습니다. 오히려 당신의 세상을 창조하는 존재함수인 '나는 이것이다'(I am that ~)라는 공식에서 변하지 않는 통로 역할을 하는 '상수'(항상 같은 값)에 가깝죠. 잠재의식에서는 이 '나'라는 상수가 수많은 관념들과 동일시되기 시작합니다. 그렇게 탄생하는 것이 우리 안의 수많은 소인격체들, 내면아이들입니다.

E     내면아이가 여럿이었군요. 그렇다면 저는 내면에 수많은 인격체들을 가지고 있는 건가요?

카밀로  인간이라면 누구나 그렇습니다. 수없이 많은 소인격들이 인간의 내면에 존재합니다. 이 소인격들은 오직 하나의 존재원리를 따릅니다. 바로 '생존의 법칙'이죠. 이들은 오직 살아남기 위해 행동합니다.

E     살아남는다는 게 어떤 뜻인가요?

카밀로  내면아이들에게 있어 살아남는다는 것은 자신의 존재를 증명하기 위한 무대를 보장받는 것입니다. 그들에게는 현실이라는 무대에서 자신을 표현하는 것이 가장 중요한 문제입니다. 현실트랙에서 자기 자신을 어필하는 것. 그것이 내면아이들의 최우선 목표가 됩니다. 아무튼, 잠재의식에서 '나'라는 느낌과 결합한 관념들은 그 즉시 인격을 부여받습니다. 그 수많은 내면의 관념들이 모두 말이죠. 그중 힘이 강한 녀석들도 있고, 약한 녀석들도 있습니다. 그러니 자연스럽게 내면아이들의 파워게임이 일어납니다.

이 파워게임은 내면의 갈등이라는 형태로 느껴집니다. 심지어는 점심으로 김치찌개를 먹을까 된장찌개를 먹을까 고민하게도 만들죠. 김치찌개를 먹어야 스스로를 인정받는다고 여기는 내면아이와 된장찌개를 통해 스스로를 확인할 수 있는 내면아이가 충돌하는 겁니다. 뭐 이런 유치한 상황까지 만들어내냐 싶겠지만, 실제로 결정장애가 있는 많은 사람들이 이러한 내면아이들의 의견 불일치를 심각하게 겪고 있습니다.

E      마치 정치권 이야기 같네요.

카밀로  깊이 알면 알수록 더 기가 막힙니다. 내면아이들은 자신의 권력을 지키기 위해 연합하기 시작합니다. 힘이 강한 녀석들은 자신들의 권력을 지키기 위해 정당을 만들고 정책을 펼칩니다. 여기서 말하는 정책은 개개인의 메인 카르마 역할을 하는 관념들과 캐릭터성이라고 생각하면 됩니다. 반면, 힘이 약한 녀석들은 의식의 중앙무대를 장악하고 현실트랙이라는 정권을 탈환하기 위해 이합집산을 거듭하며 중앙권력, 즉 개개인의 주도적인 정체성과 카르마에 도전합니다. 그러니까 인간사회에서 일어나는 것과 똑같은 일이 내면에서 먼저 일어나고 있다고 생각하면 됩니다. 그럴 수밖에 없는 것이, 현실이라는 무대는 내면에서 일어나는 관념활동이 투영된 것이기 때문이죠.

E      그러니까, 제 안에 작용하고 있는 '실패하기 위한 노력'이

이와 같은 내면아이들의 활동 결과라는 말이죠?

**카밀로**   그렇습니다. 당신의 삶의 중앙무대를 장악한 "나는 결핍된 존재다"라는 관념은 오직 자신의 모습을 지키고 유지하는 데만 관심이 있습니다. 그 결과로 당신이라는 개인의 삶이 피폐해지든 말든 개의치 않습니다. 당신은 경제적 부를 쌓아가면서 결핍이 아닌 풍요를 체험하기 시작했습니다. 점점 쌓여가는 풍요의 느낌이 어느덧 한계점에 이르는 때가 왔겠죠.

그때, "나는 결핍된 존재다"를 표방하는 집권정당인 '결핍당'의 입장에서는 어떤 느낌을 느끼게 될까요? 불안해집니다. 이러다 자칫 잘못하면 '풍요당'에게 정권이 넘어가겠다는 위기감을 느낍니다. 그래서 자신들의 기득권을 지키기 위해 아주 미묘한 마음을 작동시킵니다. 바로 "~할 바에는 차라리 ~하는 게 편해"라는 관념입니다. 지금 가진 것을 상실할 바에는 더 이상 가지지 않는 게 낫다는 생각을 만들어내는 것이죠. 그러니 당신의 사업은 어느 정도 성공한 후에 내리막길을 걸을 수밖에 없습니다. 현실에서는 경제적으로 실패하고 정신적으로도 피폐해지더라도 집권당의 입장에서는 자신들의 정체성을 지키는 결과가 되니 결국 정책이 성공한 것이죠.

내면아이들이 지키고자 하는 '나'라는 것은 사실 이런 것입니다. 의식수준이 미숙할수록 협소한 '나' 안에 갇혀 이러한 이기적 성향이 더 강해지죠. 반면 의식이 성숙할수록 그들이 지키고자 하는 '나'의 느낌은 확장되고 깊어지기 시작합니다. 마음공부가 필요한 이유가 바로 여기에 있습니다. 또한 그 마음공부는 그대로 당신의 현실을 창조할 것입니다.

E        그렇군요. 원인은 충분히 이해한 것 같은데, 그렇다면 이
제 저는 어떻게 해야 하는 건가요?

**카밀로**   상실의 두려움이라는 관념과 화해해야 합니다. 우리의
삶은 마음속에서 일어나는 드라마들의 투영입니다. 이를 모른다
면 반복되는 패턴의 현실 안에서 고통받으며 살 수밖에 없습니
다. 하지만 내 삶이 나타나는 원리를 안다면 변화가 시작됩니다.

         E씨의 현실출력 회로는 "나는 결핍된 존재다"를 증명하기
위한 방향으로 맞추어져 있었다. 자기규정이 이렇게 맞춰진 상
태에서는 성공을 한다 하더라도 결국 더욱 크게 실패하고 좌절
하기 위한 성공이 되고 만다. 내가 E씨에게 제시한 해결방법은
꾸준한 명상과 내면아이 소통이었다.

         상실에 대한 두려움은 의식의 깊은 곳에 뿌리를 내리고
있는, 인간의 공통관념에 해당한다. 의식의 깊은 곳에 도사리고
있는 관념들과 화해하고 그것들을 재규정하기 위해서는 그만큼
의 노력이 필요하다. 무작정 확언하고 심상화를 밀어붙인다고
해서 그런 두려움이 해결되지는 않는다. 이런 노력마저 언젠가
는 메인 카르마의 자기확인을 위해 얼마든지 희생될 수 있기 때
문이다. 다시 말해, 심층에 숨어 있는 메인 관념들이 확언이나 심
상화 등의 합당하고 좋은 노력으로 보여지는 것들을 오히려 자
신들의 존속을 위한 도구로 이용할 수 있다는 말이다. 겉으로 볼
때 확언과 심상화를 하는 마음이 목표를 이루기 위한 굳은 결의
로 보인다고 하더라도 그 확언과 심상화에 '결핍에 대한 배척과
두려움'의 마음이 있다면, 그래서 그것들을 마치 쫓기듯이 실행

하고 있다면 오히려 결핍의 메인 관념을 강화시키게 된다.

E씨는 '나'라는 느낌의 근원지점을 찾기 시작했다. 협소한 의미와 가치로 규정된 자기 자신을 재규정하기 위해서는 표면적으로 느껴지는 개인의 느낌보다 깊은 지점으로 들어가야 하기 때문이다. 더불어 꾸준히 내면아이들과 소통하고, 화해하고, 그들을 위로하기 시작했다. 약 1년이 지난 시점부터 그의 사업은 상승세로 전환되기 시작했다. 무리한 확장을 멈춘 그는 이제 착실히 내실을 다져가고 있다. 그의 마음속에서는 조급함이 없어졌고, 더 이상 자신을 지키기 위해 이런저런 조건을 유지해야 한다는 마음이 사라졌다. 이제까지 반복되던 '실패를 위한 성공' 또한 멈추게 되었다.

E씨의 관념 패턴은 사실 E씨뿐 아니라 다른 많은 이들에게서도 발견된다. E씨는 이 관념을 훌륭하게 극복했지만, 크게 실패하고 빚더미에 올라앉은 사례들도 정말 많다. 이 사례를 소개하는 이유는 그런 이들에게 작은 도움이 되길 바라는 마음에서다.

# 6장
## 돈으로 복수할 거야

F씨의 사례를 살펴보자. 현재 식당을 운영 중인 그녀는 어린 시절 어머니로부터 많은 학대를 당했다. 그래서 어떻게든 독립하여 집을 나오는 것이 목표였다. 이를 악물고 공부한 그녀는 고향인 창원을 떠나 서울에 있는 대학에 진학하게 되었다. 잠을 거의 자지 않았을 정도로 악착같이 공부해 일자리를 구한 후에는 어느 정도 돈을 모을 수 있었고, 그렇게 모은 돈으로 자신의 식당을 시작할 수 있게 되었다. 그녀는 중년이 된 지금까지 본가로 돌아가 본 적이 없다. 그런데 최근 몇 년째 가게 매출이 기울기 시작했다. 엎친 데 덮친 격으로, 코로나까지 유행하자 그녀의 식당은 간신히 버티고 있는 수준이 되어버렸다.

**카밀로**  현재 사정이 매우 안 좋다고 알고 있습니다. 마음은 좀 어떠세요?

F　　간신히 버티고 있습니다. 코로나 때문에 더 힘든 것 같아요. 어쩔 수 없죠….

카밀로　　코로나가 문제이긴 합니다만, 당신의 말 속에는 내 사업이 망해가고 있다는 무의식적인 믿음이 들어 있습니다. 모든 문제의 책임을 코로나에 전가하고 있지만 사실 현실의 진짜 원인은 마음속 깊은 곳의 무의식적인 신념들입니다.

F　　네, 사실 저도 코로나를 탓하는 게 별 도움이 안 된다는 걸 느끼고는 있어요. 하지만 뭐라도 탓하지 않으면 마음이 더 무너질 것 같아요.

카밀로　　좋습니다. 그 마음이 있으면 다시 일어날 수 있습니다. 이제 본격적으로 문제를 파악해보죠. 당신은 왜 부자가 되고 싶었나요?

F　　저는 어렸을 때부터 어머니에게 학대를 당하며 자랐습니다. 너무나도 고통스러운 시간이었고, 중학생 때부터 빨리 집을 나가고 싶다는 생각만 했어요. 독립을 하려면 돈을 벌어야 했고, 그러다 보니 자연스럽게 부자가 되고 싶은 마음이 커졌습니다.

카밀로　　당신의 어머니는 당신을 왜 학대했던 거죠?

F　　어머니는 저를 낳기 전에 아버지와 헤어졌습니다. 그래서 홀로 저를 키우셔야 했죠. 저는 어머니 뱃속에서부터 이미 환영받지 못했던 존재였습니다. 어머니는 여자 혼자 아이를 키우며 사는 데서 오는 극도의 스트레스를 저한테 풀었습니다. 저는 일종의 감정 샌드백이었죠. 어머니는 특히 돈에 벌벌 떨었는데, 돈으로 받은 스트레스를 만만한 저에게 풀 때마다 정말 죽고 싶었습니다. 학창 시절에 제대로 학용품을 사준 적도 없어요. 항상

투덜대며 마지못해 사주곤 하셨죠. 도시락도 제대로 싸준 적이 없어요. 제 도시락은 항상 밥과 김치가 다였습니다. 그래서 기를 쓰고 공부해 독립한 겁니다. 공부하면서 계속 결심했어요. 반드시 부자가 돼서 이 서러움을 다 갚아주겠다고요.

카밀로 　그렇군요. 혹시 지금도 어머니를 미워하나요?

F 　　네, 지금도 미운 것 같아요. 사실 용서하고 싶은 생각도 없어요.

카밀로 　아직 쉽지 않을 것입니다. 그런데도 어머니 생활비를 드리고 있다는 얘기를 들었습니다.

F 　　싫든 좋든 제 어머니니까요. 제 손으로 돈을 벌기 시작한 이후로 정기적으로 돈을 보내고 있습니다.

카밀로 　따로 찾아뵙지는 않고 돈만 보내고 있나요?

F 　　네, 명절 때도 집에 안 간 지 오래됐어요. 바쁘다는 핑계로 찾아가지는 않습니다. 사실, 보기 싫어요. 어머니도 그 집도.

카밀로 　어느 정도의 돈을 보내나요? 어머니에게 필요한 액수가 있을 텐데 그것을 모두 충족시켜줄 정도로 보내나요?

F 　　아뇨. 어머니를 만족시켜주기 싫어요. 항상 모자라게 보내고 있습니다. 예를 들어 100만 원이 필요하다면 70만 원 정도만 보내는 거죠. 나머지는 어머니가 알아서 하시는 거고요.

카밀로 　좋습니다. 당신의 메인 카르마를 알 것 같군요. 당신은 지금 돈으로 어머니에게 복수하고 있습니다. 당신에게는 돈이 복수의 수단인 것입니다.

F 　　아…. 돈으로 어머니에게 복수하고 있는 거군요. 사실 어느 정도 스스로 알고 있었답니다.

카밀로　어린 시절 어머니에게 받은 상처가 복수심이 되어버린 겁니다. 복수의 도구는 어머니가 가장 두렵게 생각하던 대상, 바로 돈이죠. 성공하고자 하는 마음도 복수심의 발출이었고요. 결국, 복수하려는 마음이 당신의 삶에 출현하는 돈의 속성을 결정지었습니다. 당신에게 '돈'이란 어머니의 약점이었고, 이제 그녀의 통제에서 벗어난 당신은 어머니에 대한 미움과 복수심을 돈을 통해 표현하고 있습니다. 그러니 당신의 현실에서 돈은 미움과 복수의 상징으로 나타나게 됩니다. 그리고 그 부정성이 부의 회로를 막아버렸습니다.

F　제가 돈을 복수의 도구로 삼고 있었음은 인정합니다. 그런데 한 사람의 삶에서 돈이 미움과 복수의 도구로 규정되면 어떤 일이 일어나나요?

카밀로　돈은 본래 비어 있는 것입니다. 그래서 거기에 어떤 마음을 담느냐에 따라 돈의 속성이 결정되고, 돈은 그 속성을 증명할 수 있는 방식으로 당신의 현실에 나타납니다. 예컨대, 돈이 미움과 복수의 도구로 규정되면 돈이 당신을 미워하고 당신에게 복수합니다.

F　돈이 제게 복수를 한다고요?

카밀로　돈은 이미 당신에게 복수하고 있습니다. 당신은 이미 돈을 사랑할 수도, 돈을 통해서 사랑을 체험할 수도 없습니다. 당신이 어머니에게 복수하고자 하는 마음을 버리지 않는 한, 돈을 떠올리면 어머니로부터 받은 상처가 떠오르니까요. 그래서 돈으로 갑질을 하면서도 괴로운 겁니다. 돈은 당신을 그대로 반영합니다. 당신의 수중에 돈이 들어가는 순간, 그 돈은 이미 하나의 인격이 됩니다. 따라서 돈을 어떻게 대우하는지에 따라 부의 순환 회로가 확장되기도 하고 막히기도 합니다. 또, 돈은 하나의 거울입니다. 거울은 비추어 보는 자의 모습을 그대로 되돌려줍니다. 당신이 돈에게 부여하는 관념과 정서를 돈도 그대로 당신에게 표현한다는 말입니다. 당신의 사업이 계속 내리막길로 갈 수밖에 없었던 이유가 여기에 있습니다. 사업이 내리막길로 곤두박질칠 때 별의별 일들이 다 일어났었죠? 어이없을 정도로 황당한 사건들이 말입니다.

F　　　네, 맞아요. 어떻게든 손해를 보는 쪽으로 사건들이 계속 터졌어요.

**카밀로**　그때마다 당신은 자신을 괴롭혔던 어머니의 모습을 돈을 통해서 계속 마주해왔을 것입니다. 그것이 돈의 복수입니다.

그녀에게 있어 시급한 과제는 바로 어머니와의 화해였다. 그녀는 어머니가 가장 두려워한 대상인 돈을 통해 미움을 표현하고 또 복수하고자 했던 자신의 마음을 품어주었다. 그리고 마음속에 자리 잡은 어머니에 대한 기억과 그 기억에 동반되는 아픈 감정들과 화해했다. 그러자 그녀의 부의 회로도 열리기 시작했다.

상담이 끝나고 몇 달 뒤, 그녀의 사업은 조금씩 매출을 회복했다. 그녀는 이제 어머니를 용서할 수 있게 되었다. 어머니를 마음속에서 용서하자, 어머니가 먼저 그녀에게 그동안 미안했다고, 용서해달라는 말을 해왔다. 그 말을 들은 날 그녀는 펑펑 울었다고 한다. 평생을 기다려 듣고 싶었던 단 한마디의 말, 진심

어린 사과였다.

　지금 그녀의 어머니는 그녀와 함께 지내고 있고 그녀의 업장에서 같이 일하고 있다. 어머니에게는 여러 경력이 있어 가게에 큰 도움이 되고 있다고 한다. 이처럼 부의 회로는 인간관계에서 발생한 관념의 매듭과 연결되기도 한다. 그러니 인간의 삶 전체를 폭넓게 바라볼 수 있는 시선이 필요하다.

## 7장
## 돈으로 내 화를 표현할 거야

G씨는 개인 병원을 제법 크게 운영하고 있는 의사이고 아내 또한 한의사다. 따라서 돈에 대한 부족함이 없는 사람이었다. 그의 고민은 사실 자신에 대한 것이 아니라 그의 외동아들에 대한 것이었다. G씨에 따르면 그의 아들은 어렸을 때부터 부족함 없이 자랐고, 좋은 학교도 졸업했다. 하지만 그런 아들이 돈을 벌 생각을 안 한다는 것이 G씨의 고민이었다. 인맥을 통해 좋은 회사에 들어가도 몇 달 안 다니고 때려치우기를 수십 차례, 지금은 아예 돈 벌 생각을 포기한 채 그저 피시방에서 게임으로 하루를 보내는 폐인이 되었다고 한다. 어째서 이런 일이 일어난 걸까?

**카밀로** 이야기 잘 들었습니다. 결국 아드님이 부모님의 기대에 미치지 못하고 있기에 속상하신 거군요.

**G** 저희도 이제 나이를 먹었습니다. 부모가 언제까지나 비

빌 언덕이 되어주지는 못할 텐데 도대체 뭘 생각하고 저렇게 사는지 이유를 모르겠습니다. 경제적으로 독립시키려고 생활비 지원을 끊어보기도 했는데 별 소용이 없더군요. 아무래도 사회에 나가려는 의지 자체가 없는 것 같습니다.

**카밀로** 진짜로 의지가 없는지는 아직 모르는 것이니 단정하지 마세요. 그것은 당신의 생각일 뿐이니까요. 아직 아드님의 이야기는 들어보지도 못했잖아요. 혹시 아드님과 이야기를 나눌 수 있을까요?

**G** 좋습니다. 아이를 데려오겠습니다.

아래부터는 G씨의 아들 g씨와의 대화이다.

**카밀로** 반갑습니다. 아버지께 당신에 대한 이야기를 들었습니다. 하지만 그것은 아버지의 의견일 뿐이고, 당신의 이야기를 직접 들어보고 싶었습니다. 질문 하나 하겠습니다. 무엇 때문에 부모님에게 화가 나 있는 건가요?

**g** 조금 의외네요. 저는 "왜 그렇게 사나요?"라고 물어보실 줄 알았습니다. 하지만 바로 제가 부모님에게 화가 나 있다는 사실을 알아내셨네요.

**카밀로** 맞습니다. 당신은 경제적으로 자립할 의지가 없는 것이 아닙니다. 부모님께 화가 나 있는 것이지요. 당신의 어린 시절 이야기를 들어보고 싶네요.

**g** 제 부모님은 엘리트십니다. 덕분에 경제적으로는 부족함 없이 자랐죠. 저도 복 받았다고 생각합니다. 하지만 딱 그것

뿐이었습니다. 부모님은 항상 바빴으니까요. 어렸을 때부터 가족끼리 생일 한 번 제대로 지내본 적이 없을 정도였습니다. 항상 바빴던 두 분과 그나마 대화를 나눌 수 있었던 시간은 성적표를 가져갈 때 정도였습니다. 성적이 좋으면 칭찬의 말 몇 마디와 함께, 학생에게는 과분할 정도의 용돈을 선물로 받았었죠. 그러나 돈보다도 부모님에게 나의 가치를 인정받고 대화 나누는 느낌이 좋았습니다. 함께 있는 기분이 들었어요. 하지만 딱 그때뿐이었습니다. 이내 또 일하러 가셨으니까요.

학교를 졸업하고 사회에 나갈 때가 되자 왠지 "이렇게 살아서 뭐하나" 하는 느낌이 들었습니다. 돈을 벌 때만, 돈을 벌어야만 부모님이 나를 예뻐해주실 거라고 느꼈거든요. 돈을 못 벌면 나를 사랑해주지 않을 것 같은 느낌도 들었고요. 그러다 화가 나기 시작했습니다. 오직 돈으로만 제 가치를 인정받을 수 있다면 두 분이 그렇게 바라는 소원인 '부자 아들'이 되어주기 싫었습니다. 그래서 이제까지 이러고 있는 겁니다.

**카밀로** 소중한 시간 내주셔서 감사합니다. 이제 아버님과 이야기를 해보겠습니다.


**G** 아이가 왜 저러는지 알아내셨다고 들었습니다. 빨리 듣고 싶네요.

**카밀로** 아드님은 두 분께 화가 나 있습니다. 그래서 나름대로 자신의 화와 상처를 표현하고 있는 것입니다. 물론 두 분은 눈치채지 못하셨겠지만 말입니다.

**G** 화가 나 있다고요? 아니 왜요? 부족함이 없게 키웠건만….

**카밀로**　경제적으로 부족함이 없는 것이었죠. 하지만 정서적으로는 너무나 외로웠던 겁니다. 아드님은 자신을 외톨이로 내버려두는 두 분을 원망하기 시작했고, 한 가지 결정을 내렸던 겁니다. "부모님이 원하는 모습이 되어 부모님을 행복하게 만들어주고 싶지 않아"라는 결정이죠. 두 분은 항상 돈을 버느라 바쁘셨죠? 그래서 아드님은 두 분에게 가장 중요한 것이 돈이라고 생각한 겁니다. 아드님 내면에는 잔뜩 상처받고 화난 아이, 맹렬한 복수심에 불타는 아이가 있습니다. 이 아이가 볼 때 두 분께 가장 중요한 것은 돈이니까, 부모에게 복수하는 차원에서 경제적으로 무능력한 아들이 되기로 결심한 겁니다. 이 마음이 해결되지 않는 한 아드님의 부의 회로는 열리지 않습니다.

**G**　생각도 못 했습니다. 정서적 결핍에 대한 복수로 부모의 행복을 이뤄주지 않겠다는 마음을 내다니….

**카밀로**　아드님은 두 분이 미워서 두 분의 소원을 들어주기 싫은 상태입니다. 어린애 같은 발상이지만 실제로 많은 사람들의 의식 깊은 곳에는 이런 관념이 존재합니다. 또, 이런 마음 안에는 일종의 두려움도 있습니다. 돈을 잘 벌어도 언젠가 자신이 실수해서 돈을 못 벌게 되면 자신에게 실망할 부모의 모습을 견디기가 어려운 겁니다.

그러면 아드님의 입장에서는 어떻게 해야 할까요? 애당초 부모님이 자신에게 기대하지 않게끔 행동하면 되겠죠. 그래야 한 번 가졌던 부모의 사랑을 잃게 되는 더 큰 상처를 체험하지 않을 테니까요. 이를 '상실의 두려움'이라 부릅니다. 아드님의 삶을 바꾸고 싶으신가요? 그렇다면 두 분의 삶을 돌아보시고 아드님께 사과하셔야 합니다. 아드님의 마음속 오랜 상처가 치유되면 아드님의 현실 또한 자연스럽게 변할 것입니다.

돈을 도구로 사용하는 관념의 또 다른 사례였다. 돈을 도구로 사용하는 관념은 내게 상처를 준 사람이나 환경에 대한 복수심 때문에 나타날 때가 많다. 복수의 대상이 가장 중요하게 생각하는 것을 복수의 도구로 이용하는 것이다. G씨의 경우 항상 돈을 벌기 위해 바삐 살아가는 삶을 살아왔다. 그러니 자연스레 아들에게도 '돈 많은 아들'이라는 기대를 하고 있었다. 하지만 그의 아들은 부모가 바라는 이상적인 모습과는 반대로 행동하며 그들의 기대를 채워주지 않았다.

물론 이런 마음은 의식의 깊은 곳에 은밀하게 존재하기에 쉽게 알아채기 힘들다. 앞서도 말했었지만, 책에 나온 대화는 내용이 너무 길어지지 않도록 짧게 각색된 것이다. 사실 g씨는 자신의 마음을 대화에 나온 것처럼 쉽게 알아채지 못했고, 상담과 관념분석 과정을 거쳐서야 진짜 자신의 마음을 알게 됐다.

자, 그럼 이들의 이야기는 지금 어떻게 진행되고 있을까? 1년이 흐른 지금 g씨는 새로운 직장에 들어갔고, 활기차게 사회생활 중이다. G씨 부부의 마음과 아들의 마음이 서로 화해하고 진심으로 사랑하기 시작한 것이다. 이를 통해 g씨의 부의 회로도 열리기 시작했다.

## 8장
## 부는 소유해야 할 대상이야

H씨는 30대 중반까지 평범한 직장인이었다. 대기업도 아니고 그저 고만고만하다는 평가를 받는 중견기업의 직원이었기에 수입이 많지는 않았다. 부자가 되어 자유로이 살기를 꿈꿨던 학창시절을 그리워하면서 이따금 소주잔을 기울이는 H씨였다. 그런 그에게 우연히 투자 권유가 들어왔다. 그는 권유에 응하여 가벼운 마음으로 주식에 투자했는데, 그게 각각 680퍼센트, 350퍼센트의 수익을 올렸다. 그의 삶이 변하기 시작한 것이다.

불로소득으로 목돈이 생기면서 마음의 여유가 생긴 듯했으나 그 맛을 본 이후에는 오히려 열심히 일하고자 하는 동기가 사라져 직장 일이 손에 잡히지 않았다. 일하는 동안에도 H씨의 마음은 주식시세에 가 있었으며 하루에도 몇 번씩 그래프를 힐끔거렸다. 그러다 보니 자연스럽게 업무능력도 떨어졌다. 직장에서 지적도 많이 받았고, 매일 아침 활기차던 출근길이 억지로

끌려가는 듯 느껴지기 시작했다. 출장이 잡히면 노예가 된 듯한 느낌마저 들었다. 이런 사정과는 별개로, H씨의 투자는 계속 수익을 내고 있었다. 기댈 언덕이 있다는 마음 때문인지 그는 점점 직장생활이 구속처럼 느껴졌다. 몇 달 뒤, 그는 결국 사직서를 내고 전업 투자자의 길로 들어섰다.

퇴사 후, 여윳돈으로 투자하던 때와는 다르게 그의 마음가짐부터가 완전히 달라졌다. 한 번의 클릭으로 자신의 한 달 생계가 결정되다 보니 머릿속이 수백 가지 생각으로 가득 차기 시작했다. 스트레스로 심장마저 안 좋아졌다. 크게 벌어본 경험이 있기에 소소한 수익으로는 만족할 수도 없었다. 그러다 보니 어떻게든 매일 기준점 이상의 수익을 내는 데 집착하기 시작했다. 그런데 그가 만족의 기준점을 정한 그때부터 묘하게도 그의 수익률이 크게 떨어지기 시작했다. 처음에는 누구나 겪는 시행착오라고 생각했다. 하지만 말도 안 될 정도로 투자하는 족족 손해를 봤다.

결국, H씨는 몇 달 만에 퇴직금을 다 날렸고 이전의 투자로 벌어들였던 종잣돈마저 하루가 다르게 줄어들고 있었다. 더불어 그의 마음도 무너지고 있었다. 10원이라도 손해를 보면 심장이 미친 듯이 뛰기 시작했다. 그에게 있어 돈을 잃는다는 것은 세상이 끝나는 것과도 같았다. H씨는 곧이어 찾아온 불면증으로 몇 달 동안 제대로 잠을 잘 수도 없었다.

과연 무엇이 문제였을까? 통상적인 사고방식을 따른다면 그의 투자방식에 무슨 문제가 있었는지를 분석한다던가, 전문 컨설팅을 받는 것이 보통이다. 하지만 우리는 마음과 현실의 관계를 탐구하여 보다 근본적인 요인을 발견하고 해결할 것이다. 그러려면 먼저 H씨에게 돈이 어떤 의미이기에 이리도 고통을 겪는 것인지 깊게 파헤쳐보아야 한다.

**카밀로** 돈 때문에 스트레스가 심하다고 들었습니다. 왜 그렇게 돈을 벌고 싶은 건가요?

**H** 돈이 많으면 억지로 직장을 다니지 않아도 되니 시간을 자유롭게 쓸 수 있고, 소비할 때도 걸리는 것 없이 자유롭게 돈을 쓸 수 있으니까요.

**카밀로** 그렇다면 당신이 원하는 건 돈 자체가 아니라 그것을 통한 자유군요?

**H** 음… 네, 곰곰이 생각해보면 제가 원하는 건 돈 자체보다는 자유죠.

**카밀로** 자, 이제 당신이 원하는 게 자유라는 것은 확실해졌습니다. 그런데 그 자유를 얻기 위한 수단인 돈은 정확히 어떤 것일까요? 사실 우리 모두 자기가 원하는 게 돈 자체는 아니라는 것을 잘 알고 있습니다. 그렇다면 돈이 상징하는 것은 무엇일까요?

**H** 음, 돈이 상징하는 것은…. 아까 인간은 돈을 통해 자유를 얻는다고 했으니 자유를 상징하는 것 아닌가요?

**카밀로** 네, 그 말도 맞습니다. 하지만 돈이 상징하는 바를 조금 더 자세히 들여다볼 필요가 있습니다. 이 세상은 상위가치와 하위가치로 이루어져 있습니다. 그리고 하위가치는 상위가치를 상징하는 역할을 합니다. 우리의 대화 주제인 돈은 그중에서도 가장 아래에 있는 하위가치입니다. 그렇다면 돈의 상위가치, 즉 돈이 상징하는 것은 무엇이냐? 바로 '부'입니다.

보통 사람들이 '부'라고 하면 재산이 많다는 것만 떠올리는 경우가 많습니다. 하지만 부의 정확한 사전적 의미는 '넉넉한 생활 또는 넉넉한 재산'입니다. 이런 넉넉한 생활에는 정신적으로 부유한 생활, 관계적으로 부유한 생활, 자아실현에 성공했을 때 느껴지는 부유한 마음의 상태 등 여러 형태가 있습니다. 아무튼, 결론은 부라는 상위가치로부터 돈이라는 하위가치가 나왔다는 말입니다. 그렇다면 부가 과연 최종적인 상위가치일까요? 이렇게 돈이 상징하는 바를 부라는 상위가치 하나로 묶을 수 있다면 경제적 부, 정신적 부, 관계적 부 등등 여러 부의 모습도 하나의 상위가치로 묶을 수 있지 않을까요? 부가 상징하는 상위가치는 무엇일까요?

H     아하. 상위가치가 하나만 있는 게 아니군요?

카밀로   그렇습니다. 부가 상징하는 상위가치가 또 존재합니다. 바로 '풍요'입니다. 풍요의 사전적 의미는 '매우 많아서 넉넉함'입니다. 하위가치인 '부'의 의미보다 더 확장된 의미지요. 여기에서의 '넉넉함'은 물건이 아니기에 소유의 대상이 될 수 없습니다. 오히려 '넉넉함'은 정서적 상태와 관련되어 있습니다. 그러니까 당신은 본질적으로 풍요를 좇은 셈입니다.

H     머리가 좀 복잡한데…. 풍요→부→돈으로 가치가 분화한 것이니 결국 저는 궁극적으로 돈이 아니라 풍요를 좇고 있었다는 말씀이신 거죠?

카밀로   잘 이해하셨습니다. 제가 이런 복잡한 개념을 설명드린 이유는, 풍요는 물건이 아닌 정서적 상태이며 이렇게 '존재상태의 표현'에 해당하는 것을 소유하려 집착하니 마음이 채워지지 않는 것은 당연하다는 걸 알려드리기 위해서였습니다. 현실은 당신의 그 마음을 그대로 반영해 결코 채워지지 않는 경제상황을 만들어냈습니다. 풍요를 소유하고자, 도달하고자 하는 대상으로 여기는 한 풍요의 회로는 원활히 순환할 수 없습니다.

H      잠깐만요. 그럼 아까 했던 자유 얘기는 뭐죠? 돈이 자유를 상징하는 것도 맞다고 하셨잖아요.

카밀로      바로 그 얘기를 하기 위해 이 과정이 필요했던 겁니다. 풍요의 상위가치는 '자유'입니다. 다시 말해, 풍요는 자유를 상징합니다. 돈이 많으면 남에게 의탁할 필요가 없는 '경제적 자유'를 얻게 되니까요. 또, 돈 버는 데 모든 시간을 쓰는 시간적 빈곤 상태에서 벗어날 수 있게 해주니 '시간적 자유'를 얻을 수도 있고요. 이외에 주거지를 선택할 때나 여행할 때 가진 돈의 액수에 맞추어 공간을 선택할 필요가 없어지니 '공간적 자유'도 누리게 됩니다. 결국, 이와 같은 여러 자유는 단순히 현실의 사건일 뿐 아니라 마음의 상태와도 연결되게 되니 '심적인 자유'까지도 생겨나죠. 정리하면, 자유→풍요→부→돈으로 가치가 점점 분화됩니다. 결국 이렇게 해서 맨 처음의 결론, 즉 당신은 자유를 원한다는 결론으로 돌아왔습니다.

H      그게 그렇게 연결이 되는군요.

카밀로      당신은 돈을 추구하고 있었지만 그것을 추구하려는 마음이 왜 일어나는지는 알지 못하고 있었습니다. 돈이라는 겉모습에만 빠져 있었죠. 또, 돈이 무엇을 상징하는지를 정확히 알지 못했기 때문에 추구하는 것을 성취한다 해도 항상 목마른 상태, 자유롭지 못한 상태에 빠져 있었습니다. 풍요를 소유하고자 하지 말고 풍요를 통해 드러내고자 하는 가치와 의미가 무엇인지를 깨닫고 그 자체가 되어야 합니다. "나는 이미 그것이다"라고 규정하고 인정하는 것이 그 방법입니다. 그러면 풍요는 상위개념에서 하위개념으로 분화하는 메커니즘을 따라 자연스러운 방식으로 당신의 삶에 나타납니다. 인연의 수레바퀴가 작동하고, 당신의 고유한 관념망을 따라 그때그때 풍요로 가는 가장 알맞은 과정이 만들어지죠.

　　풍요를 소유하려 하는 H씨의 노력은 바람을 손안에 가두려 하는 것과 같았다. 바람은 항상 자유롭게 불어왔다 자유롭게 흘러간다. 풍요 역시 바람처럼 왔다 가며, 갔던 것은 또다시 돌아올 수밖에 없다. 하지만 H씨는 부가 통장에 머물러 있는 동안에만 안도하고, 떠나가면 불안해했다. 그러다 종국에는 부가 통장 안에 머물러 있는 동안에도 그것이 떠나갈까 봐 불안한 상태가 되었다. 한순간도 진정으로 안도하는 마음을 가져본 적이 없었다. 항상 '안정의 궁핍' 상태였던 것이다. H씨에게 나타난 현실은 그의 마음속 깊은 곳에서 일어나고 있는 이와 같은 불안을 그대로 투영한 것에 지나지 않는다.

H　　그렇다면 저는 어떤 마음가짐을 가져야 할까요? 조금 더 구체적으로 알려주실 수 있나요?
카밀로　당신 자신이 풍요를 순환시키는 '터미널'이 되어야 합니다. 들어온 돈은 나가야만 다시 들어올 수 있습니다. 마치 지상의 물이 증발해 구름이 되고, 그것이 다시 비가 되어 땅을 적시는 것과 같습니다. 그러니 집착하는 마음을 가질 필요가 없습니다. 풍요가 당신을 통로로 삼아 끊임없이 순환하고 확장하도록 놓아 두셔야 합니다.

H     맞는 말씀입니다. 저는 이제껏 들어오는 돈에만 집중하고 있었습니다. 들어와서 머물러 있어야 내 것이라고 여긴 거죠. 부모님의 영향인지 모르겠지만, 저는 나가는 돈이 그렇게 아까울 수가 없었습니다. 내 것을 빼앗기는 느낌이었고, 권리를 침범당하는 기분이었습니다.

카밀로   부는 소유할 수 있는 성질의 것이 아닙니다. 부를 키우는 유일한 방법은, 나를 통과하여 순환하는 부의 규모와 속성을 확장시키는 것입니다. 그래서 터미널이라고 표현한 것입니다. 이 점을 잊지 마세요. 나를 통해 부가 흐르게 해야 합니다. 당신은 부에게 '매번 편안히 들렀다 가는 곳'이 되어주어야 합니다. 들어오는 돈과 나가는 돈을 차별하지 말고요. 참, 당신이 한 가지 더 알아야 할 것이 있습니다. 풍요의 순환을 이해하지 못해 생기는 '희생양'의 느낌 또한 당신의 현실 안에서 부의 순환을 끊는 쐐기 역할을 하고 있습니다.

H씨는 부를 소유하려 발버둥 쳐왔다. 그러나 부는 소유하려 할수록 멀어진다. 부의 본질인 풍요는 소유할 수 있는 것이 아니기 때문이다. 부를 소유해야 한다는 강박관념 때문에 오히려 부의 흐름이 끊어진다. 집착하는 마음은 그 자체로 결핍의 상징이다. 부를 손에 넣기 위한 눈물겨운 노력들이 사실상 결핍이

라는 씨앗을 계속 키우는 연료라는 말이다. 이 얼마나 효율 떨어
지는 육체적, 정신적 노동인가?

풍요의 속성을 이해하자. 풍요는 순환하며 팽창하는 것,
들어옴과 나감을 반복하며 계속해서 확장하는 것이다. 풍요를
일으키는 것은 태풍을 일으키는 것과 같다. 태풍은 주변의 대기
를 빨아들이며 끊임없이 덩치를 불리는데, 그런 태풍의 중심에
는 항상 태풍의 눈이 있다. 당신이 이 태풍의 눈이 되어야 한다.
흔들리지 않는 풍요의 중심이 되어 균형을 잡아야 한다. 외적인
상황에 흔들리지 않는 마음가짐과 자기 자신에 대한 확고한 인
식으로 이 중심을 유지하는 것이다. 이런 마음이 만들어지면 들
어오는 돈에 감사하고, 나가는 돈을 기꺼이 축복할 수 있다.

바로 여기에 순환의 비밀이 있다. 부 시크릿의 핵심은 단
순히 돈을 쌓아놓는 데 집착하는 것이 아니라 돈의 순환과 확장
을 이해하고 허용하는 것이다. 다시 말해, 나가는 돈을 어떻게 대
하는지가 핵심이라는 말이다. 돈이 들어올 때는 나에게 와준 풍
요에게 진심으로 감사하라. 돈이 나갈 때는 아까워하지 말라. 그
돈을 내가 세상을 향해서 보내는 선물이자 축복이라고 느껴보
라. 나가는 돈에 부여되는 관념과 감정 에너지가 다음 차례에 내
게 돌아올 돈의 속성을 결정하기 때문이다. 이렇게 돈을 대하기
시작하면 부가 순환하며 팽창하기 시작한다.

**카밀로** 당신이 해야 할 일은 두 가지입니다. 첫 번째는 수입과
지출을 차별하지 말고 평등하게 존중할 것. 두 번째는 지출을 빼
앗기는 것으로 여기지 말고 내가 세상에게 해줄 수 있는 최고의

선물이자 축복이라고 여기며 기꺼이 보내주는 것입니다.

H      할 수 있을 것 같습니다. 그 외에 제가 더 노력할 수 있는 게 있을까요?

카밀로   당신에게 한 가지 루틴을 추천합니다. 매일 아침 일어나면 오늘 나에게 들어올 돈에 대해 10분 정도 감사를 느껴주세요. 또, 투자든 소비든 오늘 나가게 될 모든 지출에 대해 10분 정도 축복하는 마음을 내세요. 가장 좋은 건 지출할 돈을 '세상에게 주는 선물'로 느끼는 겁니다. 내게 다시 돌아올 돈이니 기쁜 마음으로 보내줘야 합니다. 잠시 외출했다 귀가할 내 아이 혹은 친구를 기쁘게 보내주는 것과 같습니다. 나에게서 떠나 세상으로 향하는 이 돈이 자신의 맡은 역할을 세상에서 훌륭히 수행하고 다시 나에게 돌아온다는 것을 자연스럽고 당연하게 인식하는 것이죠. 홍익인간 이념을 생각해보세요. 내게서 나가는 지출이 널리 세상을 이롭게 하고 다시 집인 나에게 돌아오는 겁니다. 돈을 떠나보낼 때 아쉬움, 미련, 아까움, 분노 등의 부정적이고 결핍된 감정이 실리면 나에게 돌아올 돈도 그 속성을 따르게 됩니다. 그래서 '부익부 빈익빈' 현상이 발생합니다. 그러나 나가는 돈을 잠시 외출했다 복귀할 친구로, 세상을 이롭게 하는 큰일을 하고 귀가할 내 아이로 대하면 나에게 돌아오는 부의 규모가 계속 확장될 겁니다.


H씨의 마음은 변하기 시작했고, 자연스레 그의 현실도 변화했다. 전업 투자자인 그의 특성상 돈을 벌 때가 있으면 당연히 손해를 볼 때도 있었다. 그 손해를 바라보는 시선이 변한 것이

다. 예전의 그에게 손해라는 것은 곧 '빼앗김, 당연한 권리의 침범'이었다. 그런 그가 이제는 지출이나 손해를 세상을 이루는 한 부분으로 보기 시작했고, 자신이 세상에 표할 수 있는 최고의 선물과 축복으로 여기기 시작했다. 이제 그는 단기간의 손익에 연연하지 않고 느긋하게 투자를 즐기기 시작했다.

몇 달이 지나자 그의 투자는 다시 흑자로 돌아섰다. 부의 순환회로가 제자리를 찾아 확장되기 시작한 것이다. 가장 크게 달라진 점은, 들어오는 돈에도 나가는 돈에도 집착하지 않게 되었다는 점이다. 오히려 그는 자신을 통해 순환하는 부를 더욱 충만하게 즐길 수 있게 되었다.

집착하지 않음, 바로 이것이 핵심이다. 집착은 결핍을 상징하며, 풍요의 순환을 방해한다. 집착은 혈관을 막히게 하는 혈전과도 같다. 부의 순환회로는 이처럼 혈관 청소를 해주기만 해도 드라마틱하게 변한다. 물론, "집착하지 말아야지" 하고 마음먹은 후 바로 그렇게 할 수 있는 사람은 드물다. 집착마저도 내가 하고 싶어서 하는 것이 아니다. 관념회로의 작용으로 인해 집착할 수밖에 없기 때문에 집착하는 것이다. 그러니 진정으로 마음이 변해야 집착으로부터 자연스럽게 해방될 수 있다는 사실을 잊지 말자. 집착하지 않는 척한다고 해서 자기 자신까지 속일 수는 없다.

## 9장
## 돈을 못 버는 지금의 직업이 싫어

I씨는 훌륭한 실력을 갖춘 요리사다. 어린 시절부터 요리를 좋아했던 그는 고등학교를 졸업하자마자 요리전문학교에 입학했고, 군 제대 후에 바로 음식점에 취업해서 실력을 쌓아갔다. 처음 10년 정도는 급여가 낮고 일이 고되더라도 좋아하는 요리를 배울 수 있다는 사실만으로 모든 것이 좋았다. 마침내 I씨는 착실하게 모은 돈에 대출금을 더해 자신의 레스토랑을 오픈했다. 그리고 시간이 흐르면서 가정도 꾸리게 되었다. 바로 이때부터 문제가 시작되었다.

　I씨는 더 이상 요리가 행복하게 느껴지지 않았다. 오히려 요리는 그저 생계수단일 뿐이라는 느낌이 들었다. 그러다 보니 요리실력도 정체되었다. 엎친 데 덮친 격으로 어린 아들이 아프기 시작하면서 상황은 더욱 안 좋아졌다. 아들의 병간호를 위해 매달 막대한 치료비가 필요했지만 매출은 계속 떨어졌고, 단골

들마저 떠나기 시작했다. 상황이 이렇게 된 가장 큰 이유는 음식의 맛과 매장의 분위기가 예전 같지 않다는 것이었다. 음식 레시피나 재료가 달라지지 않았는데도 맛과 분위기가 변했다는 평을 들었다. 과연 무엇이 변한 걸까?

**카밀로**  당신은 지금의 상황을 초래한 근본적인 원인이 뭐라고 생각하시나요?

l  제 마음에 원인이 있다는 느낌은 듭니다. 지금 우울증이 좀 있는 것 같아요.

**카밀로**  왜 그런 생각을 하셨나요?

l  매사 의욕이 없어요. 항상 우울하고요. 삶이 나를 버린 것 같은 느낌이 들어서 견딜 수가 없습니다.

**카밀로**  혹시 지금 당신의 일에 대해 감사를 느끼시나요?

l  … 아니요. 전혀요. 감사하기는커녕 일이 밉기까지 하네요.

**카밀로**  미움을 느낄 수 있다면 감사도 느낄 수 있습니다. 한쪽 면만을 바라보고 있기에 그것을 잠시 잊은 것뿐이지요. 마음 깊은 곳, 느낌이 시작되는 곳을 들여다보세요. 정말 아무런 감사도 느낄 수 없나요?

l  네, 아무런 감사도 느껴지지 않습니다. 미움만 눈덩이처럼 커지는 게 느껴집니다.

**카밀로**  아무런 감사도 느낄 수 없는 이유는 당신의 의식 깊은 곳으로부터 "감사를 하려면 감사할 만한 일이 있어야 한다"고 여기기 때문입니다. 감사하기 위해서는 어떤 조건이 충족되어야 한다고 은연중에 규정하고 있는 것이죠.

I　　　당연한 거 아닌가요? 감사할 만하니까 감사하는 거고, 미워할 만하니까 미워하는 거죠.

**카밀로**　당신은 진정한 감사가 무엇인지 알지 못하고 있습니다. 그렇기에 지금 감사하는 방법을 잊은 거고요. 다시 한번 깊게 들여다봅시다. 당신의 삶에서 감사할 만한 일이 하나도 없었나요? 분명 감사할 만한 일들이 많이 있었을 겁니다. 그 기억들을 되짚어보세요.

I　　　물론 감사할 일들은 있었죠. 처음 요리를 시작했던 순간, 내 가게를 시작했던 순간, 결혼하고 아이가 생긴 순간…. 그러나 그 순간들이 너무 감사하고 행복했기에 그렇지 못한 지금이 더 미워집니다. 견딜 수가 없어요.

　　　부 시크릿의 핵심은 '지금 이 순간 나의 삶에 참여하고 있는 모든 것'에 대한 허용과 감사다. 하지만 I씨는 그 허용과 감사가 어렵다고 털어놨다. 감사하려고 해도 그럴 만한 일이 없으니 감사할 수가 없다는 것이 그의 설명이었다. 이것이 비단 I씨만의 문제는 아니다. 거의 모든 이들이 감사가 무엇인지 정확히 알지 못한다.

　　　감사는 만족의 하위가치다. 진정한 만족과 감사는 조건에 좌우되지 않는다. 조건이 충족되어야만 생기는 만족과 감사는 일시적인 감정일 뿐이다. 이를 체득하려면 '작은 나'의 위치에서 물러나 자신의 정체성을 창조하는 자의 자리로 후퇴시켜야 한다. 바로 그 자리에서부터 내가 체험하는 모든 것이 창조되어

나온다. 일원一元인 내 안에 모든 것이 이미 다 들어 있다. 이렇게 내 안에 내게 필요한 모든 것이 이미 구비되어 있음을 아는 마음이 원만구족圓滿具足이다.

원만구족의 마음에서 흘러넘치는 만족은 시간의 흐름 안에서 표현되어야 한다. 따라서 만족이 개인의 삶 안에서 펼쳐질 때는 감사할 만한 사건, 감사의 대상, 감사하는 자의 역할로 분화되어 나타난다. 감사할 만한 사건이 있기에 만족하는 것이 아니라, 이미 존재하는 만족이 표현되기 위해 감사할 만한 과정이 만들어진다는 말이다. 그러나 보통의 사람들은 개인이라는 느낌, '작은 나'에 갇혀 있기에 이미 원만구족하고 무한한 가능태의 차원을 볼 수 없다.

**카밀로**  당신은 지금 여기에 나타난 나의 삶을 부정하면서 내 입맛에 맞는 새로운 현실만을 원하고 있습니다. 하지만 현재 당신에게 가장 필요한 것은 지금 이 순간 당신의 삶에 주어진 것에 대한 전적인 감사입니다.

**I**  지금 하신 말씀은 저도 많이 들어봤습니다. 그렇지만 지금의 비참한 상황에서 왜 감사하는 마음을 내야 하는지 모르겠습니다. 감사하는 마음을 내보려고 해도 억지로 감사하는 느낌입니다. 억지 감사를 느낄 때마다 나는 이런 것 하나도 제대로 못하는구나… 하고 마음이 더 찢어지는 것 같습니다.

**카밀로**  쉽게 좌절하고 자신을 비하하는 습관이 있군요. 그 마음 하나하나가 스스로에 대한 자기규정이 됩니다. 그 자기규정을 충실하게 표현할 만한 생각, 감정, 느낌, 반응, 의도, 행위가 당신의 현실이 되어 나타난다는 것을 알려드리고 싶네요. 질문에 대한 답으로 다시 돌아가서, 당신이 만족과 감사를 힘들어하는 이유는 그것을 '작은 나', 즉 개인의식의 자리에서 하려고 하기 때문입니다. 당신은 여전히 자기 자신을 몸뚱이에 국한된 개인이라고 여기고 있습니다. 그러나 개인은 하나의 채널일 뿐입니다. 그러니 그 '작은 나'의 느낌을 놓아버려야 합니다. 창조하는 자의 자리로 물러나서 보세요.

|         창조하는 자의 자리로 물러나면 현실을 대하는 마음가짐이 많이 달라지나요?

**카밀로**    창조하는 자의 마음을 알아볼 때는 성경에 나오는 천지창조를 깊이 묵상하는 게 큰 도움이 됩니다. 창세기 편에 따르면 하느님께서는 세상을 말씀(의식, 의도, 마음의 상)으로 창조하셨습니다. 그리고 당신께서 창조하신 것들, 즉 지금 여기 눈앞에 펼쳐진 것들을 보십니다. "하느님께서 보시니 좋았다." 바로 이 마음입니다. 이것이 신의 허용(사랑)이자 만족이며, 감사의 원동력입니다. 비록 당신의 현실이 비참하더라도 그런 상황이 나타났다는 사실은 곧 그 모습 그대로 나타나도록 인정되고 허용되었다는 것을 의미합니다. 좋은 것과 나쁜 것을 구분하지 마세요. 개인의 차원에서는 이해하기 힘들겠지만 지금 이 순간의 모든 것이 신적 차원에서 허용된 것입니다. 당신의 그런 현실이 지금 나타나 있다는 사실이 이를 증명합니다.


    감사의 원천은 '이미 만족해 있는 마음'이다. 이 마음은 천지창조 후 "보시니 좋았다"라는 흡족의 상태를 의미한다. 하느님

(우리 존재의 원천인 일원성)은 세상을 지어내실 때(매 순간 나의 현실을 창조할 때) 머뭇거리거나 망설이지 않는다. 의심도 없다. 그저 마음 안에 있는 것을 인식하고 그것이 나타나도록 명할(재인식할) 뿐이다. 또한 호불호, 긍정과 부정을 분별하지도 않는다. 그저 나에게서 나온 모든 것이 보기에 좋을 뿐이다.

이런 만족의 마음이 현실트랙에 나타날 때는 원인, 과정, 결과로 펼쳐져 나타난다. 그리고 이렇게 펼쳐져 나타난 만족의 마음은 개인에게 감사라는 마음으로 느껴진다. 그러니 부의 순환회로를 활성화시키고 싶다면 감사하라. 감사야말로 우주에 존재하는 에너지 중 가장 순수하고 강력한 것이다. 감사야말로 '이미 그 모습으로 이루어져 존재하는 결과에 대한 만족의 표현'이기 때문이다. 그렇다고 무작정 감사만 해도 안 된다. 왜 감사한지 그 이유를 명확하게 인지하고 있어야 한다. 그렇지 않다면 당신의 감사는 허공에 흩어지는 메아리가 되어버릴 것이다.

| 지금의 제 현실이 이미 허용되고 인정되었기 때문에 이렇게 나타날 수 있었다는 건 이해가 됩니다. 그런데 감사의 범위가 있을 것 아닙니까? 어디까지 감사의 마음을 가져야 하는 건가요? 아이가 아프고, 치료비는 많이 드는데 가게 매출은 점점 줄어드는 이런 상황까지도 감사해야 하는 건가요?

카밀로 네, 지금 이 순간에 속해 있는 모든 것에 감사해야 합니다. 당신이 체험하고 있는 모든 부정적인 요소들, 그러니까 매출 급락, 아이의 병, 지금의 경제적 결핍 모두에 감사의 시선을 보내야 합니다.

|      도대체 그런 마음을 어떻게 낼 수 있단 말인가요?

**카밀로**  보통은 과거, 현재, 미래를 생각할 때, 과거는 바꿀 수 없고 현재는 현재일 뿐이며 미래는 아직 오지 않았다고 생각합니다. 하지만 전체성의 시각으로 바라보면 '지금 여기'라는 유일한 인식의 무대에 과거, 현재, 미래의 모든 인연관계가 모여 있습니다. 과거를 회상하는 자리는 어딘가요? 지금 여기, 현재입니다. 미래를 떠올리는 자리는 어딘가요? 그것 역시 지금 여기, 현재입니다. 그러니 지금 여기 나타난 모든 것에 감사하는 것은 곧 미래에 대해 감사하는 것과 같습니다.

|      미래에 대한 감사라면…. 현재에 감사하면 미래에 감사할 일이 만들어진다는 말씀이신가요?

**카밀로**  진정한 감사는 감사할 일이 있어서 감사하는 것이 아닙니다. 먼저 감사하면 그 후에 감사할 일이 자연스럽게 형성되며 현실로 나타나는 것이죠. 좀더 자세히 설명해보겠습니다. 과거와 미래, 원인과 결과, 긍정과 부정, 불행과 행복, 실패와 성공, 결핍과 풍요, 당장의 현실과 미래의 가능성, 심지어는 나와 상관없어 보이는 우주 전체의 역사, 그 안에서 펼쳐지는 시간과 공간이 모두 하나로 어우러지며 내가 체험하는 순간순간을 만들어냅니다. 이 모든 요소들이 모두 '지금 이 순간의 나'에 기대어 있고, 나 또한 이 모든 요소들에 의존해 지금 여기에 존재하는 것입니다. 그러니 긍정과 부정을 떠나 지금 이 순간을 만드는 데 참여해준 모든 요소들에 존중과 감사를 보내는 것은 이 요소들의 집합과 인연작용으로 있는 '지금의 나'를 존중하며 감사하는 마음과 같습니다. 특히 당신의 경우에는 지금 저항하고 있는 '일 그 자체'

에 대한 무한한 감사를 보내야 합니다. 당신의 가정, 경제력, 사회적 지위, 인간관계 등 당신이 지금 일구어낸 모든 것을 가능하게 해준 일등공신이 누구입니까? 바로 당신의 직업, 직장입니다. 비록 지금은 일시적으로 궁핍한 상태에 있지만 당신이 스스로 성공했다고 느꼈을 때도, 무언가 이루어냈다는 성취감을 느꼈을 때도 그 중심에는 당신의 직업이 있었습니다. 그 직업을 통해 당신은 삶에 필요한 모든 것을 얻어왔고 또 성장해왔습니다. 그런데 당장 조금 힘들다고 당신은 그 소중한 직업을 천대하고 있습니다. 일의 고마움을 모르고 있는 겁니다. 이와 같은 처사는 힘든 시절을 함께한 조강지처를 내치는 것과 다를 바 없습니다.

l  조강지처를 내치는 것과 같다니, 정신이 번쩍 드네요. 맞습니다. 저는 제 직업에 의존해 먹고 살았으면서도 막상 그 일 자체에 대한 존중은 없었습니다. 잘 될 때만 예쁘다 예쁘다 해주고, 잘 안 되면 형편이 이렇게 된 책임을 일에 뒤집어씌우고 있었군요.

**카밀로**  네, 자신의 실패에 대한 변명이 필요했던 겁니다. 당신이 앞으로 무엇을 하든 간에 당신의 경제적 수입은 당신의 직업을 통해서 얻어질 겁니다. 그러니 무슨 일이 있어도 지금 나의 일, 직업을 외면하고 배척하면 안 됩니다. 수입이 적으면 적은 대로 감사하고, 많으면 많은 대로 감사해야 합니다. 그 감사라는 에너지가 부의 순환회로를 활성화시키는 원동력이 됩니다. 이 감사는 조건도 차별도 없습니다. 적은 돈이라고 얕보고 감사할 줄 모른다면 당신의 부는 순환하지 않습니다. 오히려 적은 돈에 더더욱 감사해야 합니다. 그러면 지금의 결핍된 현실을 바꿀 수 있는 돌파구가 기묘한 섭리로 열리게 됩니다.

지난 시간을 돌아보세요. 레시피가 변하지도 않았는데 매출이 줄어들고, 손님들은 무언가 변했다고 느꼈습니다. 무엇이 변한 걸까요? 일에 대한 당신의 마음이 변한 겁니다. 감사가 사라지고 원망과 욕심이 그 자리를 대신했습니다. 가정이 생기고 아이가 아프면서 지출이 증가했을 테지만 그것이 일의 잘못은 아니지 않습니까?

| 네, 그런데도 저는 불평만 늘어놓으며 이제까지 우리 가정을 먹여 살려주던 고마운 일에게 불만만 가지고 있었지요. "왜 매출이 이것밖에 안 나오는 거야? 인건비도 못 건지는 일을 굳이 유지해야 하나?" 고민하면서 말이죠.

**카밀로** 당신과 일의 관계가 꼭 못된 시어머니가 며느리 시집살이 시키는 것처럼 보이지 않나요? 정성껏 잘 끓여온 국을 앞에 두고 "에미야~ 국이 짜다" 하는 것처럼 말이죠. 은연중에 궁핍에 대한 책임을 당신의 직업에게 전가하고 있었던 것은 아닌지 살펴보세요. 당신의 직업 또한 하나의 인격입니다. 존중하고 감사할수록 번창하고, 핍박하고 얕볼수록 움츠러드는 것은 당연합니다.

| 네, 제 손끝에서 탄생하는 음식에도 그 마음이 전해졌었나 봅니다. 제 요리는 저를 대변하는 것이자 저의 정체성이 집약된 것이거든요. 그러니 맛이 없어지는 건 당연한 거네요.

**카밀로** 맞습니다. 그 마음을 돌이키세요. 관점을 전환하는 겁니다. 지금은 비록 일시적으로 경제적 어려움을 겪고 있지만 언제까지나 그럴 거라고 단정하지 마세요. 당신은 다시 요리로 일어설 것입니다. 당신의 요리에 정성을 담아보세요. 당신의 요리에 당신의 직업에 대한 감사와 자부심을 듬뿍 담아보세요. 당신의

요리를 먹고 행복해질 수많은 사람들을 상상해보세요. 그러면 그게 현실이 될 겁니다.

자신의 직업에 감사하고, 자부심을 가지자. 어떤 직업이 되더라도 마찬가지다. 하다못해 길거리에서 폐지를 주워 판다고 해도 그 일 자체에 감사를 보내야 한다. 자부심은 오만함이 아니다. 자부심이란 자신이 하는 일 자체에 대한 감사와 존중이 집약된 마음의 상태다. 또한 자기 존재에 대한 전적인 자신감과 인정의 마음이다. 이 마음은 주위의 시선과 목소리에 신경을 쓰지 않는다. 자기 자신에게 전적으로 만족한 상태가 바로 자부심이기 때문이다.

I씨의 관점이 변하기 시작하자 그의 가게는 다시 활력을 되찾기 시작했다. 때마침 전 세계를 강타한 코로나 팬데믹이 찾아왔지만 그의 매장은 큰 타격을 입지 않았다. 매장 매출이 감소한 대신 배달 매출이 폭발적으로 증가했기 때문이다. 요리에는 요리사의 마음이 담긴다. 감사와 정성, 손님에 대한 축복이 담긴 음식은 이미 단순한 요리가 아니다. 상대방을 향한 존중과 축복 그 자체이다. 그리고 그런 마음은 다시 그 자신에게로 되돌아온다.

## 10장
## 도움받는 건 열등한 거야

J씨가 나를 찾아온 목적은 간단명료했다. 그는 부자가 되고 싶어 했다. J씨는 현재 30대 후반의 남성으로, 오랫동안 다니던 직장을 정리하고 새로운 사업을 계획하고 있었다. 그러나 자금이 부족했던 그에게는 투자자가 필요했다. 그래서 1년 넘게 열심히 투자자를 물색하고 있었지만 아무도 그에게 투자하려 하지 않았다. 물론 투자가 성사될 뻔한 적도 있었다. 하지만 매번 투자가 성사되기 직전에 일이 무산되기 일쑤였다. 그는 이를 계기로 자신감이 크게 떨어진 상태였다.

**카밀로** 부자가 되고 싶어서 오셨는데, 이곳은 어떻게 하면 부자가 되는지를 가르치는 곳은 아닙니다. 만약 그런 식의 답을 원한다면 여러 가지 다양한 코칭, 컨설팅 프로그램을 이용하시는 게 나을 겁니다. 그 부분에 대해서는 알고 계시나요?

J        네, 알고 있습니다. 저는 제가 부에 다가가지 못하게 하는 무언가가 마음속에 있다는 것을 느낍니다. 그것을 찾아내기 위해 여기 온 겁니다.

카밀로   좋습니다. 부자가 되고 싶다고 말씀하셨는데, 어느 정도의 부자가 되고 싶나요?

J        일단 현금으로 200~300억 정도가 있고, 사옥이 하나, 제 명의로 된 빌딩이 두어 채 정도 있으면 좋겠습니다. 집은 고급 빌라, 차는 벤틀리를 생각하고 있습니다. 이 정도면 제가 생각하는 부자의 조건을 갖춘 것 같습니다.

카밀로   많은 사람들이 부자가 되고 싶다고 막연하게 생각만 하고 있는데, 당신의 경우는 아주 구체적이군요. 그런 부분은 칭찬할 만하네요. 그럼 그 정도의 부자가 되는 방법은 뭐라고 생각하십니까?

J        질문이 이해가 안 되는데요? 제가 생각하는 부자되는 법이요?

카밀로   당신이 현재 마음속으로 수용할 수 있는, '부자 되는 루트'가 뭐냐는 겁니다. "이러이러한 방식을 통하면 목표한 부에 도달할 수 있을 것 같다" 뭐 이런 거죠.

J        일단, 저는 제 능력을 인정받고 싶습니다. 부자가 되고 싶은 마음도 사실은 자아실현에 가깝습니다. 누가 봐도 멋지게 능력을 인정받고 싶네요.

카밀로   그러니까 예를 들면 어떤 방식을 통해서요? 구체적으로요.

J        일단 제 회사를 세워야겠죠. 저는 정보처리를 전공했습니다. 전문분야를 살려 회사를 하나 만들고, 그 회사를 멋지게 잘

키워보고 싶습니다. 목표에 도달하는 과정이 바쁘고 힘들겠지만 그 과정에서 재계 사람들에게 인정도 받고 싶어요. 물론 아직 투자자가 나타나지 않았지만 여건이 만들어지면 바로 실행에 옮길 생각입니다.

**카밀로** 지금 계속 반복하는 단어가 하나 있습니다. '멋지게'라는 단어입니다. 혹시 알고 계셨나요?

**J** 아, 그랬나요? 몰랐습니다.

**카밀로** 당신은 멋진 부자가 되고 싶어하는군요.

**J** 네, 맞습니다. 한 번 사는 인생 멋지게, 폼 나게 살고 싶습니다. 유명한 외국 CEO들처럼요.

**카밀로** 그런데 J씨, 그 폼 나게 사는 멋진 인생이 부에 도달하는 길을 극도로 제한하고 있다는 사실을 아셔야 합니다. 부자가 되는 길이 반드시 자신과 남들이 다 납득할 수 있을 정도가 되어야 한다는, 그 조건 자체가 걸림돌이 될 수 있습니다. 당신의 현실에 출현 가능한 부의 인연관계가 제한되기 때문입니다. 당신이 이런 생각을 하게 된 계기가 있을 듯한데요. 혹시 살면서 누군가에게 도움을 받아본 적이 거의 없지 않나요?

**J** 네, 거의 없습니다. 저는 어렸을 때부터 아르바이트로 용돈을 벌어서 썼습니다. 집안 사정이 어려웠기에 부모님께 손을 벌리지 않는 게 맞다고 생각했거든요. 중학생 때부터 이미 이런저런 아르바이트를 시작한 이유가 그것입니다. 지금 생각해도 일찍부터 그랬던 제 모습이 멋지다고 생각합니다.

**카밀로** 부모님이 주변의 도움을 받는 모습을 본 적은 있나요?

**J** 있습니다. 저희 집은 남이 쓰던 것을 얻어오기 전까지는

거실에 소파도 없었습니다. 집 안 가구들 대부분이 얻어온 거였죠. 그때 우리 집이 좀 거지같이 느껴지긴 했습니다. 또, 쌀이며 부식이며 다양한 생필품을 여기저기서 도움받곤 했죠.

카밀로　바꿔 말하면 남의 것을 얻어쓰고 도움을 받는 부모님이 거지같이 느껴졌던 거군요.

J　부인할 수 없네요. 부모님은 모르시겠지만요.

카밀로　혹시 주변에 집안이 부유한 친구들은 없었나요?

J　있었습니다.

카밀로　그런 친구들에게 부러움을 느꼈나요?

J　많이 느꼈습니다. 하지만 그 친구들처럼 부유한 일상을 살 수는 없었습니다. 저희 부모님은 그럴 능력이 없으셨으니까요. 그래서 그 친구들과 어울릴 때 뒤떨어져 보이지 않기 위해 아르바이트를 했습니다. 물론 제가 아르바이트를 한다는 사실은 친구들도 거의 몰랐습니다.

카밀로　부모님을 생각하는 훌륭한 아들이었군요. 하지만 동시에, 당신의 관념이 어린 시절부터 굳어지기 시작했습니다. 주변의 부유한 친구들에게 주눅 들지 않기 위해 노력하던 마음 깊은 곳에는, 사실 그들과 자신을 비교하는 마음이 있었을 겁니다. 그들과 당신의 차이를 극복하려고 아르바이트를 시작했을 거고요. 그들과 어울릴 때 꿀리지 않는 씀씀이를 유지하려고 말입니다. 하지만 아르바이트를 하는 당신의 마음속 깊은 곳에는 일종의 억울함, 서러움 등이 있었을 겁니다.

J　사실 그런 마음이 정말 컸습니다. "쟤들은 부모 잘 만나서 저렇게 편하게 노는구나" 하는 마음이었죠. 하지만 저는 그런

마음을 애써 외면했습니다. 제 능력을 키워서 멋지게 사는 게 이기는 거라고 생각했습니다.

**카밀로** 바로 거기에 당신 삶의 부를 결정할 메인 카르마가 숨겨져 있었습니다. 당신은 자신의 궁핍한 현실을 인정하기 힘들어서 가면을 하나 만들어냈습니다. 바로 "돈은 스스로의 힘으로 멋지고 폼 나게 벌어야 한다. 물려받은 재산으로 사는 삶은 전혀 폼이 나지 않는다"라는 관념이죠. 이 관념이 있어야 아르바이트를 해서 스스로 벌어 쓰는 자기 자신을 변호하고, 자존심이 안 상할 수 있으니까요. 당신은 자존심이 무척 센 사람입니다. 맞나요?

**J** 네, 인정합니다. 하지만 자존심만 센 게 아니라 그만큼의 능력과 가능성도 있는 사람이라고 생각합니다.

**카밀로** 좋습니다. 하지만 현실에서는 1년이 넘게 투자자가 나타나지 않고 있습니다. 이게 무슨 뜻일까요? 당신의 현실은 투자자를 원하지만 심층의식에서는 투자를 '도움'으로 여기고 거부하고 있는 겁니다. 아니, 진실을 말하자면 도움을 '적선'으로 받아들이는 거지요.

**J** 전혀 생각하지 못했던 부분입니다…. 솔직히 너무 충격이네요.

**카밀로** 당신은 어린 시절부터 도움을 적선으로 간주해왔고, 그렇기에 스스로 악착같이 돈을 벌었습니다. 하지만 아르바이트로 연명하는 자신의 모습이 너무 초라하니 자신을 변호할 변명을 만들어냈습니다. "돈은 스스로의 힘으로 멋지고 폼 나게 벌어야 한다"라는 관념이죠. 세상의 모든 일은 홀로 이루어지는 것이 아닙니다. 반드시 이런저런 인연관계, 인과관계를 조직하며 만들어집니다. 하지만 도움의 손길을 인정하지 않는 당신의 마음은 이러한 관계 형성의 기회 자체를 차단해버립니다. 결국 당신의 관념은 "부자가 되기 싫어"에 가까운 것입니다. 혹시 길거리에서 걸인을 볼 때 어떤 느낌이 드는지 물어봐도 될까요?

J　　　연민의 마음으로 적선을 하기는 하지만, 솔직히 말하면 두려움이 더 큽니다. 언제든지 나도 저렇게 될 수 있다는 불안감이죠. 그래서 사실 그 걸인이 혐오스럽기도 합니다. 하지만 그런 감정은 나쁜 것이기에 꼭 적선을 하곤 합니다.

카밀로　　그런 적선은 연민에서 나온 것이 아니라 두려움을 포장하기 위한 행위입니다. 당신의 적선에는 사랑과 축복이 담겨 있지 않습니다. 오히려 혐오감을 덮으려는 자기포장에 가깝죠. 그리고 그 감정 안에 모든 형태의 '도움'과 '인연'을 밀어내는 관념이 있습니다. 잘 생각해보세요. 당신은 받는 것 자체를 잘 못합니다. 무언가를 받으면 자존심이 상하겠지요.

하지만 제대로 받는 법을 모르면 제대로 줄 수도 없습니다. 그러니 먼저 '도움'에 대한 이미지를 정화해야 합니다. 당신에게는 도움이 필요합니다. 도움은 걸인에게 베푸는 적선 같은 게 아니라, 꿈을 이루어가는 과정에서 반드시 필요한 '필수요소'입니다. 이를 인정하면 부의 회로가 변할 겁니다. 당신은 투자를 구걸하는 게 아닙니다. 투자는 일방적인 도움이 아닙니다. 당신은 투자자에게 정당한 몫을 지불할 것이기에 투자는 하나의 가치교환이라고 볼 수 있습니다. 거래인 거죠. 투자자를 원하면서도 밀어내고 있는 마음속 내면아이를 만나세요. 그 아이와 대화해야 합니다. 그러면 당신의 현실이 변합니다.

J씨의 마음속에는 커다란 슬픔이 있었다. 넉넉하지 못한 가정형편 때문에 가면을 써야만 버틸 수 있었던 지난날에 대한 슬픔이었다. J씨는 과거의 기억과 그 기억 안에 남아 있는 모든 감정들을 마주하는 작업을 시작했다. 그 과정에서 살이 10킬로그램이나 빠질 정도로 엄청난 저항이 올라왔지만 포기하지 않고 꾸준히 내면의 관념과 소통하려 노력했다. 마침내 그는 자신의 부모를 이해하고 용서할 수 있었고, 어린 시절 만들어졌던 부에 대한 편협한 관념이 점점 변하기 시작했다. 그리고 얼마 후, 그는 지인의 초대로 나갔던 모임에서 그토록 필요했던 투자자를 만나게 됐다.

그의 사업은 좋은 투자자를 만난 이후로 순항 중이다. 놀랍게도 매년 50퍼센트 이상 사업이 성장하고 있다고 한다. 사업이 물살을 타고 성장하기 시작할 때의 마음가짐이 중요한 분수령인데, 그의 마음은 이제 매우 유연해졌다. 그는 사업이란 혼자하는 것이 아님을 알고, 자신과 힘을 합치는 모든 인연들을 소중하게 대한다. 그의 사업은 앞으로도 계속 번창할 것이다.

## 11장
## 큰돈을 벌려면 부정한 짓을 저질러야 해

K씨는 40대 중반의 택시 운전사다. 20대 때부터 마음공부를 병행해오던 그는 돈에 대한 큰 욕심 없이 그저 운전으로 버는 돈에 만족하며 살아왔다. 하지만 보험 영업을 하는 그의 아내는 달랐다. 아이들이 크면서 더 많은 돈이 필요해지자 아내는 투자를 하겠다며 주식과 부동산에 손을 댔다. K씨는 아내의 투자를 적극적으로 말렸다. 그러나 소소한 투자로 재미를 보았던 아내는 그의 말을 무시해버렸다.

결국 첫 번째 사건이 터졌다. 사기에 가까운 투자처에 돈을 투자해 그 돈을 몽땅 날린 것이다. 그때 멈췄어야 했다. 아내는 실수를 만회해보겠다는 조급한 마음에 대출을 받아 투자를 계속했다. 결국에는 살고 있던 전셋집마저 빼고 월세방으로 옮기게 되었다. K씨는 그렇게 하루하루 속이 타들어 가는 나날을 보내고 있었다.

**카밀로**  현재 심정이 어떤가요? 가감 없이 솔직하게 말씀해보세요.

**K**  이루 말할 수 없이 억울합니다. 저는 평생 성실하고 정직하게 살아왔다고 자부합니다. 그런데 아내를 잘못 만나서 이렇게 되었다고 생각하니 억장이 무너집니다.

**카밀로**  현재의 상황이 전적으로 아내의 잘못이라고 생각하시나요?

**K**  머리로는 더 적극적으로 말리지 못한 제게도 잘못이 있다고 생각하지만, 마음은 그렇지가 않습니다. 아내에 대한 미움과 억울함이 큽니다. 아이들에게도 미안하고요. 특히 부모가 못나서 부끄러운 본을 보였다는 생각에 힘이 듭니다. 또 한편으로는 돈 때문에 가정이 무너졌다는 생각도 들고요.

**카밀로**  충분히 이해합니다. 하지만 우리는 해결책을 찾아야 합니다. 감정을 조금만 추스르고 천천히 분석해봅시다. 당신은 살면서 돈에 대해 욕심을 내본 적이 없다고 들었습니다. 이유가 뭔가요? 왜 돈에 대한 욕심을 부리지 않았다고 생각합니까?

**K**  저는 세속적인 것, 돈을 추구하는 데는 관심이 없습니다. 오히려 마음을 갈고 닦아야 인간답게 살 수 있다고 믿고 있고, 또 그렇게 배웠습니다.

**카밀로**  세속적인 것 중 대표적인 게 돈이라고 규정하고 계시는군요. 그럼 돈에 대한 인상이 좋지는 않을 것 같은데요. 어떤가요?

**K**  제가 어릴 적부터 명상이나 마음공부를 해서 그런지 세속적인 것을 조금 경계하긴 합니다. 돈에 홀려서 삶을 부정적인 에너지로 물들이면 안 된다고 생각해요. 돈에 대한 인상이라… 딱히 뭐가 떠오르진 않는데요.

**카밀로**  혹시 돈과 관련한, 마음에 새기고 있는 격언이나 가르침이 있나요?

K      저는 불자지만 성경의 구절 중 하나를 마음에 품고 삽니다. 누가복음 16장 13절의 "하느님과 재물을 함께 섬길 수는 없다"라는 구절입니다. 또 "황금 보기를 돌같이 하라"는 최영 장군의 말씀도 가슴에 새기고 있습니다.

카밀로   돈에 대해 그렇게 엄격하게 경계하는 이유가 있을 겁니다. 돈과 하느님을 함께 섬길 수 없다면 당신에게 있어서 돈은 무언가 '더러운 것'의 느낌이 강하다고 보여집니다. 맞나요?

K      네, 사실 돈을 인간의 정신을 좀먹는 위험한 것으로 여기는 마음도 없지 않아 있습니다. 그래서 재가 수행자로서 이 부분을 경계하며 항상 정신을 청빈하게 유지하려 애썼습니다.

카밀로   그런 마음가짐이 나쁜 것은 아닙니다. 하지만 재물에 욕심이 없는 것을 넘어서 부정적으로 여기고 있다면 당신의 가족들도 그 영향을 받지 않을까요?

K      저는 가족들도 돈에 지배받지 않고 정신적으로 성숙한 삶을 살기를 원합니다.

카밀로   부에 대한 당신의 관념을 찾은 것 같군요. 당신은 돈을 더러운 것, 부정한 것, 위험한 것으로 규정하고 있습니다. 그래서 아내가 투자를 하겠다고 나섰을 때 반대했던 것이죠. 아내의 행동이 못마땅했던 겁니다. 그리고 당신의 그런 마음 안에는 더 중요한 관념이 숨겨져 있었습니다.

K      그게 뭔가요?

카밀로   당신은 아내를 믿지 않았습니다. 아내를 항상 부족한 사람으로 보고, 아내의 능력을 신뢰하지 않았던 겁니다. 게다가 아내가 당신이 그토록 경계하는 돈을 벌어보겠다고 나서자 내심 화도 났을 겁니다. 그렇지 않나요?

K 네…. 화가 났습니다. 그녀의 능력을 믿지 못했던 것도 사실입니다.

카밀로 아내도 경제활동을 하고 있던 사람이었습니다. 그런데도 그녀를 믿지 못했다는 건, 그녀를 인정하지 않아야만 당신의 신념이 지켜지기 때문입니다. 이런 마음을 의식적으로 알아챈 적이 있었나요?

K 그런 생각은 해본 적이 없네요. 하지만 제 눈에 아내가 영 부족한 사람으로 보이는 건 사실입니다. 대실패를 경험한 지금의 모습이 그것을 증명하고 있기도 하고요.

카밀로 아내가 실패함으로써 당신의 신념이 옳다는 게 입증된 것 같군요. 혹시 "그것 봐, 내 이럴 줄 알았어"라는 마음이 들진 않았나요?

K 네, 그런 마음이 들었습니다.

카밀로 그리고 "그러게 내 말 듣지 그랬어! 역시 내가 옳아"라는 마음도 들었겠지요.

K 인정하기 부끄럽지만, 맞습니다.

카밀로 당신에게는 두 가지 마음이 공존하고 있습니다. 하나는 손해를 본 사실에 대한 분노, 억울함 등의 감정입니다. 또 하나는 내가 옳다는 사실을 확인했을 때 느껴지는 미묘한 안도감입니다. 이 미묘한 안도감을 느끼고 있는, "역시 내가 맞아"라는 관념이 당신의 메인 카르마입니다. 당신이 틀렸다는 사실이 확인되면, 그 관념의 입장에서는 자기 자신을 부정당했다고 느낍니다. 예를 들어 당신의 아내가 투자에 성공하게 되는 그런 상황에서 말이죠. 그러면 그 관념은 자신의 존재가치가 없다고 여기게 될 것입니다. 자, 그렇다면 어떻게 해야 할까요? 이 관념이 스스로의 존재를 유지하려면 아내가 투자에 실패하는 현실을 만들어낼 수밖에 없습니다. 이와 같은 이해관계를 꿰뚫어 봐야 합니다.

K     제 안에 실패를 오히려 다행이라고 여기는 무언가가 있다는 겁니까?

**카밀로**     그렇습니다. 실패에서 오히려 이득을 얻게 되는 어떤 관념이 당신의 메인 카르마로 작용하고 있습니다. 그리고 그것이 투자 실패라는 현실을 끌어당기는 힘이 되었습니다. 아내 분 또한 완벽하게 자신 있는 상태가 아닌, 조마조마한 마음으로 투자를 하셨을 겁니다. 아내 분의 투자는 완벽한 확신이 없는, 결핍으로부터 생겨난 소망이라는 점에서 이미 성공확률이 낮은 투자였습니다.

이에 더해 남편인 당신은 아내를 돕기는커녕 오히려 마음으로 방해하고 있었고요. 게다가 아내가 실패했기 때문에 이 궁핍한 현실에 대한 책임을 아내에게 지우고, 당당하게 그녀를 비난할 수 있다는 보너스까지 얻었죠. 당신의 말을 듣지 않은 아내, 감히 당신을 거역한 아내의 실패를 당당하게 지적할 명분을 얻은 겁니다. 지금도 아내를 비난하고 있지 않습니까.

K     … 그렇습니다. 아내가 투자에 실패한 후로는 기고만장해져서 아내를 마음 편히 비난할 수 있었습니다.

**카밀로**     자, 이 정도면 "역시 내가 맞아"라는 관념은 어느 정도 이해가 되셨을 것 같습니다. 이제 앞서 말했던 또 하나의 관념을 살펴보죠. 당신은 돈을 부정적인 것, 심하게는 더러운 것으로까지 여기고 있습니다. 그렇게 생각하게 된 원인이 무엇인지 감이 잡히는 것은 없나요?

K       예전부터 돈 때문에 사람이 변하는 경우를 많이 봐왔습니다. 멀쩡하던 사람이 돈 문제가 개입되면 이기적이고 탐욕스럽게 변하더군요. 더 많은 돈을 벌기 위해 남을 짓밟아 올라서고 사기를 치는 등 더러운 방법을 서슴지 않고 쓰더라는 겁니다. 하도 그런 모습을 많이 봐왔더니 돈 자체를 부정적으로 바라보는 시각이 생긴 게 아닌가 합니다.

카밀로 "돈이 개입되면 모두가 이기적이고 탐욕스럽게 변한다"는 관념이 절대적인 진실일까요? 그렇지 않습니다. 모두가 그렇게 된다는 법은 없습니다. 오히려 당신 스스로가 그렇게 될까 봐 두려워서 돈을 그리도 경계한 것입니다. 만약 당신 안에 그런 마음이 전혀 없었다면 돈 때문에 사람이 변한다는 사실을 인지조차 못 했을 겁니다. 당신의 마음 깊은 곳에는 "돈 때문에 내가 추악하게 변하지는 않을까? 그렇게 되면 나는 나 자신을 허용할 수 없을 거야. 그건 정말 나쁜 거야"라는 두려움이 숨겨져 있습니다. 따라서 당신은 돈을 멀리해야 할 합당한 명분으로 '돈은 더러운 것'이라는 관념을 만들어낸 것입니다.

K       네… 그동안 돈 때문에 추악하게 변한 사람들을 보면서 정말 싫다는 마음이 들었습니다. 카밀로 님의 말씀을 듣고 보니 사실 저 역시도 돈 때문에 추악해질 수 있는 사람이지만 그 사실을 외면하고 싶어서 그들을 더 미워하고 부정적으로 바라본 게 사실인 것 같습니다. 저는 지금까지 이런 마음을 수행자로서 세

속적인 것을 경계하는 마음이라고 생각했는데….

**카밀로**  네, 당신의 말대로 마음공부는 도피처였을 수도 있습니다. "진리를 추구하는 수행자는 돈을 멀리해야 한다" 같은, 돈에 대한 부정적인 인상을 정당화하기 쉬우니까요. 질문 하나 드리겠습니다. 당신은 깨끗하고 정의로운 사람인가요?

**K**  네, 그렇다고 생각합니다. 저는 한평생을 정의롭게 살기 위해 노력했습니다. 세속에 물들지 않고 깨끗한 정신을 유지하기 위해 마음공부도 해왔고요. 맹세할 수 있습니다.

**카밀로**  좋습니다. 당신은 정의롭고 깨끗한 사람입니다. 그런데 당신에게 있어 돈은 '더러운 것', 즉 부정적인 방법으로만 쌓아질 수 있는 것입니다. 돈을 벌려면 나쁜 짓을 해야 한다는 것이죠. 그런데 나는 정의롭고 깨끗한 사람이니 자신을 지키려면 어떻게 해야 하겠습니까?

**K**  돈을 벌지 않으면 되는 거군요. 그러면 "나는 깨끗하고 정의롭다"는 관념이 유지될 테니까요.

**카밀로**  맞습니다. 돈은 나쁜 것, 더러운 것이고 당신은 깨끗하고 정의로운 사람입니다. 그래서 어쩌다 돈이 벌리면 그 신념이 위협을 받습니다. 그러니 차라리 성공하지 않는 편이 낫다는 관념이 만들어집니다. 이 관념이 아내의 투자 실패에도 영향을 끼쳤을 겁니다. 제가 보기에 아내 분께서는 당신보다 자기주장이 약한 분일 것 같습니다. 맞나요?

**K**  네, 아내는 저보다 고집이 약합니다. 이번 투자 건도 몇 년 전부터 제안이 들어온 거였는데, 제 고집을 이기지 못해 실행 못 하고 있다가 이번에 큰맘 먹고 저지른 거였죠.

**카밀로**　또 다른 질문을 하나 드리겠습니다. 돈은 부정적인 것이니, 숭고하고 좋은 일에는 돈이 오가면 안 된다고 생각하시나요?

**K**　　확실히 그런 관념이 있긴 합니다. 그래서 저는 휴일에 봉사활동을 하면서도 한 번도 대가를 받아본 적이 없습니다. 돈이 오가면 그 좋은 일의 순수성이 훼손된다고 생각해서요.

**카밀로**　그렇다면 나쁜 일을 할 때는 돈이 오고 가도 된다는 말인가요?

**K**　　…….(이 질문에 K씨는 한참 동안 침묵을 지켰다.)

**카밀로**　그럼 당신의 직업인 택시 운전사는 돈을 버는 직업이니 나쁜 것이겠군요?

**K**　　저는 택시 일로 큰 부귀영화를 바라지 않습니다. 그저 생활하는 데 족할 만큼의 돈을 벌 뿐이니 나쁜 일은 아니라고 생각합니다.

**카밀로**　그것은 당신의 관념입니다. 그마저도 일관성 없이 본인에게 편한 대로 가져다 붙이고 있습니다. 당신의 가족들은 풍요를 누리지 못했을 것입니다. 아내 분께서 괜히 무리한 투자를 시도하지는 않으셨을 겁니다. 돈에 눈이 멀어서, 탐욕에 빠져서 투자를 한 게 아닐 겁니다. 현재의 수입으로는 가족이 윤택한 생활을 하기에 부족하니까 그랬던 겁니다. 결국 당신은 아내와 아이들의 마음에는 관심이 없는, 당신 자신밖에 모르는 사람이었습니다.
사정이 이런데도 당신을 정의롭고 깨끗한 사람이라고 할 수 있을까요? 당신의 정의와 청렴은 스스로의 만족을 위한 하나의 가면일 수 있습니다. 당신의 삶에서 돈은 더러운 것으로 규정되었습니다. 그리고 당신은 정의롭고 깨끗한 사람으로 규정되었습니다. 그러니 이 두 가지 관념, 즉 '돈'과 '정의롭고 깨끗한 나'는 하나가 될 수 없습니다. 당신의 삶에서 돈이 풍요로운 모습으로 나타날 수 없다는 말입니다. 이제 무엇을 해야 할지 감이 잡히시나요? 돈에 대한 관념과 정의로움, 깨끗함에 대한 집착으로부터 벗어나는 게 첫 번째 단계입니다.

K씨가 가진 "나는 정의로운 사람이어야 해"라는 관념은 돈에 대한 부정적인 관념과도 연결되어 있었다. 이러한 관념에 지배받으며 사는 사람들은 꽤 많이 있다. 그의 관념은 부의 순환 회로를 제한하는 것을 넘어서 밀어내버렸고, 그 결과 투자 실패라는 현실이 나타났다.

현재 K씨는 자신의 오랜 관념을 바꾸기 위해 진실한 노력을 하고 있다. 그는 가족들 앞에서 자신의 관념을 시인하고 용서를 구했다. K씨는 그제야 다른 가족 구성원들의 깊은 속내를 들을 수 있었고, 자신이 그들의 마음을 전혀 모르고 있었다는 사실에 충격을 받았다. K씨는 또 한 번 용서를 구했고 그의 가족은 이제 정서적으로 치유되어 하나가 되었다.

현재 그의 경제 사정은 계속 좋아지고 있다. 투자에는 실패했지만 아내의 보험 영업이 잘 풀리기 시작했던 것이다. 그의 아내 또한 오랜 시간 담아두었던 마음의 짐이 해결되자 본인의 능력을 십분 발휘할 수 있었고, 이를 따라 운이 열리기 시작했다. 그들은 대출금을 모두 상환했고, 이제는 온 가족이 함께할 사업을 구상하고 있다.

## 12장
## 이게 다 돈 때문이야

보습학원을 운영하는 L씨는 학원 운영 16년 만에 큰 경제적 위기를 맞았다. 이 위기의 주요 원인은 그의 학원 근처에 비슷한 학원이 두 군데나 더 생기면서 수강생들을 빼앗겼기 때문이다. 그의 학원은 카리스마 있는 강의로 유명하며 이 지역에 가장 먼저 자리 잡은 학원 중 하나였다.

하지만 연달아 생긴 두 학원은 무엇이 그리 잘났던지, 결과적으로 그의 학원 수강생들은 절반 이하로 줄어버렸다. L씨의 속은 타들어가기 시작했다. 주로 느끼는 감정은 "정당한 나의 몫을 빼앗긴 것 같다"는 느낌이었다. 행운의 여신이 그에게만 등을 돌린 것 같은 느낌. L씨는 무엇이 문제인지 알 수 없었다. 수강료를 낮추고 교육 커리큘럼과 수업 방식 등을 유행에 맞게 바꿔봐도 상황은 최악으로 치달아갔다. 급기야는 급여를 지급하지 못해 학원을 떠나는 강사들이 속출했다. 그의 눈에는 도저히 앞길이 보이지 않았다.

**카밀로**  앞이 보이지 않는 게 당연합니다. 애당초 문제점은 나의 시야 밖에 있기 때문입니다. 우리의 현실은 수많은 관념들로 이루어진 현실출력 회로에 의해 나타납니다. 그래서 근본적인 문제해결을 위해서는 이 관념망을 새롭게 짜는 작업이 필요합니다. 학원으로 말하자면 커리큘럼을 새롭게 짜는 것과 같죠. 그러나 이 작업이 하루아침에 이루어지지는 않기에 참을성을 가지셔야 할 겁니다. 차근차근 이 과정을 밟아나가다 보면 결국 깨달음과 성장이 일어나지요.

자, 관념을 재규정하기 위해서는 먼저 어떤 관념들이 나를 구성하고 있는지 알아야 합니다. 이를 위해서 몇 가지 질문을 하겠습니다. 당신은 학원 강사로서 자신의 수업방식에 대해 어떻게 생각하시나요? 학생들과 소통하는 방식이라고 생각합니까? 아니면 일방적으로 강의하는 스타일입니까?

**ㄴ**      제 스타일은 후자에 속합니다. 저는 좋은 강사란 카리스마 있게 수업을 휘어잡으며 강의해야 한다고 생각하는 사람입니다.

**카밀로**  당신의 수업에서 학생들이 질문을 많이 하나요?

**ㄴ**      사실 수업 중에 질문이 많으면 그것은 명확하게 전달하지 못한 강사의 자질 부족이라고 생각합니다. 아니면 학생의 예습, 복습이 부족했거나요. 저는 좋은 수업이란 오히려 질문이 거의 없는 수업이라고 생각합니다. 학생들이 이해했는지의 여부는 수시로 보는 평가시험에서 드러나거든요.

**카밀로**  학생들 입장에서는 일방적인 전달이겠군요. 수업 중에 학생들과의 교감이나 소통이 거의 없는 거고요. 제가 볼 때 지금 상황의 문제점은 학생과의 소통이 부족하다는 점뿐 아니라 당신 삶의 '부'와도 소통과 교감이 없다는 점입니다.

ㄴ　　　학생들과의 소통은 그렇다 쳐도, '부'와도 소통해야 하나요? 그러면 어떻게 소통해야 하죠? 부를 사람처럼 대해야 한다는 말씀이신가요?

**카밀로**　맞습니다. 당신은 부의 표상인 돈을 대할 때 그것이 지닌 인격을 인정해야 합니다. 돈의 감정을 이해하세요. 돈의 입장에서 느껴보는 감정이 바로 '부'의 인격적 반응입니다.


　　　이제 인격화된 풍요의 상징인 '돈'과의 관계에 대해 알아보자. 돈을 어떻게 대하는지가 중요하다. 존재하는 모든 것을 하나의 인격으로서 존중하는 마음을 가지고, 그렇게 사물과의 의식 공명이 이루어지면 묘한 일이 생긴다. 드물지만 숲속의 나무나 귓가에 들려오는 선율, 밤하늘의 별이나 대낮의 태양과 대화를 나누기도 하며 들짐승들과 교감을 나누는 일이 생기는 것이다.

　　　가톨릭의 대성인, '아시시의 성 프란치스코'가 대표적인 예다. 그는 사랑으로 불타는 가슴으로 해와 달, 들짐승들과 대화를 나누며 교감했다. 이런 일들은 실제로 일어난다. 모르는 사람들이 보면 치매라고 오해하겠지만 오히려 신비가들의 세계에서는 이러한 일들이 이상한 것이 아니다. 내면아이 소통도 마찬가지다. 내면의 움직임들을 인격화해 소통하기도 하고, 과거나 미래와 농담을 주고받기도 한다. 이 모든 것이 대상 자체를 인격화해 존중하기에 가능한 일이다.

카밀로　돈을 인격으로 대하면 무슨 일이 일어날까요? 그와 나는 친구가 됩니다. 친구를 넘어서는 공명이 일어나면 돈과 나는 하나가 됩니다. 그러면 돈을 대하는 태도가 남이나 물건을 대하는 태도가 아니라 자기 자신을 대하는 태도로 자리 잡게 됩니다. 이것은 새로운 정서입니다. 이를 의식적으로 훈련하려면 '돈을 나 자신처럼 대하는 마음'을 길러야 합니다.

L　　돈을 나 자신처럼 대해주라고요? 그건 어떻게 하는 건가요?

카밀로　돈을 나와 같은 인격으로 받아들이면 그를 어떻게 대할 것 같습니까? 또, 돈을 자기 자신 대하듯 한다면 그에게 무엇을 해주고 싶겠습니까? 내가 싫은 것은 돈도 싫어할 것입니다. 내가 좋아하는 대우를 돈에게 해주고, 내가 싫어할 만한 대우를 돈에게 하지 말라는 말입니다.

　　　이를 '관계의 황금률'이라 부르는데, 이와 같은 법칙이 예수의 가르침 속에도 있었다. "너희는 남에게서 바라는 대로 남에게 해주어라." 자신이 어떤 대접을 받을 때 불쾌한지 잘 살펴보라. 누군가가 나를 막 대하면 기분이 나쁠 수밖에 없다. 돈 또한 마찬가지라고 생각해보자. 무시당하고 가치를 평가절하당하면 돈 또한 기분이 언짢아질 것이다.

　　　내가 당했을 때 기분 나빠할 만한 행동들을 돈에게 하지 말라. 반대로 내가 받았을 때 기분이 좋아질 만한 대우를 돈에게 해주라. 돈을 철저하게 인격으로서 존중해야 한다. 이와 같은 자세는 당신이 세상을 바라보는 방식에 근본적인 변화를 가져온다. 세상은 보는 대로 펼쳐지니, 관점이 달라지면 삶 또한 변하게 된다.

**카밀로**　이 황금률을 돈에게 적용하는 구체적인 예를 하나 들어보겠습니다. 지금 당신의 수중에 100원밖에 없다고 쳐보죠. 그 100원을 보면 무슨 생각이 들까요? 비참함, 처량함, 분노 등의 부정적인 감정과 생각들이 떠오르겠죠. 이때, 돈은 당신이 느끼는 감정과 생각을 '자신을 향한 공격'으로 받아들입니다. 당신은 그 궁핍에 좌절하며 100원밖에 안 되는 지금 나의 '부'를 낮추어 볼 것입니다. 이 마음은 스스로에 대한 '자기규정'으로 작동하며, 이 마음이 돈과의 공명, 풍요의 순환을 끊어버리는 계기가 됩니다. 수많은 현실회로 중에 부의 회로가 막혀버리는 경우는 대부분이 이 마음, 그러니까 돈의 가치를 차별하는 마음 때문입니다. 이렇게 되면 돈은 더 이상 당신과 소통하고 교감하지 않을 겁니다. 당신의 경우, 이 관념이 아주 뿌리 깊게 박혀 있습니다. 심지어는 이를 학생들과의 관계에까지 적용하고 있습니다. 당신의 사업 형태상, 학생들은 단순한 인간관계를 넘어서 풍요의 회로를 구성하는 가장 중요한 요소이기도 합니다. 즉, 당신에게는 학생들이 돈을 불러오는 통로라는 뜻입니다. 당신의 부의 통로는 사람이고 인간관계입니다. 그런데 당신은 고압적인 방식으로 학생들과의 관계를 맺고, 또 강의하고 있습니다.

아까 카리스마에 대해 말씀하셨는데, 이해와 공감이 없는 카리스마는 자기 자신에게 한껏 취한 독재일 뿐입니다. 아마 경쟁 학원들은 당신의 학원에 모자랐던 이 부분을 채워주었을 것입니다. 다른 학원에서 선생님과 소통하고 교감할 수 있다면? 단지 주입식으로 문제 푸는 스킬을 연마하는 데 그치는 것이 아니라 이해와 공감을 얻을 수 있다면? 저라도 학원을 옮길 것입니다. 그러니 당신이 해야 할 일은 '소통'입니다. 그것이 공명입니다. 당신의 삶에 순환하며 흐르고 있는 '부' 그리고 '인간'과 진심으로 소통하며 교감해야 합니다. '상대방의 입장이 되어보는 것'이 그 마음의 시작입니다.

ㄴ      한 마디 한 마디가 가슴을 후벼 파네요. 그럼 상대방의 입장이 되기 위해서는 어떻게 해야 하나요?

카밀로      '이해하다'를 영어로 하면 understand입니다. 영어 강사이니 잘 알고 계시겠죠. 이 단어를 풀어보면 '아래'를 뜻하는 under와 '어떤 조건이나 상황에 처해 있다'는 뜻을 지닌 stand의 합성어입니다. 이를 종합하면 understand는 상대방의 입장이 되는 것을 넘어, 그 아래로 자신을 낮추어 들어가라는 뜻입니다. 그러니 상대방의 처지를 진짜로 이해하기 위해서는 '나'라는 고집을 포기해야 합니다. 당신만의 고정관념을 놓아버리고, "나는 ~하다"라는 규정마저 놓아버리라는 뜻입니다.

굳어져서 단단해진 '나'를 고집한다면 당신은 결코 상대방을 이해할 수 없습니다. 학생들을, 학부모를, 정부 정책을, 시대적 흐름을, 그리고 돈을 이해할 수 없습니다. 그러니 자신만의 아상我相을 놓아버려야 합니다. 바로 이 때문에 마음공부가 필요한 것입니다. 고정되어 굳어진 '나'가 되지 않기 위해서죠.

ㄴ      저는 이제껏 줄어드는 통장 잔고를 보면서 세상을 탓하고, 학생들의 변덕을 원망하고만 있었습니다. 모든 원인은 제 마음 안에 있었지만 그것을 보지 못하고 있었군요.

**카밀로**   잔고를 보면서 느꼈던 모든 부정적인 감정들이 부에 대한 규정으로 자리 잡은 겁니다. "이번 달 매출이 이게 뭐야?", "할인을 해주긴 아깝지만 이거라도 안 해주면 매출이 더 떨어질 테니 어쩔 수 없지. 억울하다. 정당한 가격을 받아도 모자랄 판에 이게 뭐야", "계속 적자만 나는구나. 돈이 원수다. 나는 왜 이렇게 지지리도 돈복이 없을까?", "몇 년을 함께했던 학생들이 나를 배신하다니. 어떻게 이럴 수 있지?" 당신 안에서는 이러한 생각들이 올라왔을 겁니다. 그리고 이 모든 생각과 감정들이 당신의 부의 회로로 그대로 자리 잡았을 겁니다.

하지만 관념들은 죄가 없습니다. 그저 충실히 자기 자신의 내용에 해당하는 현실을 만들어낼 뿐입니다. 이 마음 자체가 당신의 시크릿이었습니다. 그리고 이 시크릿은 완벽하게 이루어졌습니다. 현실을 탓하고 원망하는 마음의 파동이 그럴 만한 상황을 계속해서 완벽하게 만들어내는 이 모습을 보세요. 당신의 시크릿은 성공하기 위한 시크릿이 아닌, '실패하기 위한 시크릿'이었습니다. 그러나 좌절하지 마세요. 적어도 한 가지는 확실하지 않습니까? 당신의 시크릿이 완벽하게 작동하고 있다는 사실 말입니다.

L씨는 조언대로 돈과의 소통을 시작했지만 첫 관문인 '돈의 의인화'에서부터 난관에 봉착했다. 오글거림 때문이었다. 실제로 관념체, 내면아이와 소통하는 많은 사람들이 이러한 '오글이'와 만나게 된다. 가슴의 감성 영역이 닫혀 있기 때문이다. 사람들이 흔히 겪는 또 다른 어려움은 대상을 이해하기 위한 전제인 '나를 내려놓기'에 있다. 평생을 "나는 ~한 사람이다"라는 고

정관념을 지니고 살아왔는데 이 단단한 관념이 하루아침에 바뀔 리가 없다. 그러니 무엇보다 인내가 필요하다.

L씨의 경우 무뚝뚝하고 권위적인, 전형적인 마초 스타일의 남성이었기에 더욱 어려움을 느꼈다. 그러나 묵묵하게 소통을 시도했고, 결국 어느 날을 기점으로 가슴의 둑이 터져버렸다. 그는 무려 일주일을 고장 난 수도꼭지처럼 눈물, 콧물을 쏟아냈다. 그리고 그 이후 그의 마음이 변하기 시작했다. 마음이 변하면 현실도 변하는 법. 그는 온전히 학생들을 이해하는 강사가 되었고, 적은 돈에도 항상 감사하고 돈을 존중하는 사람이 되었다. 그리고 그 마음에 걸맞게 그의 학원은 다시 학생들로 북적이게 되었다.

코로나 사태로 대면 강의의 시대가 저물고 있기에 얼마 전 평생을 종사하던 학원사업을 접었지만, 그의 경제 상황은 여전히 풍요롭다. 무엇보다, 그가 한 말이 나의 마음을 흐뭇하게 했다. "미래가 두렵지 않습니다. 무엇을 하든 즐겁습니다"라는 말이었다. 이제 하루하루 통장 잔고를 확인하며 불안해하던 그의 과거의 모습은 온데간데없어졌다. 그의 마음이 이처럼 밝게 빛나고 있는 한, 그가 도전할 새로운 직업과 미래 또한 밝고 풍요로울 것이다.

## 13장
## 나는 자유롭고 싶지만 돈이 없어

M씨는 중소기업을 다니는 40대 초반의 평범한 직장인이다. 그는 아직 가정을 꾸리지 않아 부모님과 함께 살고 있었고, 경제 사정도 썩 좋지 않았다. 미혼에다 부모님 집에서 살고 있는 상태였기에 씀씀이가 크지만 않다면 꽤 돈을 모을 수도 있었을 텐데, 모아놓은 돈이 그다지 많지 않았다. 그렇다고 돈이 많이 드는 취미가 있는 것도 아니었고, 이성에 관심이 있는 것도 아니었다. 월급이 많이 부족한 편도 아니었다.

보통 이런 경우에는 소비패턴을 먼저 알아봐야 한다. 그의 말을 들어보니 실제로 소비패턴에 한 가지 문제가 있기는 했다. 알고 보니, 그는 수입이 몇 년째 정체되어 있는 상태에서 그 소비패턴을 그대로 이어가는 바람에 가지고 있던 저축 금액을 점점 소진해가고 있었다. 그런데 사실 진짜 문제는, 그의 소비패턴이 아니라 그러한 소비패턴을 유발하는 그의 마음속 무언가였다.

**카밀로**   당신의 소비패턴을 살펴봤습니다. 기분파이신 것 같군요. 길을 걷다가도 마음에 드는 자잘한 물건들이 있으면 바로 사는 편이고, 홈쇼핑 시청 중에도 무언가를 자주 사시더라고요.

**M**   저는 그런 패턴이 큰 문제라고 느끼지는 않습니다. 그걸 통해서 스트레스도 해소하는 편이구요. 게다가 제가 구입하는 것들은 고가의 사치품이 아닌, 소소한 것들인데요.

**카밀로**   소소한 쇼핑을 통해서 스트레스를 해소한다고 말했는데, 무엇이 해소되는 것 같습니까?

**M**   저는 직장에서 상당히 통제받는 위치에 있습니다. 나이에 비해 높은 직급도 아니고 그냥 중간 정도거든요. 하지만 장점도 있습니다. 제 나이 또래의 상위직급 직원들은 맡았던 프로젝트 성과에 따라 대부분 퇴직하거나 직장을 옮겼으니까요. 저는 그럴 일은 없으니, 뭐 아쉬운 대로 만족하기는 합니다.

**카밀로**   집에서 부모님과의 관계는 어떤가요? 혹시 간섭이 심하다고 느끼나요?

**M**   부모님이 잔소리가 심하세요. 그러나 어쨌든 자식이라고 이것저것 제게 필요한 것들을 챙겨주시니 제가 익숙해져서 더 못 떠나는 것 같기도 합니다. 상황이 이렇다 보니 제 마음이 내킬 때 쇼핑을 통해 자유로움을 좀 느끼는 것 같습니다. 그런데 아시다시피 저는 비싼 것은 아예 살 생각이 안 일어납니다. 그저 이 정도는 괜찮겠다 싶은 그런 것들이 당기죠.

**카밀로**   딱히 필요가 없어도요?

**M**   음… 딱히 필요가 없는 건 사실이지만, 제가 원할 때 그 물건이 준비되어 있다는 데에 그 가치가 있는 거 아닐까요? 1년

에 한 번을 쓰더라도 제가 원할 때 자유롭게 사용할 수 있다면 만족합니다.

**카밀로** 좋습니다. 당신의 소비는 자유로움을 느끼기 위한 것이었군요. 소비를 통해 억눌린 감정을 해소하고 통제된 느낌에서 벗어나는 거니까요.

**M** 네, 그런 것 같습니다. 제가 왜 그러는지에 대해 막연하게 느낌으로만 알고 있던 게 정리가 되네요.

**카밀로** 당신이 자주 사용하는 단어가 '통제'와 '자유'입니다. 당신은 자유롭기를 원하고 있습니다. 그런데 현실은 통제받고 있거나, 적어도 그렇게 느낄 수밖에 없는 간섭이 반복되고 있네요. 그렇지 않나요?

**M** 네, 사실 그게 너무 답답합니다. 다 큰 자식 데리고 사시는 부모님 마음이 어떨지는 저도 이해합니다. 저 역시 독립을 생각해본 적이 많고요. 하지만 지금까지 모은 돈이 독립해서 살기에는 부족합니다.

**카밀로** 당신이 진짜 자유를 원하고 있다고 생각하나요?

**M** 확실합니다. 여건이 안 돼서 그렇게 못 살고 있지만요.

**카밀로** 만약 당신이 마음속 깊이 자유를 간절히 원한다면 현실은 그렇게 흘러가야 합니다. 하지만 당신의 바람과는 다르게 당신은 통제를 벗어나지 못하고 있지요. 그렇다면 당신의 마음속 깊은 곳에서는 표면의식의 바람과는 다르게 자유를 원하지 않고 있는 것입니다.

**M** 그럴 리가요. 세상에 자유를 원하지 않을 사람이 어디 있겠습니까?

**카밀로**   정확히 말하자면, 당신의 현실을 만들어내는 중심 관념이 '자유로움'을 자신에게 있어 불리한 것으로 느끼는 겁니다. 그러니 자유로워지면 안 되는 것입니다. 당신은 돈이 있어야 자유로워진다고 생각하죠. 따라서 당신에게 있어 자유를 얻는 수단은 돈입니다. 자, 그럼 당신의 중심 관념이 자신에게 불리한 현실을 만들지 않으려면 어떻게 해야 할까요? 돈이 모이지 않아야 합니다. 따라서 당신의 현실은 그 관념의 진두지휘를 따라 어떻게든 돈을 모으지 않는 상황으로 흘러갑니다. 어이없어 보일 정도의 소소한 지출들이 계속 쌓이는 것이죠.

당신의 급여가 높지 않다는 점을 보면 이 방법이야말로 가장 알맞은 방법입니다. 큰 지출을 하게 되면 마음에 저항이 일어날 테니, 저항은 안 느껴지면서 스트레스의 해소 정도로만 여겨질 자잘한 지출들을 계속 만들어내는 겁니다. 이러한 소비로 스트레스가 해소된다고 믿는 당신의 믿음은 가짜 감정일 수 있습니다. 지금의 소비패턴을 유지해서 계속 돈을 잃기 위한 아주 좋은 알리바이가 바로 그 감정인 것이죠.

**M**   상상도 못 했습니다. 사실은 자유를 얻고 싶지 않은 거라니… 저는 대체 왜 자유를 얻고 싶지 않은 걸까요?

**카밀로**   당신은 돈이 없다는 이유로 회사에서 통제받는 위치에 있고, 집에서는 부모님의 보호 아래 있습니다. 그 두 가지 상황에 답이 있습니다. 첫 번째, 당신은 회사에서 높은 직급이 되었을 때의 책임감을 피하고 있습니다. 돈을 많이 버는 것에 대한 기쁨보다 무언가를 책임진다는 것에 두려움을 느끼는 게 그 이유라고 할 수 있습니다. 그래서 아예 승진을 하지 않는 것이죠. 승진하지 않기 위해 모든 기회를 차단하고, 심지어는 자신의 능력에도 제한을 걸어버립니다. 위로는 상사, 아래로는 부하직원을 적당히 둔 채로 중간 정도에 머무는 게 그런 당신에게는 최선이 되겠지요.

그러나 당신은 나이가 들어가면서 점점 자신의 위치에 불안감을 느꼈을 겁니다. 그것이 이곳으로 찾아온 이유 중 하나였겠고요. 어쨌든 회사에서 당신의 포지션은 어정쩡합니다. 어정쩡하기에 자유는 제한되지만 무서운 책임의 칼날에서 보호받을 수도 있죠. 당신은 무언가를 맡았다가 실패하는 자기 자신을 받아들이기 무서운 겁니다. 실패와 성공의 중심이자 모든 위험 요소를 책임지는 자. 당신의 두려움이 바로 거기에 있습니다. 실패하는 자신을 체험하지 않기 위해 위험을 감수하지 않아도 되는 자리에 머무는 겁니다.

이는 단순히 돈뿐만 아니라 당신의 자아실현과도 연결되는 큰 관념입니다. 그래서 연애도 안 하게 되는 겁니다. 연애를 하면서 상처받거나 연애에 실패하는 자기 자신을 견디지 못할 테니까요. 당신은 이 근본적인 두려움과 마주해야 합니다.

M　　제가 막연하게 느끼거나 외면해왔던 두려움인데… 모두 찾아내시는군요. 그렇다면 제가 부모님 곁을 떠나지 못하는 이유는 뭘까요?

카밀로　당신이 부모님 곁을 떠나지 않는 이유는 돈이 없어서가 아닙니다. 부모님과 함께 있으면 보호받는 느낌을 받을 수 있기 때문입니다. 당신은 무척 외로운 사람입니다. 직장에서의 어정쩡한 포지션을 유지하기 위해 썼던 가면이 그 외로움을 가중시

켰죠. 당신은 책임감이 불러오는 공포로부터 도피하기 위해 스스로의 능력과 가능성을 애매하게 유지했습니다. 따라서 당신의 주변에는 당신과 진정한 관계를 맺은 이가 없습니다. 책임을 두려워하는 이의 주변에는 모든 것을 밀어내는 특유의 아우라가 만들어집니다. 그래서 신뢰를 주지 못합니다. 따라서 당신 주변에는 진정으로 곁에 있어주는 이도 없고, 당신의 진짜 능력을 펼칠 만한 기회와 상황 또한 당신을 멀리하게 됩니다.

그럼, 책임이 대체 뭐길래 이리도 책임 앞에서 작아지게 되는 걸까요? 책임은 일종의 '투자거래'입니다. 그리고 그 대가는 셀프 이미지, 즉 '아상'입니다. 이 아상 안에는 한 개인의 모든 정체성이 집약되어 있습니다. 즉, 메인 카르마 자체가 집약되어 있는 것입니다. 상황이 성공적으로 이어지면 내 아상은 합법적으로 강화되지만, 실패하면 아상이 무너집니다. 일종의 도박이죠. 이것이 책임감을 부담감으로 느끼는 이유입니다. 내 삶에 나타난 상황을 내가 책임져야 한다는 사실에 부담을 느끼는 것입니다. 아상이 된 관념의 입장에서는 이를 일종의 생존에 대한 위협으로까지 느끼게 됩니다.

그런데 부모님 곁에 있으면 징징대도, 의무를 다하지 않아도 결국 용서받는다는 사실을 압니다. 자신이 안전하다고 느끼고, 혼자라는 외로움도 위로받을 수 있습니다. 누군가가 나를 사랑하고 나를 지켜주고 있다는 사실에 안도할 수 있습니다. 심지어는 나 때문에 속상해하시는 부모님을 보면서 죄송하기도 하지만 자신이 사랑받고 있다는 사실을 확인할 수 있기에 내심 기쁩니다. 결국 당신 안의 어린아이는 이런 안도감을 위해 자유를 통제받는 현실을 감내하고 있는 겁니다. 하지만 당신은 사회적인 통념 상 중년이 된 자식이 부모에게 붙어살면 안 된다는 걸 인지하고 는 있습니다. 그러니 죄책감이 느껴지죠. 그렇다면 메인 카르마 는 이 상황을 타개하기 위해 어떤 현실을 만들어내면 될까요? 겉 으로는 자유를 갈망하지만 돈이 없기에 어쩔 수 없이 독립을 못 한다는 현실이 딱 좋은 구실이 되겠군요. 그래야 당신의 모든 행 위와 무의식적 믿음이 모두 명분을 가질 수 있을 테니까요.

이렇게 하여, 당신의 현실은 통제받는 현실, 자유를 갈망하는 현 실, 그러나 여건이 안 돼서 자유를 누리지 못하는 현실로 나타났 습니다. 당신의 소망은 이런 식으로 항상 이루어지고 있었습니 다. 당신은 부자가 못 되는 것이 아니라 부자가 되면 안 되는 겁 니다.

M씨는 여러 관념들이 이어져 돈, 인간관계, 자아실현의 측면 등에 광범위하게 작용하는 모습을 볼 수 있는 대표적인 사례 다. 이 책에서는 시크릿을 돈, 인간관계, 자아실현과 몸이라는 세 가지 카테고리로 구분하고 있지만 사실 모든 관념은 이 셋 모두에 연동해서 나타난다. 따라서 하나의 현실은 이 중 어느 한 가지 카 테고리의 관념만을 해결한다고 해서 변하는 것이 아니다. 관념이 주요 무대로 활용하고 있는 카테고리를 중심으로 접근하여 그 관 념을 해결하기 시작하면 다른 부분들이 연쇄적으로 변한다.

그의 메인 카르마는 외로움, 즉 스스로를 '나는 버려지고 외로운 존재'라고 규정하는 마음이었다. 책임감에 대한 두려움 또한 이로부터 나온 것이었다. 그는 무언가를 책임지는 상황을

'외딴 섬에 홀로 고립되어 벌이는 외로운 싸움'으로 받아들이는 사람이었다. 그에게 있어 프로젝트 성과를 내지 못하는 상황이나 무언가에 실패하는 상황은 버림받은 상황과 같은 것이었다. 따라서 회사에서는 책임감을 피해 통제 속으로, 집에서는 버려짐을 피해 통제 속으로 들어갔다.

그러나 이런 자신을 인정하면 자존심에 더 큰 상처를 받기에 "나는 자유를 원하지만 얻지 못하고 있어. 그러니 자잘한 소비를 통해 이 스트레스를 풀자. 앗, 돈이 없네? 자유로워질 만한 돈이 없으니 독립은 못 하는 게 당연해"라는 식의 관념을 만들었다. 하지만 그는 이 모든 마음이 가면이었음을 인지하고 내면의 관념들과 소통하기 시작했다. 지금 M씨는 어떻게 살고 있을까? 관념을 정화하는 작업을 마친 후 그의 삶은 드라마틱하게 변했다. 그는 회사에서 승진했고, 연인이 생겼으며, 집에서 독립했다. 본질적인 외로움, 그리고 이로 인해 비롯되는 두려움은 인간의 원초적 관념에 속하기 때문에 이를 승화시키는 데는 몇 년이 걸렸다. 그는 이 과정 속에서 생겨나는 저항 때문에 몇 번이나 포기할 뻔했지만 그때마다 마음을 다잡고 꾸준히 앞으로 나아갔다. 결과적으로, 지금 그의 삶은 완전히 다른 모습으로 변화했다.

# 14장
## 인정받기 위해 부자가 되고 싶어

N씨는 두 아이를 둔 40대 중반의 남성이다. 그는 나름 건실한 기업에 다녔고 주재원으로 외국을 수년씩 다녀가며 돈을 모았다. 그의 아내도 같은 회사의 직원이었는데, 두 사람이 나란히 주재원 생활을 하기도 했다. N씨 부부는 40대 초반에 회사를 그만두고 모아둔 재산과 퇴직금, 대출금 등을 더해 퓨전 식당을 차렸다. 가게 위치가 좋았기에 장사는 나날이 번창했고 N씨는 직영으로 2호점, 3호점을 오픈했다. 하지만 2호점과 3호점의 매출은 처음 몇 달을 제외하고는 계속 적자를 봤다.

그는 또다시 대출을 받아 2호점과 3호점의 운영비를 대고 있었다. 상황이 이렇다 보니, 그는 스트레스 때문에 체중이 15킬로그램이나 빠지고 불면증에도 시달리고 있었다. 하지만 자존심이 강한 그는 자신의 속마음을 절대로 주변 사람들에게 털어놓지 않는 사람이었다. 결국 그는 아내의 손에 이끌려 나를 만나게 되었고, 그렇게 우리의 만남이 시작되었다. 그의 이야기를 살펴보자.

카밀로  당신처럼 무리하게 사업을 확장하다 모두 잃게 되는 경우는 아주 흔한 경우입니다. 왜 무리하게 사업을 확장했는지 물어봐도 될까요?

N  저는 단지 더 큰 부자가 되고 싶었을 뿐입니다. 별다른 이유는 없습니다.

카밀로  알고 있습니다. 그러니까 제 말은, 더 큰 부자가 되고 싶었던 이유가 무엇인지 묻고 있는 것입니다.

N  누구나 부자가 되기를 꿈꾸지 않나요? 그게 잘못된 것도 아니고요. 요즘 같은 세상에서는 돈이 많아야 살아남잖아요. 저는 살기 위해서 사업을 확장했던 겁니다.

카밀로  첫 번째 가게의 매출만으로도 당신 가족의 풍족한 생활은 보장되었습니다. 하지만 당신은 계속 더 큰 것, 더 많은 것을 바라고 있었습니다. 더 많은 걸 바라는 그 '욕심'이 어디에서 비롯되었는지를 살펴보자는 뜻입니다. 제가 볼 땐 당신 안의 무언가가 당신의 사업 욕심을 부채질하고 있습니다. 감이 잡히는 부분이 없나요?

N  별로 없네요.

카밀로  듣던 대로 속을 쉽게 털어놓는 분이 아니군요. 하지만 지금 이 자리는 당신을 돕기 위해 마련된 자리입니다. 그러니 경계심을 내려놓고 편하게 말씀하셔도 됩니다. 질문을 좀 바꿔 보겠습니다. 형제 관계가 어떻게 되시죠?

N        형님과 누님이 계십니다.

카밀로    삼 남매 중 막내셨군요. 혹시 그분들의 경제적 상황이나 사회적 위치는 어느 정도 되나요?

N        (잠시 머뭇거리며) 제 형님은 전문 경영인으로, 몇몇 회사의 CEO를 역임하셨습니다. 현재는 본인의 회사를 경영하고 계십니다. 누님은 전업주부지만 외국인인 매형 또한 자신의 사업체를 운영하고 계십니다. 말하고 보니 저만 꼴이 우습네요.

카밀로    당신의 꼴이 어때서요? 전혀 우습지 않습니다.

N        모르는 소립니다. 저는 어려서부터 항상 너무 잘난 형님과 누님 때문에 비교당하며 살아왔습니다. 아주 어린 시절부터요. 저만 평범했어요.

카밀로    형제들에 대한 열등감이 있군요. 그렇다면 당신이 자신의 사업을 시작하게 된 계기가 혹시 "나도 그들만큼 할 수 있다"는 사실을 보여주기 위해서는 아니었나요?

N        … 맞습니다. 형님과 누님에 대한 콤플렉스가 있었는데 그것을 극복하지 못하면 죽을 것 같았습니다. 오기가 생기더군요. 제가 그들보다 열등하다는 사실을 인정하고 거기에 안주하면 평생 우울하게 살 것 같았습니다. 그래서 사업을 구상했고, 전문 경영인인 형님이 사업계획서를 검토해줬습니다. 하지만 형님은 저를 인정하는 것이 아닌 "그래, 어디 한번 해봐라~" 하는 눈치였어요. 자존심도 상하고, 오기도 생기더군요. 그래서 더 이를 악물고 돈을 모아 사업을 시작하게 되었습니다.

카밀로    사람들에게 인정받고 싶어서 사업을 시작했군요. 인정욕구 또한 좋은 동기가 될 수는 있지만 그것이 지나치면 오히려 해가 됩니다. 새로운 현실을 창조하기 위한 동기가 욕심과 집착으로 변하기 때문입니다. 당신은 무엇이 당신의 인정욕구를 그렇게 자극했다고 생각하나요?

N        저는 어릴 때부터 항상 비교당하며 살아왔습니다. 청소년기에는 이 집안에 덤으로 얹어진 존재 같은 느낌에 시달렸고요. 아무리 노력해도 따라잡기 힘든 형님과 누님을 보며 항상 주눅 들어 있었습니다.

카밀로    그것이 당신의 자존심을 상하게 만들었군요. 먼저, 당신은 자존심이 무엇인지에 대해 이해해야 합니다. 자존심은 사전적인 의미로 "남으로부터 자신의 품위를 스스로 지키는 마음"입니다. 여기서 품위를 지킨다는 것은 사실 나를 방어하기 위한 움직임입니다. 방어기제인 거죠.

그리고 이 방어기제는 자기 자신의 존재 그 자체로 만족하고 존중하는 마음인 '자존감'이 낮아서 생깁니다. 이렇게 당신의 사업은 낮은 자존감을 방어하기 위한 자존심의 에너지가 부여된 채로 시작되었습니다. 사업의 시작부터 이미 "나는 형제들에 비해 뒤떨어진 존재야. 어떻게든 그 인식을 뒤바꿔서 인정받고 말겠어"라는 관념이 스며든 겁니다.

하지만 이 관념 형태를 잘 살펴봅시다. 당신의 사업 동기 안에는 이미 자신이 형제들에 비해 뒤떨어지고 결핍된 존재라는 사실에 대한 인정이 숨어 있습니다. 따라서 당신의 사업 의도는 반의도에 의해 나타난 부정적인 에너지를 연료 삼아 이루어진 겁니다. 다시 말해, "나는 뒤떨어지고 결핍된 존재다"에 대한 인정을 현실로 나타내기 위한 의도가 작동한 겁니다.

이 원초적인 동기를 정화하지 않았기에 당신은 사업이 아무리 잘 되어도 만족할 수가 없습니다. 당신의 마음은 항상 초조하고 더 많은 것을 원합니다. 어떤 목표를 달성해도 그것으로 행복하고 만족하기보다는 다른 목표를 또 설정하고, 마음은 그곳으로 향합니다. 목표를 달성한 지금의 지점보다 더 나아간 또 다른 지점을 바라보는 순간, 당신의 만족은 사라지고 초조해집니다. 이 마음이 당신의 무리한 사업확장을 불러왔습니다.

여기서 다른 관념이 또 작용합니다. 당신은 사업이 가장 잘 됐을 때의 부의 규모를 이전에는 한 번도 가져본 적이 없었습니다. 그런데 그 정도의 부를 막상 손에 쥐게 되자 여러 가지 마음이 나타납니다. 당신에게는 "형님은 이 정도의 부를 이미 예전에 누렸었어. 결국 나는 그가 예전에 이룩했던 것에 이제야 도달한 거구나. 여전히 뒤처져 있어. 좀더 필요해"라는 마음이 있었을 겁니다. 또, "처음으로 이런 부를 가져보니 좋기도 하지만 불안해. 이 부를 유지하려면 계속 사업 규모를 키워야 할 것 같은데…. 그래, 그러면 마음이 편할 것 같아. 어떻게 이뤄낸 신분 상승인데! 반드시 지킬 거야"라는 마음도 있었을 겁니다.

이제 당신의 마음은 형제들에 대한 경쟁심으로까지 변해갑니다. "막상 해보니 할 수 있더라"는 자신감을 얻기는 했지만 그 자신감이 '나만의 길'이 아니라 '형제들이 도달했던 위치'를 향하면 여전히 모자라 보이니 결국 그들을 경쟁 대상으로 바라보기 시작한 것이죠.

N        마치 제 마음을 들여다보는 듯하네요. 사실입니다. 항상 성에 차지 않고 불안했어요. 말씀대로 저는 경쟁심이 강한 사람

입니다. 그런데 제 경쟁심이 형제들과의 비교로부터 비롯된 상처받은 자존심을 지키기 위한 것인지는 미처 몰랐습니다. 그러나 동기가 어떻든, 제 사업이 이렇게 안 된 데에는 이유가 있을 거라고 생각합니다. 저는 욕심에 눈이 멀었었고 또 운도 나빴다고 생각하고 있습니다.

**카밀로** 현실이 그렇게 나타나는 데에는 눈에 보이지 않는 숨겨진 원리가 있기 때문입니다. 당신의 메인 카르마는 인정받고자 하는 욕구입니다. 그런데 이 인정은 타인으로부터 받는 것이 아닙니다. 내가 나를 인정해야 합니다. 내가 어떤 모습이든 나 자신의 존재가치와 의미, 그리고 나에게 속한 무한한 가능성을 인정하는 마음이 진정한 자존감입니다. 하지만 당신은 인정을 밖에서 구했습니다. 타인, 특히 가족의 인정이 있어야만 행복해질 수 있다고 믿어버렸지요. 그런데 이 인정욕구에는 숨겨진 비밀이 있습니다. 바로, 인정욕구는 인정받으면 안 된다는 것이죠.

**N** 인정받으면 안 된다니요? 인정욕구는 인정해주면 해결되는 거 아닌가요? 저는 그 인정을 제대로 못 해주고 허황한 욕심만 부렸던 거고요.

**카밀로** 아닙니다. 인정욕구를 사람처럼 생각해봅시다. 인정욕구는 겉으로는 항상 인정받기를 바라는 것처럼 보입니다만 그것은 그의 역할일 뿐, 속마음은 전혀 다릅니다. 인정욕구를 하나의 인격으로 보면 그것의 속성 하나가 보입니다. 그것은 바로, '항상 인정받고자 하는 욕구를 유지하는 것'입니다. 그래서 그 역할을 하는 것이고요. 그런데 인정욕구가 채워지면 인정욕구의 입장에서는 어떻게 되겠습니까? 항상 인정받기를 바라야만 자신이 지속될 수 있다고 여기는 그의 입장에서 보면 말입니다.

N        자기가 할 일이 없어지는 거군요. 제 사정에 대입해보니 이해가 바로 됩니다. 저도 집에서 항상 뒤처지고 쓸모없는 자식 이라는 생각 때문에 괴로웠습니다. "나 같은 건 아무리 발버둥 쳐도 표도 안 나지만 그거라도 안 하면 이 집에서 살 이유가 없겠구나" 하는 생각도 있었고요. 인정욕구도 저와 같은 처지로군요. 이해가 갑니다.

카밀로   인정욕구에게 주어진 역할은 '인정받기를 갈망하는 것'이라서 인정을 받으면 오히려 갈 곳을 잃게 됩니다. 이것이 인정욕구가 안고 있는 딜레마죠. 보장욕구, 분리욕구, 자극욕구, 인정욕구라는 인간의 4대 욕구가 모두 그러합니다. 인정욕구가 원하는 것은 진짜로 인정받아 새 출발 하는 것이 아닌, '인정받기를 갈망하는 속성'이 유지되는 겁니다. 울며 겨자 먹기 식이 되더라도 말이지요.

당신의 사업이 잘 나가자 인정욕구는 불안해집니다. 이러다 당신이 자기 자신을 인정해버리면 인정욕구는 방을 빼야 하는 처지가 될 테니까요. 인정욕구는 당신에게 사랑받고 싶습니다. 그래서 함께 있고 싶습니다. 그렇다면 어떻게 해야 할까요? 당신의 목표가 이루어지지 않아야 자신이 당신과 계속 함께 있을 수 있다면 말입니다.

N        제 인정욕구가 채워지지 않은 이유, 조바심과 두려움에 눈이 멀어 무리한 확장을 했던 이유가 이제 이해가 되네요.

카밀로   또한 당신의 인정욕구는 '상실에 대한 두려움'을 고용해 자신의 존재를 유지하고 있습니다. 당신은 의식 깊은 곳으로부터 스스로를 '형제들에 비해 뒤떨어지고 결핍된 존재'로 규정하고 있지요. 그런데 돈이 많아져서 풍족해지면 이런 자기규정에 어긋나게 됩니다. 따라서 당신은 어떻게든 결핍을 느껴야만 합니다. 그래서 상실에 대한 두려움이 작동합니다.

이 두려움은 지금 가진 것을 지키지 못할 바에는 차라리 가지지 않는 것이 더 낫다는 마음으로도 작용하지만, 반대로 지금 가진 것에 만족하고 감사하지 못하고 항상 더 큰 것을 원하게 하는 마음으로도 작용합니다. 가진 것을 지키려면 가지고 또 가져야만 안전하다고 느끼게끔 하는 것이죠. 이런 관념이 작용하면 현실을 냉철하게 볼 수 있는 눈이 멀어버립니다.

N      그렇다면 저는 어떻게 해야 하나요?

카밀로    당신의 마음속 깊은 곳에 존재하는 자기 자신에 대한 결핍의 규정과 화해하시고, 타인의 시선을 통해 받은 인정으로만 만족할 수 있다고 믿는 그 마음, 그 마음에 새겨진 깊은 상처를 치유해야 합니다. 자기 자신과 조금 더 소통해야 한다는 뜻입니다.

N씨는 어린 시절부터 뿌리 깊게 박혀 있던 관념과 소통하는 데 큰 어려움을 겪었다. 하지만 이래 죽으나 저래 죽으나 죽는 것은 마찬가지라는 마음으로 포기하지 않고 자신 안의 관념과 소통하려 노력했다. 마침내 그의 노력은 결실을 봤고, 그는 더 이상 타인이 그의 삶의 중심이 되는 어이없는 삶을 살지 않게 되었다.

N씨는 본점을 제외한 나머지 업장을 정리했는데, 그의 마음이 많이 변화한 만큼 좋은 인연이 나타나 손해를 최소화하

는 식으로 가게가 정리되었다. 그리고 본점의 영업에만 집중한 결과, 개업 당시의 매출을 회복하게 되었다. 지점을 정리하며 사업확장과 유지 때문에 생겼던 빚도 모두 갚았다. 그리고 팬데믹 사태가 시작되었다. N씨는 오히려 업장을 축소했기에 이런 사회적 상황에도 큰 타격을 받지 않을 수 있었다.

그는 현재 가게의 대표직을 아내에게 넘기고 자신의 전공을 살린 새로운 사업을 추진 중이다. 그러나 처음 사업 시도 때와는 전혀 다른 마음가짐을 유지하고 있다. N씨는 요즘 생애 처음으로 자신감이 넘치고 행복하다고 말한다. 그는 이제 자신이 주인공이 되어 삶을 산다.

**1. 나는 왜 부를 원할까요? 무언가에 대한 결핍을 느껴서인가요?**

보통 더 많은 부를 원하는 이유는 무언가에 대한 결핍을 체험했기 때문입니다. 궁핍에 대한 두려움 또한 자존감, 용기 등의 결핍이지요. 하지만 내가 왜 부를 원하는지 그다지 명료하지 않은 경우도 많습니다. 원하기는 하는데, "왜 원하는지를 말해보라"고 하면 말문이 턱 막히는 것이죠. 충분히 그럴 수 있습니다. 잘못된 게 아닙니다. 하지만, 무언가를 원한다면 적어도 내가 원하는 것이 무엇이며 왜 그것을 원하는지를 명료히 해야 합니다. 그렇지 않다면 나의 소망은 알맹이가 비어 있는 공상, 헛된 꿈 혹은 망상에 지나지 않을 것입니다. 스스로에게 진지하게 물어보세요. "나는 왜 부를 원하나요?" 그 대답 안에 모든 것의 핵심이 되는 관념이 숨어 있습니다.

**2. 당신이 결핍을 느끼고 있는 그것을 떠올려보세요. 곱게 보기 힘들지요? 그렇다면 나는 그 결핍된 대상에 해당하는 나의 어떤 부분을 미워하고 배척하고 있는 것은 아닐까요?**

결핍을 느끼고 있는 대상이란 '그 대상을 대할 때 편하지 않은 것들'

이라고 받아들여도 무방합니다. 무언가 마음이 편치 않은 대상은 다양한 감정을 일으키며 나타납니다. 내 삶에서 '풍요라는 형태의 부'를 원하는 것처럼, '결핍이라는 형태의 부' 또한 내 삶의 한 부분입니다. 긍정과 부정, 결핍과 풍요라는 상대적인 개념은 나의 삶을 통해서 번갈아 가며 나타나고 있습니다. 긍정적인 것과 부정적인 것은 떼려야 뗄 수 없는 하나입니다. 손바닥과 손등이 하나인 것처럼 말입니다. 이것을 먼저 인정하고 받아들여야 합니다. 그런데 정작 삶의 주인인 나는 지금의 내 경제 상태를 거부하고 있지는 않나요? 입맛에 맞는 것만 골라 먹으려는 마음으로 말입니다.

3. 당신의 결핍에서 그것의 다른 얼굴인 풍요가 얼마나 느껴지나요?

만 원짜리 지폐 한 장을 준비하세요. 그 지폐의 양쪽 면을 번갈아 가며 고요하게 바라보세요. 그저 바라보기만 하세요. 당신의 눈에 당장 드러난 것은 지폐의 한쪽 면뿐입니다. 그리고 그 면의 뒷면은 지폐의 또 다른 얼굴입니다. 하지만 그 두 가지 얼굴은 동일한 하나로서 '같은 것'입니다. 이제 당신을 괴롭히고 있는, 결핍된 현실을 마주해보세요. 당신의 결핍에서 그것의 다른 얼굴인 풍요가 얼마나 느껴지나요? 당신의 결핍이 결국 풍요의 증거임을 깊이 묵상해보세요.

4. '나'에게 있어 '부'란 무엇인가요?

이 질문을 읽을 때는 마음 안에서 두 가지 동일시가 일어납니다. 첫 번째는 '나'와 동일시되는 무언가이고, 두 번째는 '부'와 동일시되는 무언가입니다. 이번 질문의 핵심은 '나'와 '부'에 동일시되는 그것에 대한 묵상입니다. 당신의 '나'는 지금 무엇과 동일시되어 있나요?

그것은 몸이 될 수도, 의식이 될 수도 있으며 명예나 자존심이 될 수도 있습니다. 그것을 찾아보세요. 그리고 그렇게 알아낸 '나'의 '부'는 무엇인가요? '나'라는 것이 몸이나 이름에 동일시되어 있듯, 당신의 '부'는 무엇에 동일시되어 있나요? 그것은 비싼 외제차를 가진 것일 수도, 돈 걱정 없이 아무 데나 여행을 다닐 수 있는 여유일 수도 있습니다. 그 형태와 느낌을 묵상해보세요. 그 안에 당신 삶의 카르마가 숨어 있습니다.

5. 부를 떠올리면 두려움이 느껴지나요? 부가 어떤 인상으로 느껴지나요?

부를 떠올렸을 때 두려움이 느껴진다면 그것이 두려움의 대상으로 굳어져 있다는 뜻입니다. 꼭 두려움이 아니더라도, 내 삶에 있어서 부가 어떤 인상으로 굳어져 있는지를 찾아보세요. 그 인상을 바꾸는 것이 중요합니다. 부를 떠올릴 때 가장 주도적으로 느껴지는 인상, 그 인상 안에 답이 들어 있습니다.

6. 경제적인 부족함을 체험할 때 당신은 자연스럽게 불평을 하고 있나요? 또 그 불평이 당연하다고 여겨지나요?

자연스럽게 불평하고 당연하게 불만족하면 할수록, 당신 삶의 부는 결핍에 초점이 맞추어집니다. 그리고 그 부에 대한 결핍의 인상이 메인 현실 출력회로가 되어 반복됩니다.

7. 부를 통해서 인정받고 싶다는 욕구를 느껴본 적 있나요?

내 안에는 몇 가지 원초적인 욕구들이 있습니다. 인정받고 싶은 욕구 또한 그중 하나입니다. 부를 통해서 인정받고 싶다는 욕구를 느껴본 적 있나요? 그렇다면 인정욕구의 입장이 되어 묵상해보세요. 그의 입장을 얼마나 헤아릴 수 있나요? 모든 욕구는 인격과 같습니다. 그래서 욕구가 채워지면 오히려 그 존재 자체가 사라진다는 슬픈 딜레마를 지니고 있지요. 자신의 존재를 유지하기 위해 절대로 채워지지 않는 현실을 반복해야만 하는 역설적 현실을 그들의 입장이 되어 바라보세요. 바로 이럴 때, 내 삶에 나타나는 부정적인 것들에 대한 허용이 일어납니다.

8. 당신은 풍요로운 미래를 대비하기 위해 어떤 노력을 하고 있나요? 혹시, 미래에 대한 대비라는 명목으로 '결핍된 미래'를 은연중에 정해두고 있지는 않나요? 예를 들어 저축이나 투자를 할 때 미래에 돈이 없을 상황을 피하기 위한 목적으로 그런 행위를 하고 있진 않나요? 미래를 대비할 때 핑크빛 미래에 대한 확신이 얼마나 있나요? "이걸 안 하면 나중에 굶어 죽을 수 있다"라는 느낌, 초조함 등이 밝은 미래에 대한 확신의 느낌보다 더 지배적인가요? 부정적인 느낌이 지배적이라면 저축이나 투자를 할 때 그 부정적인 에너지도 함께 쌓이고 있을 수 있습니다.

9. 내가 생각하는 부자의 기준은 무엇인가요? 얼마나 있어야 부자라고 생각하나요? 어느 정도 선에서 만족하나요? 이 기준들은 누구의 것인가요? 당연히 나의 것이라 생각한다면 그 기준을 만드는 데 참여한 관념, 생각, 감정들이 무엇인지 찾아보세요. 만약 이것들이 나의 기준이 아니라 등 떠밀리듯 어쩔 수 없이 만

들어진 기준이라면, 왜 어쩔 수 없이 그런 기준을 나의 기준으로 택할 수밖에 없었는지 살펴보세요.

### 10. 부자가 되면 뭐가 좋을까요?

매우 근본적인 질문입니다. 부자가 되면 뭐가 좋을지에 대한 명확한 인식이 없다면 부자가 되기 힘들 것입니다. 더 정확히 말하자면, 부자가 되어도 부자가 된 줄 모를 것입니다. 명확한 기준과 근거가 없기 때문입니다. 부자가 되면 뭐가 좋을까요? 다시 말해, 당신은 어떤 부자가 되고 싶은 걸까요? 당신의 대답 안에 수많은 관념들이 숨어 있습니다.

### 11. 혹시 돈이 무섭지는 않나요?

만약 돈이 무섭다면 왜 무서운지를 알아보세요. 돈과 관련된 인상, 생각, 감정 등을 상세하게 들여다보세요. 수많은 관념들이 돈에 대한 감정 안에 숨어 있답니다.

### 12. 조금 더 깊이 들여다봅시다. 나는 돈이 두려운 걸까요? 아니면 돈 때문에 경험하게 될 상황과 감정이 두려운 걸까요?

대부분의 경우 상황 자체가 문제의 원인이라고 여길 것입니다. 상황 자체가 문제라면 상황이 끝나면 고통도 끝나야 합니다. 그러나 여전히 나는 두렵고 고통스럽습니다. 그렇다면 어떤 상황에 동반되는 감정이나 생각의 분별 등이 두려움을 유발하는 것은 아닐까요?

### 16. 돈이 두렵습니까? 돈 앞에 서면 심장은 어떻게 반응하나요?

돈을 떠올리면 어떤 신체 반응이 나타나나요? 당신의 몸과 마음이 반응하는 모습이 곧 당신에게 있어서 돈이 가지는 의미입니다. 당신에게 돈은 어떤 의미인가요? 돈이 당신을 자유롭고 너그럽게 만드나요? 아니면 비참하고 작아지게 만드나요? 돈에 부여된 느낌과 규정으로부터 현재 나의 경제 상황이 만들어졌습니다. 당신은 이 사실을 얼마나 허용할 수 있나요?

### 17. 돈을 쓸 때의 느낌이 어떤가요?

부 시크릿의 시작은 소비와 지출입니다. 소비와 지출은 나의 현실 안에서 부의 순환을 담당하는 한 축이지요. 돈이 나가야 다시 들어올 수도 있습니다. 하지만 나갈 때 돈에 부여된 인상, 감정, 관념 또한 나에게 돌아오게 됩니다. 어떤 형태로든 돈이 나갈 때의 느낌을 살펴보세요. 돈을 쓸 때 주로 드는 느낌과 인상이 무엇인지 파악해보세요.

### 18. 타인과 나의 경제적 상황을 비교했을 때 느낌이 어떤가요?

더 구체적으로 말하면, 어떤 감정을 느끼기 위해 비교하고 있을까요? 열등감인가요? 우월감인가요? 더 반복적으로, 주도적으로 느껴지는 감정 안에 힌트가 있습니다. 나는 삶에서 그 감정을 느껴야만 하는 것은 아닐까요? 그것이 우월감이든 열등감이든 말입니다.

### 19. 오늘 길거리에서 나에게 우월감을 느끼게 하는 존재를 만난 적 있나요?

지하철역 앞에서 구걸하는 노숙자, 무거운 등짐을 지고 땀을 뻘뻘 흘리며 일하는 일꾼, 사지가 불편한 장애인…. 그들을 볼 때 우월감을 느낀 적이 있나요? 그렇다면 알아야 합니다. 당신 또한 다른 누군가에게는 그런 우월감을 느끼게 해주는 도구가 될 수 있다는 것을요. 당신의 부는 당신이 누군가에 대해 우월감을 느끼기 위한 도구로 사용되고 있을 수 있습니다. 그리고 만약 그렇다면, 당신은 누군가에게 부를 통해 열등감을 느끼고 있는 것입니다. 당신의 삶에서 부를 통해 우열이 판가름 난다면 당신의 부는 항상 그 역할만을 수행하게 될 것입니다.

20. 당신은 돈에게 얼마나 감사하나요? 어디까지 감사할 수 있나요? 설령 빚이라 하더라도 감사할 수 있나요? 감사할 수 없다면 이유는 무엇 때문일까요?

빚이 생겼다는 것은 당신이 아찔한 고비를 넘길 수 있었다는 뜻입니다. 물론, 이후의 채무 변제가 당신의 어깨를 짓누를 수도 있지만 어쨌든 빚은 나를 괴롭히기 위해 온 것이 아닙니다. 당신이 곤란한 상황에서 빠져나올 수 있었던 것은 지금 당신이 천대하고 있는 그 빚 덕분이었습니다. 이렇게 고마운 빚을 외면한다면 어려울 때 자신을 도와준 은인을 배신하는 것과 무엇이 다를까요?

원치 않는 빚을 떠안았을 수도 있습니다. 하지만 그 상황을 만든 것은 누구입니까? 겉으로 볼 때는 억울해 보이는 상황이라 하더라도, 나는 그 상황 안에 어떻게든 참여하고 있습니다. 결국 빚은 내가 아니었다면 나타날 필요가 없었던 것입니다. 빚은 나를 괴롭힐 목적으로 다가온 것이 아닙니다. 나의 삶에서 어떤 부분을 체험하고, 일깨우고, 새롭게 나아갈 수 있게 해주려는 큰 그림 안에서 다가온 것입니다. 빚을 통해서 나의 부족함, 눈먼 마음을 알 수 있었다면 그 또한 성장의 기회가 될 수 있습니다. 빚을 대하는 마음은 분노와 증오, 한탄이 아니라 감사가 되어야 합니다.

## 21. 지금 이 순간 당신은 돈에게서 생명을 느낄 수 있나요?

모든 형태의 돈에게 감사할 수 있다면 돈의 생명력을 느낄 수 있습니다. 단 한 순간이라도 돈에게 그 값어치만큼의 감사를 표한 적이 있나요? 예를 들어 1,500원짜리 커피가 당신의 목마름을 씻어주고, 당신의 시간을 행복으로 채워주었으며, 당신의 공간을 풍족하게 만들어주었다면 당신은 단돈 1,500원으로 행복을 느낄 수 있는 시공간을 산 것입니다. 이 얼마나 큰 가치인가요? 돈은 당신의 시공간에서 표현되는 수많은 가치를 짊어지고 있는 소중한 생명입니다. 돈을 생명으로 여길 수 있다면 당신의 현실이 변하기 시작합니다.

## 22. 돈은 시간과 공간을 넘나들 수 있는 자유의 상징입니다. 이를 받아들일 수 있나요?

당신은 돈을 통해 누리고 표현할 수 있는 자유를 스스로에게 어느 정도까지 허용하고 있나요? 마음 깊은 곳에서 들려오는 비관적인 목소리에 못 이겨 돈 자체의 가치를 제한하고 있지는 않나요? 예를 들어, 단순히 버스비가 아깝다고 먼 길을 힘들게 걸어가는 행위는 돈을 통해 누릴 수 있는 시간적 자유를 스스로에게 허용하지 않는 것입니다. 스스로를 따뜻한 시선으로 바라봐주세요. 스스로에게 "괜찮아"라고 말해주세요. 스스로에게 시공간의 제약에서 자유로울 충분한 자격이 있다고 말해주세요. 당신이 세상의 시간과 공간으로 표현하고자 하는 창조의 의도만큼, 그것에 합당하고도 남을 만한 위대한 가치를 스스로에게 부여하세요. 지금 당신의 돈은 스스로에게 허용하는 풍요와 자유의 상징입니다. 당신은 돈으로 물건을 사는 게 아니라 시간을 삽니다. 당신은 돈으로 연명하는 게 아니라 공간을 소유합니다.

### 23. 당신은 세상에서 무엇을 표현하려고 하나요? 아니, 무엇을 표현하는 역할을 맡았나요? 결핍인가요? 가난인가요? 시기, 질투인가요? 구속인가요?

당신의 돈이 이러한 가치들을 표현하기 위한 도구로 희생되었다는 사실을 아나요? 그렇다면 이제 당신의 돈에게 사과합시다. 그럼에도 내 곁에 있어주어 감사하다고 말해줍시다.

"나는 당신에게 사과합니다, 미스터(미즈) 머니. 내가 결핍을 인식했기에 당신이 이렇게 궁핍한 모습으로 내게 왔습니다. 모두 '내' 탓입니다. 내가 당신을 불러놓고 오히려 당신을 외면하고 배척하며 미워했습니다. 용서해주세요. 당신은 결핍을 연기함으로써 내게 당신의 또 다른 모습인 풍요를 알려주었습니다. 감사합니다. 고생 많았습니다. 당신은 할 일을 다 했습니다. 그러니 이제 편히 쉬시길. 이제 나는 당신이 풍요와 자유의 얼굴로 내 곁을 지켜주길 원합니다. 나는 당신의 새로운 생명, 풍요와 자유를 허용합니다."

깊은 침묵 속에서 당신이라는 우주에서 살고 있는 돈이라는 생명에게 풍요의 느낌을 부어주세요. 그것이 이제 당신에게 머무릅니다.

### 24. 나와 타인에게 돈을 쓸 때 어떤 느낌이 드나요?

돈은 교환수단일 뿐입니다. 그 돈으로 표현해낼 수 있는 것이 진짜 목표입니다. 이를 가슴 깊이 묵상해보세요. 그리고 돌아보세요. 나에게 돈을 쓸 때 어떤 느낌이 드나요? 아까운 느낌이 드나요? 그렇다면 돈이라는 수단 자체를 상실하고 있다는 느낌에 빠진 것입니다. 그돈을 소비함으로써 나는 나의 가치를 '상실'로 책정하고 있는 것입니다. 단돈 100원이라도 나를 위해서 소비할 때 느껴지는 느낌이 당신 자신이 스스로에게 매기고 있는 가치입니다.

타인에게 돈을 쓸 때는 어떤 느낌이 드나요? 아까운 느낌이 들 때도 많지만, 타인에게 돈을 씀으로써 어떤 카타르시스를 느끼지는 않나요? 나의 재력을 과시하는 느낌이 들지는 않나요? 뿌듯함 말입니다. 그러나 이와 같은 조건화된 느낌이 아닌, 돈을 쓸 때 순수한 풍요와 자유의 표현을 느껴본 적이 얼마나 있나요?

어떤 경우에서든 돈이라는 수단이 나의 자유와 풍요를 결정할 수는 없습니다. 오히려 나의 자유와 풍요가 돈이라는 형태로 나타나는 것이지요. 당신이 돈을 통해 당신 자신과 타인에게, 궁극적으로 세상에게 무엇을 표현하기를 원하는지 묵상해보세요.

### 27. 고귀하고 보람 있는 일을 할 때는 돈을 받으면 안 될까요?

사람의 마음속에는 정당한 대가를 치르기 싫어하는 마음이 있습니다. 특히 무언가 성스럽고 보람 있는 일을 할 때는 돈으로 값을 매겨서도, 돈을 받아서도 안 된다는 묘한 마음이 있지요. 성스럽고 거룩한 일은 그 자체의 의미만으로 만족해야 하며 돈으로 그 가치를 교환하는 일은 세속적이고 천한 짓이라는 인식이 있는 것입니다. 하지만 좋은 일을 돈으로 가치교환해서는 안 된다면 반대로 나쁜 일은 돈으로 가치교환을 해도 된다는 말일까요? 오히려 가치 있는 일에는 그

만큼의 돈을 주고받아야 하지 않을까요? 의미 있고 보람찬 일에 돈이 오가서는 안 된다는 생각 이면에는 '돈은 나쁜 것'이라는 관념이 있습니다.

당신은 무언가 가치 있는 일을 했을 때 돈을 주고받는 것에 대해 어떤 인상을 가지고 있나요? 돈이 오가면 나의 행동, 의도의 순수함이 더럽혀진다고 느끼나요? 그렇다면 당신은 돈을 폄하하고 있는 것입니다. 돈을 더러운 것으로 여기고 있나요? 그렇다면 당신은 나쁜 짓을 해야만 돈을 벌게 될 것입니다. 돈의 본질은 풍요, 자유, 허용의 상징입니다. 현실에서의 가치교환 수단으로서 당신의 마음을 대변하는 것입니다. 당신 마음 안의 풍요, 자유, 허용을 말입니다. '돈은 나쁜 것, 더러운 것, 나를 힘들게 하는 것'이라는 인식이 존재하는 한 당신은 돈의 노예가 될 것입니다. 정당하게 일하고 정당한 대가를 인식하세요. 누군가에게 받은 만큼 돈을 지불하기를 꺼리지 마세요. 그래야 당신 또한 당신의 가치만큼의 돈을 받게 될 것입니다. 현실에서 당신의 가치를 표현해주는 다양한 통로 중 하나가 바로 돈입니다.

2부
# 인간관계 시크릿

1장

쓸모 있는 사람이고 싶어

A씨는 전문직에 종사하는 40대 초반 여성이다. 그녀는 직장 일 외에도 여러 가지 사교 활동을 하고 있다. 자전거 동호회, 와인 동호회, 화훼 모임 활동 등으로 일주일을 눈코 뜰 새 없이 활기차 게 보내고 있었다. 겉으로는 화려해 보이는 삶이었지만 그녀에 게는 말 못 할 고민이 있었다. 바로, 이 모든 활동을 힘겨워하고 있다는 것이었다. 급기야는 체중도 15킬로그램이나 빠져버렸다. 무엇이 그녀를 그리도 힘들게 했을까?

카밀로   만약 정말 힘들다면 모임을 줄이거나 나가지 않으면 될 일입니다.

A      그건 상상도 못 할 일이에요. 사람들과 함께 지내는 건 제 삶의 전부예요.

카밀로   그 정도로 중요한 일이군요. 사람들 속에 있는 것이.

A    네, 저한테는 정말 중요한 일이에요. 그런데 언제부터인가 급격하게 지치기 시작했어요. 분명히 즐거운데도 고통스러운 묘한 감정도 있고요.

카밀로    몇 가지를 살펴봅시다. 당신은 사람들과 함께 있을 때 활발하게 분위기를 주도하는 편입니까?

A    네, 저는 항상 솔선수범하는 편이에요. 직장에서도 그렇고 집에서도 그래왔습니다.

카밀로    남들에게 맡기기보다 스스로 나서서 해야 마음이 편하시군요. 그렇다면 왜 그래야 마음이 편하다고 생각하나요?

A    그건 잘 모르겠어요. 그래야 마음이 편하다기보다 그래야 마음이 덜 불편해요.

카밀로    모임에서는 주로 어떤 일을 하시죠?

A    거의 총괄하는 업무를 맡고 있어요. 모임 장소 섭외도 하고, 직접 답사도 하고, 참가 인원 관리 및 연락도 하고, 회원비도 관리하고, 모임 주제도 심사하고, 심지어는 자주 회식비도 내고 그런답니다.

카밀로    거의 혼자 모든 업무를 도맡아 하시는군요. 도와주는 사람들은 없나요?

A    있긴 하지만 그들은 왠지 하나같이 못 미더웠어요. 제가 원하는 기준치에 미치지 못하니까 결국 제가 모든 것을 다시 해야 하더라고요. 그래서 차라리 제가 다 알아서 하는 편입니다.

카밀로    그분들은 별 쓸모가 없다는 말로 들립니다만.

A    솔직히 그래요. 별로 쓸모가 없어서 이제는 크게 기대하지도 않습니다.

**카밀로**　그럼 스스로 생각하시기에 당신은 매우 쓸모 있는 사람이겠군요?

**A**　부인하지 않겠어요. 제 능력은 스스로 생각해도 놀라울 정도예요. 혼자 모임에 필요한 모든 업무를 도맡아 할 수 있으니까요.

**카밀로**　이제 당신이 왜 힘든지 그 이유를 알겠습니다. 당신은 항상 '쓸모 있는 사람'이 되기를 원하고 있기에 그렇습니다.

**A**　맞는 말이기는 한데요. 그게 어떻게 제가 힘든 이유가 될 수 있죠? 힘들긴 하지만 저는 저의 모든 모임에 만족하고 있어요. 저의 다방면의 재능과 쓸모가 짐이 된다는 말씀은 좀 받아들이기 힘드네요.

**카밀로**　당신의 마음속 깊은 곳에서는 인간을 두 가지의 부류로 구분하고 있습니다. '쓸모 있는 사람'과 '쓸모없는 사람'으로 말이죠. 그리고 당신은 "나는 쓸모 있는 사람이어야 해"라는 강박을 가지고 있습니다.

**A**　강박이라고는 생각해본 적이 없네요. 하지만 제가 쓸모 있는 사람이기를 원하는 건 사실인 것 같아요. 이 성향이 제가 이룬 사회적 성공의 원동력이기도 하니 좋은 것 아닌가요?

**카밀로**　네, 그런 생각은 당신의 직업적 성공을 만드는 데 지대한 영향을 끼쳤습니다. 하지만 그것이 이제는 양날의 검이 되었습니다. 당신은 사실 스스로의 능력과 쓸모를 신뢰하고 있지 않습니다. 되려 불신하고 있지요. 그래서 항상 쓸모 있는 사람이 되기 위해 무의식적인 강박을 만들어내어 스스로를 감시하고 채찍질하고 있습니다. 이런 면에서 당신의 그 마음은 자신을 찌르는

칼이 된 것입니다.

A        제가 스스로를 그렇게 대하는 이유가 대체 뭔가요? 카밀로 님의 말을 듣고 있자니 심장이 터질 듯이 뛰고 있습니다.

카밀로    당신의 과거를 쭉 돌아보세요. 학교, 직장을 포함해 당신이 속해 있던 집단에서 쓸모가 없다고 판단된 사람들은 어떻게 되었나요?

A        모두 그 집단을 떠났어요. 스스로 관둔 이들도 있지만 대부분 조직으로부터 버려졌습니다.

카밀로    그것이 당신의 두려움입니다. "쓸모없는 사람은 버려진다"는 무의식적 믿음이 당신의 관념으로 자리 잡은 것입니다. 그리고 이 관념은 당신이 세상을 바라보는 색안경이 되어버렸습니다. 당신은 조직을 떠난 사람들을 '버려진 사람들'이라고 생각하고 있습니다. 그런데 그게 과연 진실인가요? 그리고 그렇게 버려진 사람들은 불행한가요? 만약 그렇게 믿고 있다면 그 믿음의 근거가 무엇입니까? 그 조직을 떠나서 더 자유롭고 행복해진 사람도 있을 수 있는 것 아닙니까?

A        모르겠어요. 듣고 보니 반드시 그들이 상처받고 불행해지리라는 법이 없는데 저는 어느새 그렇게 믿고 있었나 봐요.

카밀로    그것이 당신의 신념이자 당신이 사람을 평가하는 기준이기 때문입니다. 당신 스스로가 사람을 '쓸모없는 사람'과 '쓸모 있는 사람'으로 양분하고 '쓸모 있는 사람'의 가치만을 인정하고 있음을 알아야 합니다. 누군가가 쓸모없어지면 당신은 그를 버릴 것입니다. 아니, 실제로도 버려왔지요. 당신은 마음속으로 쓸모없다고 생각하는 사람들을 버렸고, 그런 당신의 마음은 그들을 대하는 태도와 당신 주변의 주류 세력인 사람들의 태도에도 영향을 미쳤을 겁니다. 그러니 당연히 그들은 그 집단을 떠날 수밖에 없었을 겁니다. 결국 당신이 그들을 마음에서 버렸기에 현실도 그들을 떠나게 한 것입니다. 스스로는 눈치채지 못했겠지만 당신의 그런 태도가 그들에 대한 여론몰이를 만들고 있었을 수 있습니다.

**A**　　제 마음과 태도가 여론몰이를 할 수 있다니요?

**카밀로**　존재하는 모든 것은 다양한 현실정보를 담고 있는 의식 파동으로 이루어져 있습니다. 인간의 생각, 감정, 정서 등은 항상 서로 공명하며 어울리고 간섭하죠. 특히 한 조직의 리더 격인 사람의 마음 상태는 모든 조직원들에게 영향을 끼칩니다. 참고해 두세요. 어쨌든 잊지 말아야 할 것은, 인간의 마음은 먼저 스스로를, 그리고 타인을 쓸모에 따라 나누고 남들 또한 나와 마찬가지일 거라고 착각합니다. 그래서 타인 또한 내가 쓸모없어지면 나를 버릴 것이라고 오해하게 됩니다.

당신은 버려짐에 대한 두려움이 있습니다. 그래서 그 외로움과 수치심을 견디기 힘들다고 판단하고는 어떻게든 자신이 속한 조직에서 인정받기 위해 몸과 마음을 혹사합니다. 그 결과가 지금의 당신의 현실로 나타난 것입니다. 혹시 버려졌다는 느낌을 강하게 체험한 기억이 있나요?

**A**　　어렸을 때 부모님이 이혼하셔서 홀어머니 밑에서 자랐어요. 그때는 아빠가 나를 버렸다고 느꼈습니다. 지금 생각하니 어린 시절의 그 충격이 인간관계에서 버림받지 않기 위한 집착을 낳았나 보네요.

**카밀로**  버려짐에 대한 두려움은 개인의 체험에만 의존하는 것은 아닙니다. 만약 그렇다면 버려짐의 느낌은 그런 체험을 했던 사람들의 전유물이 되겠지요. 하지만 그런 체험이 없는 사람들도 버려짐의 느낌을 가지고 있습니다. 이는 오히려 한 개인의 역사와는 무관하게 심층 무의식에 이미 각인되어 있는, 아주 원초적인 느낌의 관념이지요. 그 버려졌다는 관념이 현실로 나타나게끔 발동되면 이런저런 형태의 버림받는, 혹은 버림받았다고 받아들일 만한 상황이 벌어지게 됩니다.

그러나 당신은 어떤 방식으로든 버림받지 않았다는 사실을 알아야 합니다. 부모님 또한 그들만의 사정과 상황이 있었을 것입니다. 어린아이였던 당신에게는 이혼이라는 그 결과가 버림받음이 무엇인지 알게 해준 계기가 되었지만 말입니다. 하지만 그분들도 일부러 그런 건 아닙니다. 그저 자신의 삶을 고민하며 열심히 살다가 그 당시 할 수 있는 최선의 선택을 했을 뿐입니다. 그러니 부모님을 용서하길 바랍니다. 또한, 당신도 죄가 없습니다. 그저 당신이라는 개인을 통로로 삼아, 버림받음의 관념이 현실로 나타났을 뿐입니다.

**A**  그럼 저는 어떻게 해야 할까요? 단숨에 이 오래된 두려움과 습관을 바꾸기는 힘들 것 같은데요.

**카밀로**  내가 먼저 쓸모라는 잣대를 통해 사람을 바라보고 있음을 인지해야 합니다. 내가 그러니까 타인도 그럴 것이라고 지레짐작하고 자신의 신념을 지키기 위해 또 안간힘을 쓰지 않으려면 말입니다. 그런 노력이 반복될수록 당신의 마음은 병들어갈 겁니다. 병들어가는 만큼, 반복되는 패턴을 만들어내는 고정관념은 단단해집니다. 그러니 먼저 내 눈에 들어 있는 관념의 렌즈를 인지해야 합니다.

관념이 없어지지 않고 계속 유지, 반복되는 이유는 뭘까요? 세상을 그렇게 바라봐야만 자신이 유지된다고 느끼는 아이(인격화된 관념)가 당신 안에 있기 때문입니다. 자기 자신을 부족한 존재, 그래서 버림받은 존재로 규정하는 관념이지요. 그 내면아이와 화해하고 관점을 전환해야 합니다. 당신은 버림받은 적이 없다는 사실을 내면아이에게 말해주세요. 당신은 버림받을 수 없는 존재입니다.

당신이 체험하는 세상의 모든 사건, 의미, 가치는 당신의 '나라는 존재감'에 의존해서만 나타날 수 있는 것입니다. 진정한 당신은 당신의 삶에서 일어나는 온갖 사건들보다 훨씬 더 큰 것입니다. 그 사실을 가슴으로 느껴보고 안심하세요. 그 존재의 느낌 가장 깊은 곳에 미묘한 안도감이 있습니다. 꾸준한 명상을 통해 그 안도감을 자각하고, 내면아이와의 소통을 꾸준히 시도해야 합니다.

A씨는 충격을 받은 눈치였다. 그러나 꾸준히 내면아이와 소통하고 명상한 지 몇 달이 되자 자신의 메인 카르마였던 버려짐에 대한 공포를 극복할 수 있었다. 그녀는 속해 있는 모임에서 맡고 있었던 직책을 모두 내려놓고 일반 회원으로 돌아갔는데, 이후로는 여유롭게 자신의 인간관계를 즐기고 있다. 예전보다 인간관계의 범위는 협소해졌지만 오히려 더욱 깊은 관계를 맺으며 살고 있다.

## 2장
## 어딘가에 소속되지 않으면 도태될 것 같아

B씨는 회계법인에서 일하는 40대 남성이다. 그는 나름 큰 회사에서 일하며 가정도 이루었고, 취미생활로 악기 모임에도 참여하는 등 일과 삶을 모두 즐기려 노력하는 사람이다. 일과 모임에서 나름 균형을 잡으며 살고 있다고 생각해왔던 그의 삶에 변화가 나타나기 시작한 것은 몇 년 전이었다. 회계법인의 업무상 특정 기간 동안에는 야근을 밥 먹듯 해야 할 정도로 바쁘게 일이 몰리는데, 그 기간에 자신이 참여하고 있는 모임에 참석하지 못하면 참기 힘들 정도로 불안해지는 것이었다.

일을 빨리 끝내고 모임에 참여하려는 마음이 커진 그는 업무 중 실수를 연발하기 시작했고, 회사 내에서의 평판도 안 좋아지기 시작했다. 가정에서도 마찬가지였다. 가뜩이나 잔업이 많은 편인데 악기 모임에도 참여했으니 가족들과 보내는 시간은 그만큼 줄어들었고, 아내와 아이들은 불만이 쌓이기 시작했다.

그러나 그는 회사, 가정, 모임 그 무엇도 잃기 싫었다. 그가 모임에 이렇게 집착하는 이유는 따로 있었다. 이제 그의 이야기를 들어보자.

카밀로  당신에게 그 모임은 얼마나 소중한가요?

B  유일한 삶의 낙이 그 모임입니다. 모임 활동이 없는 제 삶은 생각하기도 싫을 정도입니다.

카밀로  아무리 소중하다 해도 가정과 본업에 지장이 갈 정도로 소중하다면 균형이 무너진 것 같은데요. 그 정도로 소중한가요?

B  가정도 일도 모두 중요합니다. 어느 것 하나라도 놓치기 싫어요. 사실 가장 많은 시간을 할애하는 곳은 직장인데, 다른 직업을 가지지 않는 이상 해결될 것 같지도 않습니다. 그래서 찾아왔습니다.

카밀로  한 가지 물어보겠습니다. 혼자 있을 때 어떤 기분이 드나요?

B  저는 혼자 있는 걸 별로 좋아하지 않습니다. 남들보다 비교적 이른 나이에 결혼을 한 것도 외로움을 많이 타기 때문이었거든요. 확실히 결혼하고 나서 아이가 태어나자 심적으로 더 안정되었던 것 같습니다. 일에 대한 각오도 달라지고요.

카밀로  혹시 혼자 있을 때 외로움이라고 딱 잘라 말하기는 힘든 왠지 모를 불안, 초조함 같은 느낌은 없나요?

B  그러고 보니 그게 더 정확한 표현 같네요. 외로움이라기보단 불안하고 초조한 느낌입니다. 사람들과 어울리지 못하면 불안한 것 같아요.

**카밀로**    그렇군요. 당신은 소속감을 느끼고 싶어합니다. 그래서 어떤 형태로든 사람들과 어울리고 싶어하는 겁니다. 그런데 그 정도가 지나치게 심해지고 있다면 무엇이 원인일까요? 뭔가 짚이는 경험은 없나요?

**B**    어린 시절 외동아들로 자랐고 부모님이 맞벌이를 하셔서 혼자 있는 시간이 많았는데, 이것 때문일까요?

**카밀로**    조금 더 찾아보세요. 가정뿐 아니라 학교에서 따돌림을 받은 적이 있지는 않습니까?

**B**    사실, 어렸을 때부터 은근히 따돌림을 받아왔던 거 같습니다. 항상 집에서 혼자 지내다 보니까 성격이 어두웠던 탓인지 친구들에게 인기가 없었습니다. 하지만 이 성격은 대학에 진학하고 나서 열심히 노력해서 완전히 바꿨다고 생각합니다. 자기계발을 위해 열심히 공부하고 스펙을 쌓은 것도 성격이 바뀌었기 때문입니다.

**카밀로**    성격이 바뀐 이유는 일종의 방어기제입니다. 진짜로 바뀐 것이 아니라 살아남기 위해서 변한 거죠. 당신은 항상 어딘가에 소속되고 싶어하는 마음이 있습니다. 이유가 뭘까요? 혹시 어딘가에 소속되지 않으면 도태된다는 느낌이 있나요?

**B**    네, 그런 생각이 제게 있는 것 같습니다.

**카밀로**    그것이 당신의 관념입니다. 소속감을 통해 안정을 느끼고, 자신을 보호하려는 방어기제죠. 이처럼 자기규정화된 관념, 즉 "어딘가에 속하지 않으면 도태된다"는 관념은 자신의 존재가 틀리지 않았음을 계속해서 증명해야 합니다. 따라서 그 관념의 적용 대상을 당신 자신뿐만 아니라 외부의 대상으로까지 확장하게 됩니다.

B　　외부의 대상으로까지 확장한다는 게 정확히 어떤 건가요?

카밀로　"어딘가에 속하지 않으면 도태된다"는 관념은 기본적으로 자기 자신에 대한 규정입니다. 하지만 그게 자기규정으로만 남아 버리면 그 관념형태를 유지하는 데 한계가 있습니다. 그래서 내가 타인을 바라보는 관점마저도 동일한 관념형태로 덮어버리는 것입니다. 자신을 향한 관념뿐만 아니라 아예 세상을 바라보는 관점 자체가 되는 것이죠.

따라서 당신은 타인마저도 "어딘가에 속하지 않으면 도태된다"는 관념으로 바라보게 됩니다. 어딘가에 소속되지 않은 타인을 볼 때마다 당신은 자동적으로 그들을 도태된 사람들로 인식할 테고, 그때마다 당신의 무의식 안에서는 그 관념이 강화됩니다. 관념은 이런 과정을 통해 스스로의 모습(소속이 없으면 도태된다)이 타당하다는 증거를 얻습니다.

B　　놀랍네요. 제가 먼저 타인을 그런 시선으로 바라보고 있었기에 자기 자신에게는 더욱 엄격할 수밖에 없었다는 말이군요. 제가 두려워하는 그 모습이 되지 않기 위해 말입니다.

카밀로　그렇습니다. 우리 안의 관념들은 항상 자신의 존재가 합당하기를 바랍니다. 이와 같은 성향 때문에 인간은 범죄를 저지를 때도 나름의 당위성을 찾게 됩니다. 이것을 잘 기억하십시오. 당신의 현실을 만들어내는 관념들은 스스로를 증명하고 자신의 합당함을 확인하기 위해 지금의 결핍된 현실을 유지하고자 노력할 것입니다. 그러니 반복되는 현실을 대하거든 좌절하여 또 부정적인 감정으로 빠져들지 말고 이 상황 자체가 나타나게 된 모

든 경위를 인정해주어야 합니다. 변화는 이 같은 허용의 자세로
부터 일어납니다.

B씨는 항상 어딘가에 소속되어야만 안전하다고 느끼며
살아왔다. 이 관념이 지나친 집착으로 변하면 '욕망'이 된다. 그
러나 그러한 욕망 안에는 이미 "나는 내가 욕망하는 것을 가지지
못할 것 같아"라는 마음이 전제되어 있음을 알아야 한다. 자기 자
신이 스스로의 소망에 합당한 사람이라고 생각한다면 이러한 집
착이 일어나지 않는다. 당연한 '내 것'에는 집착이 일어나지 않기
때문이다. 그러나 B씨의 경우에는 '관계에서 도태되지 않은 나'
라는 자기규정이 당연한 것으로 받아들여지지 않았기에 이를 어
떻게든 소유하기 위해 집착이 생겨났다.

간단하게 말하자면, 욕망으로 나타난 우리의 소망 안에는
"내가 바라는 그것이 내게 없다"는 사실에 대한 인정이 들어 있다
는 말이다. 어떤 조건을 끊임없이 충족시키지 않으면 안 된다는
초조함이 생기는 이유로 바로 이 때문이다. 욕망은 반의도가 증
폭되어 나타나는 것이기에 '욕망의 충족'을 목표로 하지 않고 '욕
망을 그대로 유지하는 것'을 목표로 한다.

B씨의 변화는 이와 같은 사실을 인지하는 것으로부터 시
작되었다. 스스로가 어떻게 세상을 보고 있는지를 알고, 그 관념
을 따라 세상이 나타나고 있음을 알면 어떻게 해야 삶을 변화시
킬 수 있는지가 명확해진다. 2년 가까이 지난 지금, 그는 소속감
을 통해서만 자기 자신을 인정할 수 있다는 마음을 치유하고 자
기 삶의 주인공으로 살아가고 있다. 소속감을 갈구하며 살던 시

기의 그는 삶의 주인공이라기보다는 주변인이었다. 내 삶의 주변인이 아닌 주인공으로 살고 싶은가? 변화를 원한다면 먼저 나의 삶을 어떤 시선으로 바라보고 있는지를 파악해야 한다.

## 3장
## 나는 이것저것 간섭해야 직성이 풀려

C씨는 요즘 여러모로 심각한 위기 상황에 처해 있다. 가정에서는 남편과 아이들이 자신의 말에 반기를 들거나 아예 자신을 피해버리는 일이 늘어났다. 직장인 학교에서도 선후배 교사들과의 충돌이 잦아지고 있었다. 심지어는 대부분의 사람들이 그녀를 피하기 시작했다. 물론, 그녀의 성격이 조금 모난 부분은 있었다. 하지만 그녀 스스로 느끼기에 자신은 친절하고 상냥하며, 자신을 희생해가면서까지 사람들을 도우려 하는 사람이었다. C씨는 자신이 사람들을 세심하게 챙겨주었기에 많은 이들이 보다 편하게 업무에만 집중할 수 있었다고 생각하고 있다.

하지만 자신이 제공하는 혜택은 받으면서도 뒤에서 자신의 험담을 하는 사람들이 있다는 사실이 C씨에게는 충격이었다. 항상 온갖 잡무를 도맡아 처리해주는 자신의 진심을 몰라준다는 느낌에 억울하기도 하고, 서글프기도 했다. 그래도 그녀는 자신의 진심을 언젠가는 모두 알아줄 것이라 여기며 버텼다. 이런 상태가 2년 이상 계속되던 어느 날, C씨는 무언가가 크게 잘못되었음을 느꼈다. 그리고 그 순간 가슴에 심한 통증을 느낀 그녀는 병원에서 심장 부정맥 진단을 받는다. 무엇이 그녀의 삶과 심장을 이렇게 만든 것일까?

**카밀로**  이야기를 들어보니 당신은 조직에 없어서는 안 될 사람이군요. 어디 한번 이야기를 들어봅시다. 얼마나 많은 일들을 도맡아 처리하고 있습니까?

**C**  저는 학교에서 학생주임을 맡고 있습니다. 학생들에게 완벽한 교육환경을 만들어주기 위해 노력하고 있죠. 다른 선생님들의 업무도 이것저것 많이 도와주고 있습니다. 수업계획서 작성, 시험문제 출제, 수업 아이디어 토의, 이제 갓 부임한 신입교사 챙기기 등등 많은 부분에서 제 손을 타야만 일이 돌아간다고 느낍니다. 이뿐 아니라 교실 창틀에 낀 먼지, 급식실 식기의 위생상태에 이르기까지 제가 꼼꼼하게 관리하는 중입니다. 제가 담당한 업무를 제외하고도 말이죠. 심지어는 복도에 걸려 있는 그림 하나마저도 제대로 걸려 있는지 비뚤게 걸려 있는지 신경 쓰고 있습니다.

**카밀로**  대충 들어도 정말 많은 일을 하시는군요. 그 모든 부분에 일일이 신경을 쓰시는 게 피곤하지는 않나요?

**C**  사실 많이 피곤하죠. 하지만 저 말고는 적합한 사람이 없습니다. 성격의 문제이기도 한 것 같아요. 저는 어렸을 때부터 꼼꼼한 성격이었거든요. 그래서 남들 눈에는 안 보이는 것들이

보이고, 미처 예상하지 못했던 것들을 예상해서 대처하며 살아
왔습니다.

**카밀로**  자기 삶의 방식에 대해 자부심이 대단한 것 같습니다. 스
스로를 없어서는 안 될 사람으로 여기고 있군요.

**C**  맞아요. 저는 어디를 가든 제 몫을 하는 사람입니다. 사
실 남의 몫까지 신경 써서 거들어주는 사람이에요. 그런데 이런
저를 어떻게 싫어할 수 있는지 모르겠어요. 요즘에는 시도 때도
없이 우울하고, 화가 나기도 하고 그럽니다. 눈물을 흘리는 일도
잦아졌고요.

**카밀로**  당신은 고성능 레이더를 갖춘 사람입니다. 그 레이더는
하루 종일 무언가 '고쳐야 할 것들'을 포착하기 위해 가동되고 있
고요. 그 레이더망에 어떤 문제점이 포착되면 대부분은 당신이
스스로 처리하지만 바쁜 경우에는 다른 사람들에게 전달해서 고
치도록 합니다. 그렇죠?

**C**  네, 맞습니다. 모든 것을 제 손으로 해결할 수는 없으니
까요. 가까이 있는 사람, 여건이 되는 사람에게 시정사항을 전달
합니다.

**카밀로**  만약 그 상황에서 사람들이 당신의 부탁을 거절하거나
요구사항을 정확하게 이행하지 않는다면 어떤 느낌이 들까요?

**C**  기분이 무척 안 좋아질 겁니다. 저는 상황의 해결과 개선
을 위해서 말을 한 건데 그걸 거절하다니요.

**카밀로**  혹시 타인이 당신의 행동을 지나친 간섭으로 여길 수 있
다는 생각은 안 해봤나요?

**C**  그런 생각은 저도 해본 적 있습니다. 하지만 간섭이더라

도 그것이 옳은 일이라면 해야 하는 것 아닌가요?

**카밀로** 그 옳은 일의 기준은 무엇인가요? 당신의 의견과 시선이 그 기준일 것입니다. 자기 자신을 들여다보세요. 당신의 마음속에는 '이것저것 간섭해야 직성이 풀리는 나'가 있습니다. 그래서 모든 것을 간섭하고 자신의 의견대로 일이 풀려야 마음이 편한 겁니다.

**C** 간섭이라고 해서서 마음이 좀 상하기는 하지만, 제 의도대로 따라줄 때 마음이 편한 것은 사실입니다.

**카밀로** "내 마음이 편하려면 모든 이가 내 의도대로 따라줘야 해"라는 마음은 결국 뭘까요? 그것은 통제욕구입니다. 당신은 스스로 눈치채기 힘든 히스테리 상태에 있습니다. 타인에 대한 통제욕구는 사실 자기 자신에 대한 불만의 표현입니다. 자기 자신의 강박을 통제하지 못하기 때문에 타인을 통제하려는 모습으로 나타나는 것이죠.

**C** 아… 제 안에 통제욕구가 있군요. 그래서 그렇게 다른 사람들이 하는 것 하나하나가 다 미덥지 못하고 못마땅했던 거군요.

**카밀로** 사실 당신에게 진짜 중요한 문제는 타인의 일 처리가 서투른지 능숙한지가 아닙니다. 다른 사람들의 마음이 자발적인지 비자발적인지도 당신에게는 중요하지 않습니다. 당신에게 필요한 것은 그저 당신 안의 통제욕구를 충족시켜줄 대상입니다. 정말로 당신을 제외한 모든 이가 일 처리에 서투르고 교정이 필요한 사람들일까요? 아닙니다. 당신 눈에만 그렇게 보일 뿐입니다. 이유가 뭘까요? 그건 바로, 통제욕구를 통해 존재를 유지하는 어떤 관념이 활동할 명분을 얻어야 하기 때문입니다.

통제욕구가 강한 사람의 대상이 되는 사람, 상황들은 사실 아무런 문제가 없는 경우가 대부분입니다. 통제욕구에 사로잡힌 사람은 자신의 기준이 절대적인 잣대가 됩니다. 그리고 그 기준은 매번 더 깐깐해질 것입니다. 그래야 계속 통제력을 발휘할 상황을 마주칠 수 있을 테니까요. 가족과 직장 사람들이 당신에게서 멀어졌다면 문제는 그들에게 있는 것이 아니라 당신 안의 지나친 통제욕구에 있을 수 있습니다.

C　　사람들이 제게서 멀어진 이유가 따로 있었네요.

카밀로　당신의 통제욕구가 합당한 명분을 얻으려면 무엇이 필요할까요? 다시 말해, 그 관념이 계속 생존하려면 어떤 무대가 필요할까요?

C　　제 통제욕구가 정당화될 만한 현실 무대가 필요하겠네요.

카밀로　네, 그렇습니다. 당신이 통제하는 사람 역할을 하기 위해서는 통제받는 사람이 필요합니다. 통제하는 나는 숙련된 사람이어야 하니 상대방은 미숙하고 서투른 사람이 되어야 하겠죠. 통제하는 나는 창틀의 먼지까지도 볼 수 있는 세밀한 시선을 가진 사람이어야 하니 주변의 다른 이들은 눈앞의 63빌딩도 못 알아보는 장님이 되어야 합니다. 그래서 당신의 주변에는 당신의 통제욕구를 정당화해줄 사람들이 가득한 겁니다. 적어도 당신이 느끼기에는 그런 사람과 상황들이 계속 반복되고 있죠.

C　　저는 제가 나서서 해결해야만 하는 상황들이 먼저 나타났기 때문에 사사건건 간섭해야 하는 성격이 생긴 거라고 생각했어요. 내심 "나는 왜 이리 일복이 많은 걸까" 하며 한숨 쉰 적도 있었고요. 그런데 그 반대였군요.

**카밀로** 상황이 어쩔 수 없기에 통제한 것이 아니라 당신의 통제욕구를 채워주기 위해 그런 상황들이 만들어진 것입니다. 상황으로부터 관념이 도출되는 것이 아니라, "나는 모든 것을 통제해야 마음이 편해"라는 관념으로부터 그것을 증명해줄 상황이 펼쳐진다는 말이죠. 그럼 이와 같은 통제욕구는 왜 나타나는 걸까요?

**C** 거기까지는 정말 모르겠습니다. 이유가 뭘까요?

**카밀로** 입장을 바꿔서 당신이 누군가에게 사사건건 간섭받고 그가 원하는 대로 통제당한다고 상상해보세요. 느낌이 어떠세요?

**C** 상상만 해도 견디기 힘드네요. 갑자기 심장이 뛰면서 아픕니다.

**카밀로** 심장이 왜 뛰죠? 통증과 함께 느껴지는 가장 큰 감정이 뭔가요?

**C** 음, 두려움… 아니, 그보다는 뭔가 무서운 느낌입니다.

**카밀로** 네, 잘 찾아내셨습니다. 당신 안에는 "통제하지 못하면 통제당한다"는 관념이 있습니다. 즉, 먹느냐 먹히느냐의 문제로 통제를 받아들이는 것이죠. 공포심이 느껴지는 이유도 바로 여기 있습니다. 세상을 통제해야 자기 자신을 지킬 수 있다고 여기는 겁니다. 생존을 위한 느낌이지요. 이 느낌은 세상을 '나의 편'과 '나의 편이 아닌 것'으로 이분하는 마음으로부터 나옵니다. 기본적으로 당신은 세상을 편 가르기 해서 나에게 유리한 것만을 취하고 있습니다. 겉으로 보이는 모습은 스스로에 대한 긍지가 높고, "내가 항상 옳다"는 마음으로 사는 것처럼 보이지만, 사실 마음 깊은 곳에서는 자존감이 많이 떨어져 위험하다고 느끼고 있는 상태입니다. 당신의 일상 속 대부분의 행위는 이와 같은 위협의 느낌으로부터 자신을 지키고자 나오는 것입니다. 생각해 보세요. 모든 것을 통제해야, 하다못해 방 안의 가구나 사물들마저도 내가 정한 자리에 있어야 마음이 편하지 않습니까? 그림도 조금이라도 비뚤어져 있으면 마음이 불편하고 말입니다.

C　　　네, 맞습니다. 집에서도 학교에서도 그런 작은 부분들이 자꾸 눈에 거슬려서 피곤합니다.

카밀로　에너지가 쭉쭉 떨어지죠. 이쯤 되면 통제욕구도 휴식을 취해야 합니다.

C　　　그림을 제대로 걸면서 남편이나 학생, 교사들이 신경을 더 써줬으면 좋겠다는 생각을 많이 합니다. 그럼 내가 좀 편할 수 있을 텐데… 하면서요.

카밀로　내가 말하고 간섭하기 전에 다른 사람들이 알아서 착착 내가 원하는 대로 해줬으면 좋겠다는 말씀이군요. 그러나 그렇게 되면 당신은 통제할 기회를 잃고 맙니다. 그러면 당신의 마음속에는 만족과 동시에 미묘한 불만이 생깁니다. 잠시 휴가를 떠났던 통제욕구가 자신의 자리를 빼앗기지 않기 위해 다시 돌아오는 거죠. 이렇게 당신이 간섭해야 할 현실은 여전히 반복됩니다. 이때의 당신은 겉으로는 툴툴대지만 속으로는 안도할 겁니다.

C　　　저는 이제까지 제가 타인들의 편리와 혜택을 위해 희생한다고 생각해왔는데요.

카밀로　통제욕구에 의해 움직이는 많은 사람들이, 하기 싫은데도 어쩔 수 없이 통제할 수밖에 없는 자신을 희생양 내지 피해자로 여기는 경우가 많다는 것을 알아두셔야 합니다. 내가 희생양, 피해자일 수 있으려면 가해자가 필요합니다. 하지만 결국 내 삶에서 가해자인 타인을 만들어내는 것은 자신을 피해자, 희생양으로 규정하는 나의 마음입니다. 그 마음으로부터 현실이 나타납니다.

통제욕구가 어떤 결핍에서 나왔는지를 알아내는 것 자체가 변화의 시작이다. 대상, 사람을 통제하려는 마음은 자신이 안전하다는 확신이 없어서 생기는 방어기제다. 인간이라면 누구나 가지고 있는 이원성의 감각, 그 감각으로부터 나오는 분리감은 의식의 가장 깊은 곳에 왠지 모를 미묘한 불안감으로 남아 있다. 그 원초적인 분리의 감각이 만들어내는 수많은 방어기제 자체가 통제를 필요로 한다. 만약 이 같은 방어기제들이 통제되지 않는다면 사람은 미쳐버리고 말 것이다. 따라서 통제욕구 자체는 절대로 잘못된 것이 아니다. 하지만 이 욕구가 인간관계에 걸림돌로 작용한다면 이를 알아보고 나에게 필요한 해결방안을 찾아내야 한다.

이제 C씨는 자신의 통제욕구를 바라보고, 그것을 다루는 법을 배워가고 있다. 개인의 관념망을 따라서 어떤 과정이 펼쳐질지는 모르지만, 그 과정을 받아들이는 그녀의 마음은 이미 변화를 시작했다. C씨의 이야기는 남의 이야기가 아니다. 당신 안에도 통제욕구가 있다. 당신의 통제욕구는 어떤 관념을 숨기고, 어떤 관념을 가리키며 나타나고 있는 것인지를 묵상해보라.

40대 후반의 전업주부 D씨는 요즘 심한 감정기복을 느끼고 있다. 그녀가 느끼는 자신의 삶은 '노예 같은 삶'이었다. 그녀의 하루를 간단히 표현하자면, 아침에 눈 뜨는 순간부터 잠자리에 드는 순간까지 계속 일을 한다. 전업주부인 그녀의 일은 가사노동이다. 그녀의 집은 꽤 넓은 부지에 지어진 전원주택이라 노동량이 상당했다. 작지만 건실한 기업체를 운영하는 남편 덕에 경제적인 부분에는 부족함이 없었지만, 새벽부터 일어나 출근하는 남편의 식사를 준비해야 하는 통에 그녀 역시 새벽에 일어나야 했다.

그렇게 남편이 출근한 후부터는 집안일의 연속이었다. 청소, 빨래, 식사 준비부터 정원과 텃밭 가꾸기에 이르기까지 모두 그녀의 몫이다. 물론, 가사 도우미를 써보기도 했다. 그러나 도무지 그녀의 성에 차는 사람이 없어 몇 달 후 모두 내보내버렸다.

나는 그녀에게 사전작업으로 하루에 얼마나 많은 불만을 느끼고, 얼마나 많은 불평과 욕을 하고 있는지 알아오라는 제안을 했다. 충격적이게도, 그녀는 대부분의 시간을 불평불만과 욕으로 보내고 있었다.

**카밀로**  충격적인 결과군요. 당신의 삶에 대해 좀더 솔직하게 표현해보세요. 욕이 나오면 욕을 해도 됩니다.

**D**  사실 매일 욕이 나옵니다. 하루에도 얼마나 많이 욕이 치밀어 오르는지 모릅니다. 속에서 항상 무언가가 부글부글 끓고 있는 느낌입니다.

**카밀로**  당신은 어제 하루 동안만 불만과 분노를 185번 느꼈고, 247번 투덜거렸죠. 스스로 노예라고 느낄 정도로 삶에 대한 불만이 많아 보입니다.

**D**  네, 저도 놀랐어요. 그렇게 불만이 많다니 말이에요. 하지만 어제는 점심 때 친구들을 만나서 긴 시간 수다를 떨었기 때문에 횟수가 더 올라간 거예요.

**카밀로**  그렇다면 친구들은 수다를 떨고 당신은 불평불만을 늘어놨겠네요. 혹시 친구들이 자리를 일찍 파하지 않던가요?

**D**  네…. 비교적 일찍 모임이 끝났던 것 같아요. 그 이유가 저에게 있었나 봐요.

**카밀로**  함께 모여 즐겁게 수다 떨러 간 자리에 계속 부정적인 말과 감정만 쏟아내는 사람이 있다면 누구라도 견디기 힘들 겁니다. 중요한 것은 당신의 불만과 분노가 이제는 타인을 배려하지 못 할 정도로 심해지고 있다는 점입니다. 당신은 하루 대부분을 불평불만으로 보내고 있습니다. 집안일을 비롯한 남편 뒷바라지, 아이들 교육 등등 모든 것을 내가 도맡아 해야 하는 상황에 대한 불만이지요.

D    맞아요. 그게 사실이니까요. 저는 저만의 취미와 휴식을 위한 시간, 공간을 가져본 적이 한 번도 없어요. 모든 것을 남편과 가정을 위해 희생했습니다. 하지만 희생하면서도 일을 건성으로 해본 적이 없어요. 완벽하게 처리했습니다. 그래서 더 힘들었지만, 저의 그런 똑 부러지는 면이 없었다면 남편 내조도, 자식 교육도, 집안 유지도 모두 엉망이 되었을 겁니다.

카밀로    당신의 수고에 경의를 표합니다. 하지만 당신은 이제 더이상은 견딜 수 없는 지경까지 왔죠. 그래서 나는 당신 마음속 깊은 곳에 숨어 있는 충격적인 이야기를 해주려고 합니다. 들을 준비가 되었나요?

D    어떤 말이든 들을 준비가 되었습니다.

카밀로    당신은 '모든 것을 내가 해야 하는 상황'을 못 견뎌하고 있습니다. 그리고 그것으로부터 해방되기를 바라고 있고요. 하지만 모든 것이 당신 손을 거쳐야만 하는 삶의 모습이 계속돼왔다면 당신은 마음속 깊은 곳으로부터 지금의 이 현실을 원하고 있는 것입니다.

D    말도 안 돼요. 저는 이 현실을 정말로 원하지 않았습니다. 그럴 리가 없어요.

카밀로    아닙니다. 정확히 반대입니다. 사실 당신은 모든 것을 당신이 해야만 진짜로 원하는 것을 얻게 됩니다. 당신의 마음속 깊은 곳에서 진짜로 원하는 것은 바로 '툴툴거릴 수 있는 합당한 권리'를 원하고 있습니다. 우리의 삶은 언제나 마음속 깊은 곳에서 가장 원하는 것, 그리하여 나의 현실로 채택된 것들로 채워집니다.

D       이해가 안 됩니다. 제가 불평불만을 원했다니요?

카밀로    정확히는 불평불만을 통해 유지되는 어떤 관념을 원한 것이죠. 그 관념이 유지되기 위해서는 불평불만을 할 수밖에 없는 거고요. 당신이 지겹게 반복되는 상황에 대해 툴툴거리는 이유는 상황을 해결하려는 목적이 아닙니다. 오히려 그 반대입니다. 당신의 불평불만은 "내 손을 거치지 않으면 되는 게 없다"는 사실을 확인하고 안심하기 위한 것입니다. 당신은 불평불만을 함으로써 "나 이외의 사람들은 완벽하지 않아"라는 사실을 무의식 중에 확인하고자 하는 겁니다.

육아 도우미, 가사 도우미의 일하는 모습이 마음에 들지 않았던 이유도 이것입니다. 당신은 당신 외에는 아무도 완벽하지 않다고 느껴야만 했으니까요. 완벽하지 않은 타인을 통해서 완벽한 나를 확인해야만 안심할 수 있는 것입니다. 당신은 일거리가 많은 현실을 만들어내서 그것을 반복하여 확인하고 있습니다.

D       받아들이기 힘들긴 하지만, 완벽한 나 자신을 확인하기 위해 일거리가 많은 이 현실을 제가 스스로 만들어냈다는 말씀이군요.

카밀로    네, 그렇습니다. 당신은 일종의 감정중독 상태입니다. 물론 툴툴거리는 게 힘든 일이긴 하지만, 당신은 그 스트레스를 통해 더 큰 스트레스를 해소하고 있습니다. 툴툴댐을 통해 '스스로에 대한 불신'이라는 극도의 스트레스로부터 자신을 보호하고 있다는 말입니다. 당신의 툴툴거림은 자신이 이 집단에서 큰 역할을 하는 중요한 존재라는 사실을 스스로 확인하기 위함입니다.
당신은 유독 일 처리를 완벽히 하는 것에 집착합니다. 도우미들
을 내보낼 정도로 말이지요. 당신이 그들을 내보낸 이유가 무엇
인지 아십니까?

D      제가 그들을 믿지 못했기 때문이겠지요.

**카밀로**   아닙니다. 당신 자신을 믿지 못하기 때문입니다. 스스로
를 인정하지 않는 것은 타인이 아니라 당신 자신입니다. 당신의
마음속 깊은 곳에서 "나는 완벽한 존재다"라는 자기규정을 받아
들이지 않았기 때문에 '완벽하게 일을 처리하는 나'에 대한 강박
이 만들어집니다. 그래서 자기 대신 일하는 사람들을 보면 무의
식적이고도 미묘한 경쟁의식이 듭니다. 그들은 그냥 주어진 일
을 열심히 했을 뿐인데, 당신의 마음은 '완벽하게 일하는 그들'과
'항상 2퍼센트 모자란 나'를 비교하며 저울질합니다.

이런 모든 비교에서 패배자는 항상 당신 자신으로 인식됩니다.
왜냐하면 당신의 자기규정은 "나는 모자란 존재다"기 때문이죠.
그러면 가장 깊은 곳의 자아는 큰 충격을 받습니다. 자신이 타인
에 비해 모자라고 덜 완벽한 존재라는 사실을 참을 수 없는 겁니
다. 그렇다면 어떻게 해야 할까요? 이런 감정을 느낄 만한 상황
자체를 안 만들면 되겠죠. 그래서 당신의 현실은 혼자 고생을 해
야만 하는 형태로 나타납니다. 그리고 당신은 이런 상황을 힘들
어하며 끝없이 불평불만을 합니다. 일종의 연막을 치는 겁니다.
불평불만을 통해 "사실 나는 이 현실을 원하지 않았어. 삶을 이렇
게 만든 범인은 내가 아니야"라고 자신을 변호하는 것입니다. 스
스로 상황을 만들고 스스로 피해자가 됩니다. 그래야 나를 이렇

게 만든 타인과 세상이 가해자가 될 테니까요. 세상이 가해자가 되면 나의 불평불만은 명분을 가지게 됩니다. 그리고 이런 현실이 계속 이어집니다. 이것이 당신의 '노예 같은 삶'이 반복되는 이유입니다.

자, 이제 당신이 반드시 알아야 할 것을 말씀드리죠. 당신의 이런 관념이 강하면 강할수록, 타인은 내가 열심히 일을 하든 말든 별 신경을 안 씁니다. 이유가 뭘까요?

**D**       하… 맞아요. 아무도 제 수고를 몰라준다는 것 역시 정말 화가 났습니다. 거기에도 이유가 있는 건가요?

**카밀로**     타인은 나의 수고를 몰라주어야 합니다. 나를 몰라주고 오히려 슬금슬금 멀리해야만 합니다. 그래야 타인들에게 책임을 전가하여 스스로 '좋은 사람'으로 남을 수 있기 때문입니다. 완벽한 한 편의 시나리오가 완성되는 것이죠.


보통, 자신의 숨겨져 있던 관념을 마주할 때 그 관념을 품어 안을 것인지 다시 도망칠 것인지는 의식의 성숙 정도에 따라 결정된다. 그러나 도망친다 해도 갈 곳이 따로 없다. 그의 삶은 관념이라는 씨앗에서 움터 나온 현실을 재확인하는 모습으로 계속 반복되기 때문이다.

D씨는 자신 안의 관념을 만나고 나서 큰 충격을 받았다. 하지만 그녀는 불평불만을 해야만 유지될 수 있는 자신 안의 결핍을 마주 대하는 연습을 시작했다. 처음에 이 작업은 대단한 저항에 부딪혔다. 하지만 자신이 마주 대한 관념의 입장이 되지 않고서는 내면아이 소통은 시작되지 않는다. D씨는 가면을 쓰지

않고 상대방을 마주 대하는 것에 익숙하지 않았기 때문에 초기에 많은 고생을 했다. 그러나 굴하지 않고 내면아이와 마주하고 소통하며 불평불만을 멈추려 꾸준히 노력한 그녀는 이제 180도 달라진 생활을 하고 있다.

그녀는 자기 자신을 타인과 비교하여 우열을 가르는 마음의 움직임을 멈췄다. 비교로부터 나타나는 모든 불안함이 사라지자 그녀는 다시 사람을 고용할 수 있게 되었고, 살면서 처음으로 자기 자신만을 위한 시간을 즐기게 되었다.

잊지 말자. 내 주위에 사람들을 모으는 것도 흩어버리는 것도 모두 내 마음이라는 사실을 말이다.

# 5장

## 나를 표현하면 안 될 것 같아

E씨는 사람만 만나면 말수가 급격하게 적어졌다. 어렸을 때부터 말이 별로 없는 사람이었지만 취직을 하고 나서는 이런 성격이 큰 문제가 되기 시작했다. 그녀는 학력도 꽤 좋았고 자신의 분야에서 탁월한 능력을 보였지만 타인과의 소통에 문제가 있었다. 그녀는 타인과 있을 때 자신이 생각해도 어이가 없을 정도로 말이 없어지고 행동을 조심한다. 그 결과, 주변에 사람이 별로 없고 진급에도 문제가 생겼다. 그녀의 능력이 문제가 아니라 소통 능력의 부재가 문제가 된 것이다. 그녀의 이야기를 살펴보자.

**카밀로**　반갑습니다. 당신에 대해 제대로 알려면 말을 많이 해야 하는데, 이 상황에서 어떤 느낌이 드나요?

**E**　　언제나처럼 불편해요.

**카밀로**　그 불편함이 마치 내 옷을 입은 것처럼 익숙한가요? 잘 살펴보세요.

E　　네, 오히려 사람들과 있을 때의 이 불편함이 더 익숙하네요.

카밀로　그것이 감정중독입니다. 일단 그것을 눈치챈 이상, 변화가 시작될 겁니다. 당신의 고민은 자기표현입니다. 그렇죠?

E　　네, 결국 저 자신을 표현하는 걸 힘들어하는 거니까요.

카밀로　사실 자기표현이라는 건 힘들 이유가 없는 것입니다. 내가 나를 표현하는 데 어려움이 있다면 그 이면에는 그래야만 하는 이유가 있기 때문입니다.

E　　저는 단순히 성격 탓이겠거니 했어요.

카밀로　성격이 하늘에서 그냥 떨어지나요? 아니죠. 그런 성격을 형성하는 조건들이 있겠죠. 이유가 있는 것입니다. 수많은 이유들이 조건을 형성하고, 최후의 결과물로 나타난 것이 바로 개인의 성격입니다. 그런데 조건이 이유를 대변한다면 이유라는 것은 무엇을 대변할까요? 바로 '필요성'입니다. 무언가를 위해서 지금의 성격이 필요했던 것입니다. 결국, 가장 깊은 곳에 숨어 있는 모든 것의 원인을 위해서 지금의 성격이 필요했던 것입니다. 현실은 그 성격을 합당한 방식으로 유지하기 위한 명분을 만들어주는 무대고요.

E　　이해가 안 됩니다. 무엇을 위해 이토록 고단한 성격을 만들어내고 또 유지하는 건가요?

카밀로　개인의 의식으로는 이해할 수 없는 것이 잠재의식 속 자아(내면아이)들의 명분입니다. 그것을 찾아보는 과정이 바로 관념분석이고요. 자, 당신은 지금 자신의 성격이 그렇게 형성된 데에는 어떤 타당한 이유가 있을 것이란 사실에 동의했습니다. 이제 그 이유를 찾아봅시다. 제 생각에는 당신의 성격을 단순하게 표현하는 한 가지 관념이 있습니다. 바로 "나를 표현하면 안 된다"는 관념입니다.

E    거기까지는 저도 어느 정도 느끼고 있었어요. 그런데 그렇게 된 이유는 잘 모르겠어요.

카밀로    혹시 사람들이 나의 본모습을 받아들여주지 않을 것이라는 생각이 있진 않나요?

E    네, 그런 두려움이 항상 있어요. 그런 생각이 머릿속을 떠나지 않아요. 일종의 강박 같은 건가 봐요.

카밀로    나를 있는 그대로 드러내면 사람들이 나를 받아주지 않을 거라 생각하는 이유는 과연 뭘까요? 사실 이 생각은 진실이라기보다는 하나의 지레짐작에 불과한데 말이죠. 그 이유를 들을 준비가 되어 있으신가요?

E    네, 준비되어 있습니다.

카밀로    당신이 그렇게 생각하는 이유는 바로, 당신 스스로가 자기 자신을 받아들이지 않고 있기 때문입니다. 당신이 먼저 자기 자신의 모습과 생각을 받아들이지 않고 있기에 "남들도 그렇겠지"라고 생각하는 겁니다. 그러니까 사실은 남이 나를 받아들여주지 않는 것이 아니라 내가 나를 받아들이지 못하고 있는 겁니다.

E    동의하기가 좀 힘드네요. 저는 항상 스스로를 받아들이며 살고 있다고 생각했는데….

카밀로    인간은 타인을 거울삼아 자신을 확인합니다. 내 마음 안에 있는 것이 아니면 타인에게 그것이 있다 해도 알아볼 수 없습니다. 당신 안에는 당신 같은 캐릭터를 받아들이지 않는 마음이 있으며, 그 마음을 정당화하기 위해 '타인 또한 나 같을 것'이라고 생각하는 것입니다.

결국 스스로를 받아들이지 않기 위해 타인이라는 방패를 사용하는 거죠. 이것은 일종의 알리바이입니다. 이 알리바이를 통해서 보다 깊은 곳에 숨겨져 있는 당신의 신념은 보호받습니다. 내 생각이 맞다는 변호를 받는 것이지요. 그렇다면 이 생각이 끝인가? 그렇지 않습니다. 왜 이런 방어기제가 나타나야 했는지를 살펴야 합니다. 혹시 과거에 자기 자신을 내보였다가 외면받은 기억이 있었나요?

E        네… 첫사랑이었던 연인에게 그렇게 외면당한 적이 있어요. 그때의 기억은 지금도 트라우마입니다.

카밀로   그 트라우마를 통해 증명된 관념이 무엇일까요? 바로 "나는 결핍된 존재다"라는 부정적인 자기규정입니다. 이 부정적인 자기규정이 자신의 존재를 유지하기 위해서는, 당신은 행복해지면 안 됩니다.

E        저는 지금까지 행복하고 싶지만 상황과 여건이 따라주지 않아 행복하기가 힘들다고만 생각했습니다. 제 안에 어떻게 그런 관념이 있을 수 있는 걸까요….

카밀로   인간이란 존재는 이원성에서부터 시작됩니다. 그래서 태생부터 근원적인 분리감을 느끼게 되어 있습니다. 그 근원적 분리감이 자기규정으로 채택되면 "나는 불완전한 존재다"가 자기 자신에 대한 규정이 됩니다. 그리고 '불완전'이라는 것은 일종의 죄로 여겨지는 것이라 이런 자기규정은 "나는 죄인이다"로 변합니다. 죄인은 행복해지면 안 됩니다. 죄인 주제에 감히 자기 자신을 표현해서도 안 되지요. 죄인은 그저 자기 자신을 숨기고, 웅크리고 살며 속죄해야 합니다.

이 죄의식이 당신의 자기표현을 가로막는 근원적 이유가 됩니다. 당신의 현실 역시 이러한 결핍을 계속 확인하는 무대가 됩니다. 그래야 이 죄의식이 자신의 존재를 유지할 수 있을 테니까요. 하지만 이와 같은 모든 드라마가 당신의 잘못은 아닙니다. 이것은 개인의 잘못이 아니라, 전체성 안에서 연동하는 수많은 관념들이 표현되기 위해 짜여진 판에서 그려진 하나의 그림일 뿐입니다. 당신 책임이 아닙니다.

E          (무척 떨리는 목소리로) 그럼… 제가 이렇게 된 게 제 책임이 아니라는 말이죠?

카밀로   네, 당신(표면의식, 개인성을 의식하는 현재의식)의 책임이 아닙니다. 당신은 심층의식의 결정과 내면아이들이 표현하는 고통을 최종적으로 경험하는 자의 역할을 맡은 것뿐입니다. 일종의 희생양이죠. 하지만 당신의 표면의식은 고통을 당하는 역할을 맡고 있는 동시에, 이를 극복하고 승화시켜 새로운 모습으로 변화시킬 수 있는 열쇠를 가지고 있습니다.

이런 당신의 표면 의식에는 '어머니 의식'이 깃들어 있습니다. 세상의 모든 어머니는 자식이 고통받을 때 함께 고통받지요. 그러면서도 포기하지 않고 자식을 위해 기도합니다. 바로 이런 역할을 맡은 것이 성숙한 현재의식, 즉 '어머니 의식'입니다. 당신이 자신의 삶을 변화시키고 싶다면 당신 안에 있는 어머니의 마음을 깨워야 합니다. 이런 어머니의 마음을 깨우기 위해서는 당신의 현실을 반복해서 만드는 관념의 흐름을 이해해야 합니다.

E      관념의 흐름이요?

카밀로    당신에게 상처를 준 과거의 사건이 하나 있습니다. 그 사건이 당신을 고통스럽게 하고 있죠?

E      네, 그 사건을 생각하기만 해도 고통스럽습니다.

카밀로    사실 당신을 고통스럽게 만드는 것은 그 사건이 아닙니다.

E      그럼 뭐가 저를 고통스럽게 하는 거죠?

카밀로    사건이라는 건 뭘까요? 사건은 한 찰나에 발생하는 이벤트입니다. 그 이벤트는 발생하는 그 순간 흘러가버립니다. 그렇지요?

E      네, 그렇죠. 과거로 흘러가버리죠.

카밀로    만약 사건 자체가 고통의 원인이라면 그 사건이 흘러가버린 그 순간, 당신의 고통 또한 끝나야 합니다. 하지만 정말 그런가요?

E      아뇨. 저는 그 사건 때문에 평생을 고통 속에 살고 있습니다.

카밀로    그렇다면 당신의 고통의 원인은 사건 자체가 아니라 사건에 동반되는 감정입니다.

E      (눈물을 흘린다) 제가 결국 그 감정을 잡고 있다는 말씀이군요….

카밀로    당신이 잡는 게 맞지만, 동시에 당신이 잡는 게 아닙니다. 당신의 깊은 내면 속 관념을 지키기 위해 그 감정을 잡고 있을 수밖에 없는 것이지요. 여기서 끝이 아닙니다. 당신의 마음은 그때의 상처를 붙잡고 미래를 지레짐작하고 있습니다. 과거의 망령에

묶여 있는 꼴이지요. 왜 나의 과거를 통해 미래를 규정해야 합니까? 그러라는 법이 있습니까? 없습니다. 그러니 더 이상 과거에 얽매이지 말아야 합니다. 과거를 통해 미래를 규정하는 마음의 흐름이 당신의 습<sup>習</sup>이 되어버렸습니다. 그것을 바꿔야 합니다.

E　　어떻게 바꿀 수 있을까요?

카밀로　먼저, 자기 자신을 인정합시다. 당신을 포함한 모든 개인은 유일무이한 존재입니다. 내가 나이기 위해서 타인에게 허락을 받아야 할 필요가 있겠습니까? 남들이 나의 삶을 대신 살아주기라도 합니까? 아닙니다. 당신의 삶은 당신의 것입니다. 먼저 이러한 자존감을 찾아야 합니다.

또, 타인의 시선에 너무 신경 쓰지 맙시다. 인간은 누구나 자신만의 고유한 기준이 있으며 그 자신만의 필터로 세상을 바라봅니다. 그렇다면 그들의 고유한 필터를 존중해주되 나의 필터 또한 존중받아야 함을 인정하세요. 그들의 것은 그들의 것대로, 나의 것은 나의 것대로 인정하세요. 어째서 나의 것을 그들의 기준에 맞춰야 합니까? 그럴 필요가 없습니다. 그러니 눈치 보지 맙시다.

E　　하지만 남들이 저에 대해 수군거릴까 봐 너무 두렵습니다. 그래서 아예 나를 최소한으로 표현하는 게 낫다는 생각을 하게 된 것 같아요.

카밀로　남의 속을 어떻게 알 수 있습니까? 남의 속을 읽어본 적 있습니까?

E　　어느 정도는 보이죠.

카밀로　착각입니다. 남의 속이라고 보이는 것은 사실 내 속입니다. 당신은 상대에게서 오직 당신 안에 있는 것만을 볼 수 있습니다. 어느 정도 보인다는 것은 그것이 내 안에 있는 것이기 때문입니다. 어차피 남의 속은 100퍼센트 알 수 없습니다. 그러니 과감하게 놓아버리고 나의 기분에 먼저 충실해보세요. 그리고 확인하는 겁니다. 내가 나로 있어도 아무런 문제가 일어나지 않는다는 사실을요.

E씨의 문제는 자기 자신을 일종의 죄인으로 규정하여 어떻게든 불행한 현실을 살아가려 해왔다는 데 있었다. 인간관계에서 발생하는 여러 문제들은 이러한 죄의식 때문인 경우가 많다. 사람들이 나를 괴롭히고, 삶이 나를 외면해서 불행한 것이 아니다. 당신의 현실이 불행한 이유는 스스로가 불행해야만 살아갈 수 있기 때문이다.

더 정확히 말하자면, 당신 마음속의 관념이 계속 불행을 겪어야만 생존할 수 있다고 여기기 때문에, 그리고 그 관념이 당신의 현실을 만드는 메인 카르마로 활동하기 때문이다. 따라서 행복하면 오히려 어색한 기분이 들고, 불행이 나에게 맞는 옷처럼 느껴진다. 감정중독이다. 그리고 현실은 그 불행한 감정을 계속 맛보기 위해 짜여진다. 부정적인 감정이라는 약을 공급하는 링거를 꽂고 사는 셈이다.

지금 E씨의 삶은 어떻게 변했을까? 그녀는 관념을 치유하는 과정에서 많은 저항을 겪었지만 현재는 완전히 딴사람이되었다. 예전의 그녀는 심리검사를 하면 내향적인 인간형이라는 결과를 받았었지만, 지금의 그녀는 180도 바뀌어 외향적인 인간형이 되었다. 성격이 변하자 주변 반응도 다양했는데, 그녀는 주변 반응에는 아랑곳하지 않고 활기차게 살았다. 그러자 그녀의 능력은 더욱 빛을 발했고, 결과적으로 승진도 하게 되었다. 자기 자신에 대한 규정이 바뀌니 외모도 더 매력적으로 변했다. 안 하던 외모 관리도 적극적으로 하고, 그러다 보니 연인도 생겼다. 하지만 그녀는 이제 더는 연인에게 끌려다니지 않는다. 오히려 관계를 주도하는 주체적인 연애를 하고 있다.

## 6장
## 나의 완벽함에 흠집을 내는 관계는 모두 필요 없어

F씨는 경제적으로 풍족한 능력 있는 여성이다. 그녀는 아름답고 매력적인 외모를 가졌으며, 직장에서는 팀장인 그녀가 없으면 일이 되지 않는다고 할 정도로 인정받고 있다. F씨는 겉으로 보기에 자존감도 높다. 그러나 그녀에게도 한 가지 고민이 있었다. 쉰 살이 다 돼가는데 아직도 짝을 만나지 못했다는 것이다. 그동안 연애를 못 한 것도 아니다. 그녀는 많은 이성을 만나왔지만 결국 얼마 안 가 헤어지는 패턴이 계속 반복되었다. F씨는 이제 헤어지는 게 무서워서 남자를 못 만나겠다고 말한다. 그녀의 문제가 무엇인지 알아보자.

**카밀로**  많은 남자를 만났다고 하셨습니다. 그런데 얼마 못 가 헤어지는 패턴이 있으시다고요. 혹시 자신의 어떤 점이 문제인지 짚이는 건 없나요?

F　　　연인을 끌어당기는 시크릿은 잘 되는 편인 것 같아요. 그런데 그렇게 해서 누군가를 만나면 꼭 헤어지게 되더라고요. 헤어질 때가 되면 제가 반했던 그 남자의 결점이 수두룩하게 나타나고는 합니다. 마치 빨리 정리하라고 재촉이라도 하는 듯이 말입니다. 그냥 내 팔자에 남자가 없나 생각이 들어서 사주도 봤는데 그렇지는 않더라고요. 제 성격이 문제인지도 모르겠어요.

카밀로　　전반적인 인간관계를 살펴봅시다. 평소에 사람들과 잘 어울리나요?

F　　　네, 잘 어울리는 편이에요. 여러 가지 모임에도 참석해봤고요. 지금은 일이 바빠서 못 나가지만 말이에요.

카밀로　　혹시 주변 사람들을 두 부류로 나눠서 대하지는 않나요? 예를 들어 당신이 느끼기에 적으로 느껴지는 관계와 내 편으로 느껴지는 관계로 말입니다.

F　　　음… 그런 것 같습니다.

카밀로　　당신이 원하는 대로 당신을 대해주지 않는 사람들에게 '적개심'을 느끼나요?

F　　　흠, 적개심이라. 저는 그런 사람들이 괘씸해요. 저는 절대 누군가를 먼저 건드리지 않습니다. 하지만 제게 해코지하면 저도 가만있지는 않는 편이죠.

카밀로　　중요한 점을 발견했네요. 당신을 건드리면 가만있지 않는다는 말은 무슨 뜻인가요? 그들에게 적개심을 품는다는 말인가요?

F　　　제 성격이 조금 모나다는 것은 인정합니다. 하지만 저를 막 대하는 사람들을 무조건 용서하는 건 좀 아니지 않나요? 그들

이 한 만큼 저도 돌려줄 권리가 있다고 생각해요. 일을 할 때도 마찬가지입니다. 팀원들이 한 만큼 공을 인정해주고, 또 과를 따지는 게 팀장으로서 당연한 일이죠.

**카밀로** 좋습니다. 그렇다면 고의든 고의가 아니든 만약 누군가가 당신을 아프게 했다면 어떻게 하시겠습니까?

**F** 제 눈에 눈물이 나게 했으면 그건 그 사람의 실수잖아요. 그러니 그 사람도 자기 눈에서 눈물이 나봐야 정신을 차리겠지요. 저는 그 부분에 있어서는 똑 부러지는 사람이라고 생각해요. 물론 그렇다고 해서 제가 먼저 관계를 정리하는 편은 아닙니다. 관계를 유지할 수는 있어요. 하지만 이런 부분은 단호하게 말하고 시정을 요청하는 편이에요.

**카밀로** 당신이 틀릴 수도 있는 것 아닌가요?

**F** 물론 그럴 수 있지요. 항상 옳을 수는 없을 테니까요. 하지만 저는 항상 이 부분을 경계하고 있어요. 그래서 이제는 먼저 실수하지 않는다고 자부합니다.

**카밀로** 좋습니다. 당신의 확고한 신념으로 알아두죠. 그런데 그 확고한 신념만큼 확고한 마음이 또 하나 있군요. 당신의 마음속에는 일종의 이분법이 작동하고 있습니다. 바로 세상을 '내 편'과 '나의 편이 아닌 적'으로 이분하는 마음입니다. 사람에 따라 이 느낌은 아주 미묘하게 작동합니다. 당신은 내 편에게는 잘해주고 적에게는 명확하게 선을 긋는 사람입니다. 그런데 혹시, 선을 긋고 관계를 정리하는 데서 끝나는 게 아니라 복수심을 느끼지는 않나요? 당신의 연인이었던 사람들을 대상으로 한번 살펴보세요.

**F** 네, 복수심을 느껴요. 자존심이 무척 상하거든요. 저는

연애를 할 때 맹목적으로 저에게만 맞춰달라고 말하지 않아요. 저 또한 그들에게 맞춰줄 것은 맞춰줍니다. 하지만 관계에 금이 가게 되면 제 존재가 거부당한 느낌이 듭니다. 그래서 그들에게 복수심이 일어요. 그리고 제가 그런 남자에게 마음을 열었다는 사실 자체에 수치심이 듭니다. 저와 헤어진 그들은 어딘가에서 또 다른 인연을 만나겠지요. 하지만 그들에게 또 희생당할 여자들이 불쌍한 마음도 들어요. 그래서 다시는 제게 했던 짓을 못하도록 복수하고 싶은 마음이 듭니다.

**카밀로** 그러한 복수심은 꼭 대단한 복수가 아니더라도 당신의 말투나 행동에 묻어나게 됩니다. 그럼 상대방도 그 에너지를 느끼게 되고, 당신의 인간관계는 제한됩니다. 이러한 원리를 모르면 당신의 인간관계는 계속 그런 식으로 돌아가게 될 것입니다.

**F** 제가 잘못한 것이 없어도 말인가요? 말씀드렸다시피 저는 절대 먼저 건드리지 않습니다. 상대방이 제가 정한 선을 넘지 않으면 반응도 안 하고요.

**카밀로** 그 선이라는 것은 당신의 것입니다. 모두에게 통용될 수는 없는 당신만의 기준이지요. 세상 모든 사람은 자신만의 기준이라는 게 있습니다. 따라서 남의 선을 못 알아보는 것은 어쩌면 당연한 겁니다. 세상 모든 연인들은 서로의 선을 들락날락하며 삽니다. 이때 어떻게 반응하느냐가 사랑의 표현이 되겠지요. 질문 하나 드리지요. 상대방이 당신이 정한 선을 넘으면 어떤 느낌이 듭니까? 사랑으로 풀어나가야겠다는 마음이 드시나요? 아니면 응징해야겠다는 마음이 드시나요? 만약 두 번째 경우라면 당신의 마음은 이미 예전의 그 사랑의 마음이 아닐 것입니다.

F        상대방이 선을 넘으면 아무래도 마음이 조금씩 닫혔습니다. 그렇게 마음이 변해갔던 것 같아요. 꽤씸한 느낌이 들기 시작하면서 적개심이 느껴지기도 했고요. 맙소사…. 몰랐어요. 제 마음은 제가 정한 기준을 통해 이리저리 변하고 있었군요.

카밀로    왜 마음이 그렇게 차갑게 변해갈까요?

F        상대방이 제가 정한 선을 넘으면 왠지 자존심이 상합니다. 저는 스스로가 이런 대접을 받을 사람이 아니라고 생각해요. 손해만 보는 삶을 살려고 태어난 것이 아니잖아요.

카밀로    이제 문제가 되는 관념이 보이는군요. 당신은 스스로를 '손해를 보면 안 되는 사람'이라고 규정하고 있습니다. 더 정확하게는 '손해'를 '자기 자신의 존재가치에 대한 부정'이라고 느끼고 있습니다. 당신은 멍청한 인간들이나 손해를 본다고 여길 것입니다. 그리고 당신은 완벽한 사람입니다. 아니, 완벽한 사람이고 싶습니다. 당신의 완벽한 커리어가 그렇듯, 당신은 자신의 존재 자체가 완벽해야 한다고 생각합니다. 당신은 아마 경쟁의식이 강할 겁니다. 맞나요?

F        네, 저는 경쟁의식이 강해요. 하지만 이런 경쟁의식이 있는 게 오히려 이득이라고 생각해요. 이 경쟁의식 덕분에 더욱 노력할 수 있었고, 여성에게 불리한 조건 속에서도 항상 경쟁에서 이겨왔어요. 제 커리어도 자랑스럽고요.

카밀로    그러나 그 경쟁의식이 진정한 행복의 적이 되기도 합니다. 당신 안에는 어떤 상황, 어떤 관계에서든 '손해를 보면 진 것'이라는 인식이 있습니다. 그러니 "나는 완벽해야 하는 인간인데 손해를 보면 나의 완벽함과 존엄성에 금이 간다"고 여기는 겁니다. 당신 안에는 "나는 완벽한 인간이고 실수를 하면 안 되는 인간이다"라는 관념이 강박적으로 자리 잡고 있습니다. 하지만 연인관계에서만큼은 실수를 한다고 느끼죠. 그래서 당신은 '실수를 하고 손해를 본 인간'이 됩니다. 완벽해야 하는데 실수를 하고 손해를 봤다면 스스로를 용서할 수 없겠지요.

그럼 어떻게 해야 할까요? 당신의 연인이 나쁜 놈이 되면 문제가 해결됩니다. 그래야 당신의 완벽함에 흠집을 낸 상대방을 향한 적개심이 정당해질 테고, 당신의 복수심은 명분을 지니게 되니까요. 결국 당신의 연애 패턴은 '나는 완벽해야 하는 인간'이라는 자기규정을 지키기 위해 나타난 겁니다. 당신은 완벽한 인간이 되기 위해 당신에게 조그마한 흠집이라도 내는 관계는 어떻게 해서든 정리해버립니다.

이런 정리과정에 정당성을 얻으려면 당신의 연인들은 당신의 선을 크게 넘는 실수를 해야겠지요. 당신은 피해자가 되고 상대방은 가해자가 됩니다. 그러면 당신의 완벽함이 침범받은 것은 상대방의 실수이지 내 실수가 아니라는 알리바이도 생기겠죠. 그런데 당신이 알아야 할 것이 한 가지 있습니다. 바로, 완벽함에 대한 강박은 오히려 "나는 완벽하지 않다"라는 관념의 상징이라는 점입니다.

F        스스로 완벽하지 않다고 생각했기 때문에 완벽에 집착한 거였군요. 거기까진 미처 생각해본 적이 없네요.

**카밀로**  완벽함에 대한 오해를 바로잡읍시다. 완벽이란 존재 그 자체의 속성입니다. 어떤 조건이 충족되어야 완벽할 수 있다면 그것은 조건의 충족이지 완벽이 아닙니다. 존재가 드러내는 모든 모습은 그 자체로 완벽합니다. 부정성은 부정성대로 완벽하고, 모자람은 모자람대로 완벽합니다. 내가 완벽하다면 타인 또한 완벽함을 인정해야 합니다. 관계에 대한 오해도 풀어야 합니다. 당신에게 상처를 주고 당신에게 흠집을 내는 누군가가 있다면 그들이 그러고 싶어서 그러는 게 아니라는 걸 아셔야 합니다. 이런 일은 모두 관념망의 영향으로 일어나는 일입니다. 그러니까 '그럴 만하기에 그럴 수밖에 없었음'을 인지해보세요. 질문 하나 하겠습니다. 혹시 내가 마음을 주었던 이들에게 크게 이용당했다고 여겼던 경험이 있습니까?

F　　많이 있죠.

**카밀로**　그럼 마음을 주지도 않았던 사람들에게 이용당했다고 생각했던 경험이 있는지도 살펴보세요.

F　　네, 그런 적도 있어요. 어처구니없이 뒤통수를 맞았던 경험. 생각하니 또 열받네요.

**카밀로**　내가 마음조차 주지 않았던 이들에게 이용당했다는 느낌은 생각보다 엄청난 트라우마를 줍니다. 관심조차 없었던 하찮은 존재에게 이용당했다고 느끼면 큰 상처를 받는 겁니다. 그때 아마 "네가 감히 나를? 너 같은 하찮은 존재가 나를?" 같은 마음이 들었을 겁니다. 이 마음이 복수심으로 변하면 "어디 한번 죽어봐라. 너를 파멸시킬 거야"라는 마음이 되고, 경계심으로 변하면 "나의 완벽함에 흠집을 내는 사람은 내 곁에 있을 자격이 없어"라는 마음이 됩니다.

결국 이 두 관념이 당신의 인간관계, 그중에서도 가장 친밀한 관계인 연인관계에서 반복적인 이별을 경험하도록 만든 겁니다.

"네가 감히 나를?"이라는 관념이 복수심으로 작용하면 상대방을 파멸시켜야 자존감을 지킬 수 있고, 경계심이라는 방어기제로 작용하면 상대방과 이별해야만 자존감을 지킬 수 있습니다. 하지만 이 모든 마음의 흐름은 결국 스스로를 상처받게 만듭니다. 당신의 삶에서 진정한 인연을 만나게 될 가능성을 차단해 버리니까요.

　　F씨의 연애 생활은 항상 이와 같은 관념의 연속이었다. 여성은 남성보다 정서적인 충족에 민감한데, 정서적으로 안정감을 주는 조건들이 충족된 상태를 자존감으로 착각하는 경우가 많다. 그러나 이런 착각은 그 사람을 오히려 병들게 만든다. 진정한 자존감은 외부의 요소로부터 오는 것이 아니다. 자기 자신으로부터 나온다. 외부의 요소들은 내 안에 있는 것을 증명해주는 거울 같은 역할을 할 뿐이다.

　　F씨는 과거의 경험으로 인해 자존감에 상처를 받았고, 자신의 존재가치를 위협받았다고 느꼈다. 결국 그녀의 연애는 철저히 자기 자신을 방어하기 위한 형태로 굳어져버렸다. 하지만 연인 간의 사랑은 방어하기 위한 것이 아니다. 자존감은 어떤 이미지를 방어해야만 지킬 수 있는 가벼운 것이 아니다. 행복도 조건에 의존해서 만들어지는 게 아니다. "나는 나"라는 사실 하나만으로도 충분하며 완벽하다. 그녀에게 필요했던 것은 상처받은 자존감과 소통하고, 완벽에 대한 오해를 푸는 과정이었다.

　　그렇다면 지금 그녀의 삶은 어떻게 변했을까? 현재 그녀는 한 남자와 예쁜 사랑을 하고 있다. 더 이상 자신을 지키기 위해 완벽을 연기해야 할 필요가 없는 사랑, 자신이 틀리지 않았음을 증명하기 위해 복수의 날을 세워 타인을 상처 주지 않아도 되는 사랑을 말이다.

## 7장
## 내가 누리지 못하는 것을 누리는 네가 미워

G씨는 30대 후반의 여성이다. 그녀는 전문직에 종사하고 있으며 성격도 모난 데가 없어 사회생활에 별 불편함을 느끼지도 않는다. 실제로도 삶에 별 불만이 없다고 말하는 그녀이지만 딱 하나 고민이 있다. 바로 연애 문제이다. G씨는 지금까지 항상 아픈 연애만 해왔다. 가장 최근에 이별한 연인 세 명 모두 자신을 두고 바람을 피웠다. 같은 패턴의 이별을 세 번이나 반복하자 문득 소름이 끼친 그녀는 그때 처음으로 자신의 연애 패턴을 돌아보기 시작했다. 그리고 자신의 연애 생활에 무언가가 있다는 인상을 받았다. 그녀의 이야기를 들어보자.

**카밀로** 세 번이나 연속으로 똑같은 이별을 겪었다는 것은 그런 현실을 만든 관념이 이미 강력한 메인 카르마로 자리 잡았다는 뜻입니다. 하지만 현실이 계속 반복돼도 뭔가 있음을 눈치채지 못하는 사람들도 많습니다. 당신은 그것을 알아봤으니 변화는 이미 시작된 것입니다. 잊지 마세요. 모든 변화는 나의 현실을 만들어내는 무언가가 있음을 알아보는 눈썰미로부터 시작됩니다.

G     뭔가가 있다는 느낌을 처음 받았을 때는 소름이 끼쳤어요. 며칠 동안 밥도 못 먹을 정도로 공포스럽더라고요. 마치 제가 무언가에 놀아난 느낌이었어요.

카밀로   그게 뭔지 이제부터 알아보면 됩니다. 당신은 마음 아픈 연애만 계속하고 있다고 말했습니다. 이제까지 모든 연애가 그랬나요?

G     네, 매번 상처만 받고 끝났습니다.

카밀로   항상 당신이 버림받는 쪽인가요? 아니면 한두 번이라도 당신이 이별을 통보한 적이 있었나요?

G     물론 제가 이별을 통보한 적도 있죠. 하지만 그런 경우는 제가 참다 참다 못 버티고 말했던 경우였어요.

카밀로   그럴 때 어떤 생각이 드나요?

G     이제는 그게 당연한 수순으로 느껴지기도 합니다. 심지어는 최근 두어 번 남자를 만났는데 "이번에는 또 얼마나 갈까"를 저도 모르게 생각하고 있더라고요. 깜짝 놀랐어요.

카밀로   그렇다면 당신의 심층의식은 연애를 할 때 "이 사람과도 언젠가는 헤어질 것이다"라는 생각을 은연중에 받아들인 겁니다. 누군가를 만날 때 무의식적으로 이미 이별을 규정하면 그 관념이 변하지 않는 한 이별은 정해진 결과가 됩니다. 반복되는 이별의 원인은 이 관념입니다. 하지만 이 관념이 나타나게 된 데에도 배경이 있겠지요. 그 배경을 모르면 이 관념을 재규정할 수 없습니다. 질문 하나 드리겠습니다. 지난 세 번의 연애에서 남성들이 모두 바람을 피웠다고 말했는데, 그 이유가 뭐라고 생각하나요?

G      … 수치스럽지만 제가 여성으로서 매력이 없었던 것 같습니다. 그들과 바람이 난 상대를 보면 모두 저보다 예쁘고 매력적인 여성들이었습니다.

카밀로  당신은 충분히 매력적입니다. 게다가 모든 남성이 여성의 외모만 보고 좋아하는 건 아니라는 사실을 알아야 합니다. 제가 보기에 당신의 그 생각은 보다 깊은 곳의 진짜 생각을 가리기 위한 연막으로 보입니다. 자신이 여성적인 매력이 없다고 변명해야만, 그리하여 내가 만났던 남자들이 모두 속물이었다고 정당하게 말할 수 있어야만 가려질 수 있는 무언가가 있습니다. 다시 질문하겠습니다. 그들과 연애할 때 그들이 힘들어했던 부분은 없나요?

G      바로 떠오르는 것은 딱히 없어요.

카밀로  여러 커플끼리 만남을 가졌던 적은 없나요?

G      지인 커플과 함께 자주 만났었습니다.

카밀로  혹시 커플 모임 이후에 자주 다투지는 않았습니까?

G      네, 그랬어요.

카밀로  연애 초기에 당신과 연인은 알콩달콩했을 것입니다. 그러나 내 남자를 지인들에게 소개시켜주고 나면 왠지 부쩍 싸움이 늘었을 것입니다. 특히 커플끼리 만나면 말이죠. 안 그런가요?

G      네, 생각해보니 정말 그러네요. 그걸 어찌 아셨어요?

카밀로  연인을 사람들에게 소개시켜줄 때의 당신 마음은 어땠습니까? 아마도 자랑하고 싶은 마음이었겠죠? 내가 얼마나 행복한

지 사람들에게 알리고 싶었을 거고요.

G　　　누구나 다 그런 것 아닌가요?

**카밀로**　　그런데 왜 지인들을 만난 후에 싸움이 시작될까요? 그 이유는, 당신이 사람들에게 연인을 소개하고 나면 내 남자를 자랑하고 싶은 과시욕은 충족되지만 또 다른 불만이 생겨나기 때문입니다. 혹시 당신 주위에 당신이 부러워하는 사람이 있습니까? 잘 생각해보세요. 이 점이 매우 중요합니다.

G　　　네… 있어요. 제 친구들 중 저만 아직 결혼을 못 했습니다. 결혼한 친구들 대부분은 잉꼬부부로 살고 있고요. 저는 그들을 보면서 항상 부러웠어요.

**카밀로**　　이제 윤곽이 보이기 시작했습니다. 당신은 당신이 가지지 못한 것을 가진 이들을 질투하고 있습니다. 그들과 어울리고 싶은데, 그들과 함께 있으면 왠지 스스로가 초라해집니다. 다른 모든 친구들이 누리고 있는 행복을 나만 누리지 못하고 있다는 마음에 스스로가 초라해 보였을 것입니다. 그런데 그 초라함을 인정해버리면 자존심을 크게 다칩니다. 그래서 그들 앞에서 당신의 자존심을 지켜줄 도구가 필요했던 것이죠. 그게 바로 남들 앞에 당당히 보여줄 수 있는 연인이었던 거고요. 당신의 연인은 사랑의 대상이 아니라 일종의 트로피였던 겁니다.

G　　　(그녀는 꽤 긴 시간 동안 말이 없었다.) … 저는 사랑을 하고 있던 것이 아니었네요.

**카밀로**　　당신은 자신이 누리지 못하는 것을 누리고 있는 이들을 질투하고 있습니다. 모임에 연인을 대동하고 참석하는 것은 이 질투심으로 인한 열등감을 뿌리치기 위해서지요. 하지만 당신이 대동하는 그 사람은 사랑의 대상이 아니라 예쁘게 포장된 트로 피에 불과했지요. 이런 이유로, 당신 커플에게서 흐르는 에너지 는 서로 진짜 사랑하는 커플들이 만들어내는 자연스러운 분위기 를 절대 따라가지 못합니다. 아무리 멋진 남자와 함께 있어도 당 신은 항상 다른 커플들에 비해 자신이 무언가 부족해 보였을 것 입니다.

그것을 느낀 당신은 안달이 나고, 갑자기 완벽해 보였던 당신의 연인이 이것저것 부족해 보이기 시작했을 것입니다. 그래서 "이 사람을 고쳐서 다른 커플들처럼 완전체로 만들어야지"라는 생각 이 나타나기 시작합니다. 은연중에 당신이 부러움을 느꼈던 그 런 모습을 당신의 연인에게 강요하기 시작하는 겁니다. 그럼 상 대는 어떤 느낌을 받게 될까요? 그 또한 한 명의 독립된 인격인 데 말입니다. 상대는 점점 당신이 불편해질 것입니다. 그렇게 이 별 절차가 시작되는 겁니다.

물론 그 방식이 바람이라는 극단적인 모습으로 나타났지만, 이 것은 그만큼 당신과 그 사람 사이의 에너지가 부정적인 쪽으로 기울었다는 뜻이기도 합니다. 그 에너지가 강해지면 강해질수록 당신은 연인과 불화를 겪게 되고, 또 그럴수록 행복해 보이는 지 인들을 향한 부러움의 마음은 시기, 질투로 변해갑니다.

G        이제야 제 연애가 왜 항상 그런 패턴으로 흘러갔는지를 알 것 같습니다…. 제가 가진 시기심과 질투심을 해결하려면 도 대체 어떻게 해야 할까요?

카밀로    먼저 시기심, 질투심에 대해 알아야 합니다. 어떤 대상을 보고 동경의 마음이 일어날 때 그 마음의 형태가 순수한 동경이

나 경탄으로 흘러가느냐, 아니면 부러움이 지나쳐서 시기와 질투로 흘러가느냐가 당신이 목표하는 삶의 형태를 좌우합니다. 순수하게 경탄하는 마음은 나도 저렇게 될 수 있다는 가능성을 배제하지 않습니다. 오히려 동기부여가 되지요. 희망을 품게 되고요. 이른바 롤 모델role model이 되는 것입니다.

하지만 동경의 마음이 시기와 질투로 흘러가면 문제가 커집니다. 시기와 질투는 왜 일어나는 걸까요? 마음속 깊은 곳에 "나는 저렇게 될 수 없을 것 같다"는 마음이 있기 때문입니다. 심층의식 안에 이미 스스로에 대한 규정이 내려져 있는 겁니다. 너무나 부러운 저 모습이 될 수 없을 것 같으니 내가 가지지 못한 것을 가진 사람이 질투 나서 미칠 것 같습니다.

그래서 "나도 애인을 만들어서 모두에게 자랑해야지. 나도 너희가 가진 것을 가지고 있다고 확인시켜줄 거야"라는 마음이 생깁니다. 이 마음을 따라 의식의 표면으로 "연인을 가지고 싶다"는 당신의 소망이 떠오릅니다. 이러한 당신의 소망은 결핍에 의해 나타났기 때문에 부정적인 속성을 띱니다. 반의도로서의 소망이 되는 것이지요.

**G** 마음속을 낱낱이 들킨 것 같은 기분이에요. 이제 저는 어떻게 해야 할까요?

**카밀로** 동경하는 대상을 질투가 아니라 순수한 경탄의 눈으로 바라볼 수는 없을까요? 잉꼬부부를 보며 질투를 느끼는 게 아니라 그들의 삶에서 순수한 경탄을 느끼고 이를 거울삼아 나의 삶 또한 저들처럼 행복할 수 있다는 사실을 깨닫는 동기로 삼을 수는 없을까요? 당신의 마음에서 답을 찾아야 합니다. 시기와 질투는 "나는 저렇게 될 수 없다"는 생각을 인정했기에 나타나는 마음입니다. 이 질투의 에너지를 공급받는 관념이 무엇인지 찾아보세요. 그 관념과 화해해야 합니다.

G씨의 문제는 바로 이것이었다. 그녀는 의식 깊은 곳에서 스스로를 '결핍된 존재'로 받아들인 상태였는데, 이 결핍은 '연인'을 통한 형태로 나타나게 되었다. 결핍은 보편적인 존재의식이 개인의식으로 분화될 때 필연적으로 나타나는 것이기에 사실 '인간의 조건'이라고도 할 수 있다. 따라서 결핍된 존재감은 피할 수 있는 성격의 것이 아니다. 오죽하면 원죄라고 불리었겠는가? 하지만 이 결핍이 나타나는 모습과 경로는 개개인이 모두 다르다. 어떤 이에게는 경제적 측면으로, 어떤 이에게는 인간관계로, 또 다른 누군가에게는 건강이나 자아실현적 측면으로 다양하게 나타난다.

G씨는 이 근원적인 결핍의 느낌을 이해하는 작업부터 시작했다. 관념과 소통하며 허용하는 G씨의 작업은 상상 이상의 저항에 부딪혔다. 하지만 G씨는 끝까지 포기하지 않았다. 그녀는 자신의 메인 카르마를 품어 안고 새로운 규정을 선물하는 작업을 지속했다. 그 결과, 사랑하는 사람과 결혼하고 싶다는 꿈을 실제로 이루게 되었다. 이제 그녀는 더 이상 질투할 필요가 없다. 자신이 질투했던 그 삶을 살고 있으니 말이다.

## 8장
## 나는 특별한 사람이어야 해

H씨는 최근 심기가 매우 불편하다. 그녀가 다니는 회사의 직원 한 명이 계속 거슬리는 것이다. H씨는 많은 사람들에게 환영받는 인기인이다. 어디를 가든 그녀의 주변에는 사람이 모였고, 그녀는 항상 사람들의 중심에 서 있었다. 회사에서도 마찬가지였다. 하지만 경력직 부팀장이 이직해 들어오면서 그녀의 화려한 날들에는 금이 가기 시작했다. 30대 중반의 남성인 그는 탁월한 업무능력으로 모두에게 빠르게 인정받기 시작했다. 그는 남성으로서의 매력도 넘치는 데다 성격도 좋아서 순식간에 모든 사람들에게 사랑받기 시작했다. H씨에게 몰렸던 관심은 자연스럽게 그에게로 옮겨가기 시작했다.

H씨는 부팀장과 충돌하는 일들이 점점 많아지기 시작했다. 처음에는 그저 업무상의 의견 충돌이었지만 시간이 흐르자 일상적인 일에서도 충돌하기 시작했다. 예를 들면 부팀장이 회

의실 테이블에 놓아둔 컵이 거슬려 H씨가 그것을 탕비실로 치웠는데, 그 사실을 안 부팀장이 사람들 앞에서 자신의 물건에 손대지 말아달라고 그녀에게 부탁한다든지 하는 등의 일들이었다. 물론 그는 정중하게 부탁했지만, 그녀는 사람들 앞에서 창피를 당했다는 생각에 마음이 상할 대로 상했다. 이외에도 H씨는 부팀장과 사소한 일들에서 많은 갈등을 겪었다.

그런데 이보다 더 힘든 일이 벌어졌다. 모든 사람들이 H씨의 의견 대신 부팀장의 의견을 수용하는 것이었다. 그녀의 삶에서 이런 일은 처음이었다. 그녀는 항상 사람들의 중심에 있었고, 그녀의 모든 의견은 수용되고 채택됐었다. 하지만 이제는 점점 밀려나고 있었다.

그녀가 보기에 부팀장은 매우 치밀하게 계산된 가면을 쓴 사람이었다. 그는 모든 사람이 생각하는 좋은 사람이 결코 아니었다. 하지만 마음이 급한 H씨가 친한 직원들 몇몇에게 부팀장에 대한 자신의 의견을 말했더니 오히려 그들은 부팀장의 편을 들었다. 결국 그녀는 동료들에게 남 뒷담화나 하는 사람으로 인식되고 말았다. H씨는 이를 만회해보려 더 열심히 기회를 만들었지만 그녀의 의견에 동의하는 사람은 없었다. 오히려 많은 사람들이 그녀와 거리를 두기 시작했다. 몇 달 동안 이런 날들이 계속되자 그녀는 극심한 스트레스 때문에 위장병을 얻었다.

**카밀로**  지금 느끼는 스트레스가 어느 정도라고 생각하세요?

**H**  거의 음식을 못 먹을 정도예요. 위 상태가 매우 안 좋고 불면증도 있습니다. 매사에 짜증이 나고, 갑자기 크게 우울해지

는 상태를 반복하고 있어요.

**카밀로** 많이 힘드시겠어요. 왜 이런 일이 일어났는지를 같이 한 번 알아봅시다. 그 전에, 확실히 해야 할 것이 하나 있습니다. 저를 찾아온 이유가 무엇입니까?

**H** 네? 그야 제 현실이 이렇게 힘드니까 상담도 하고, 또 어떻게든 이런 현실에서 벗어나고 싶어서요. 갑자기 그런 질문을 받으니까 당황스럽네요.

**카밀로** 좋습니다. 이 상황을 개선하고 싶은 마음이 있으신 거네요. 저는 그런 의지를 확인하고자 질문을 드린 것입니다. 저를 찾아오는 분들 중 정말 많은 분들이 본인의 하소연만 하거나, 듣고 싶은 말만 들으려 하기 때문입니다. 당신의 상황은 좀 심각한 상태라고 판단되어 미리 말씀드리는 겁니다. 당신은 오늘 절대 듣기 좋은 말만 들을 수 없을 겁니다. 괜찮으시겠어요?

**H** 네, 괜찮습니다. 저는 진짜로 제 현실을 변화시키고 싶어서 왔습니다. 약이 되는 말이라면 입에 쓰더라도 받아들일게요.

**카밀로** 좋습니다. 당신은 스스로 자신감이 있다고 생각하나요?

**H** 네, 저는 제가 자랑스러워요. 무엇을 하든 자신 있고요. 실제로 회사에서도 서른이라는 제 나이에 비해 직급도 높고 많이 인정받고 있어요.

**카밀로** 자신의 성격에 대해서는 어떻게 생각하나요?

**H** 저는 성격이 좋다고 생각해요. 사람들과도 잘 어울리고, 사람들을 이끌어나가는 능력도 있고요. 모난 데 없지만 그렇다고 물처럼 흐릿한 성격도 아니고요. 타인을 배려하는 마음도 항상 유지하려고 노력합니다. 물론 제 의견을 관철해야 할 때는 뚝

심 있게 밀어붙입니다. 지금 드리는 이런 말들은 사실 자화자찬이 아니라 항상 주위 사람들이 제게 하는 말들입니다.

**카밀로**  인간은 하루에도 수많은 판단과 선택을 합니다. 스스로 생각하기에 자신의 판단과 선택이 옳을 때가 많다고 생각하시나요?

**H**  네, 저는 항상 깊이 생각한 후에 말을 하거나 행동을 해요. 결정도 마찬가지고요. 그래서 대부분의 경우 저는 옳은 판단과 선택을 합니다.

**카밀로**  좋습니다. 이제 가장 중요한 질문을 하나 하겠습니다. 혹시 사람들과 함께 있을 때 자기 자신이 또렷이 보입니까? 이 느낌은 아무리 많은 사람들에게 둘러싸여 있어도 그들 중에 내가 제일 빛나는 듯한 느낌과 비슷합니다. 아니면 다른 사람들은 좀 흐린 색으로 느껴지고 자신은 뚜렷하게 느껴지는 그런 느낌과도 비슷해요.

**H**  네, 그런 느낌 알아요. 저는 그게 자존감이라고 생각해요.

**카밀로**  심지어는 외면당할 때나 슬플 때도 그런 자기 자신이 매우 뚜렷하게 느껴지지요?

**H**  네, 그래서 더 힘들어요. 비극의 주인공이 된 것 같은 느낌이에요.

**카밀로**  누군가와 대화를 할 때, 혹은 이야기를 들어줄 때를 떠올려보세요. 상대방이나 그가 하는 말에 집중을 하나요? 아니면 그들의 말을 듣고 있는, 대화하고 있는 나 자신에게 집중하나요?

**H**  그런 건 한 번도 생각을 안 해봤는데요….

**카밀로**  지금도 마찬가지입니다. 저와 대화하고 있잖아요. 지금 의식의 초점이 어디에 맞춰져 있다고 느껴집니까? 제가 하는 말

에 맞춰져 있습니까? 아니면 말을 듣고 있는 자기 자신에게 맞춰
져 있습니까? 누가 더 진하게 느껴지나요?

H　　아, 저는 저를 더 보고 있네요. 대화하는 저 자신이 더 진
하게 느껴져요. 깜짝 놀랐어요.

카밀로　좋습니다. 이제 답이 나왔습니다. 당신은 메타인지력이
높은 사람이고 주체의식 또한 뚜렷한 사람입니다. 그렇기에 당
신은 스스로를 특별하다고 여기고 있습니다. 그러나 다르게 말
하면 당신은 자신에게 취해 있는 상태입니다. 그리고 그 마음이
이번 일의 원인이 되었습니다.

H　　맞아요. 저는 제가 특별하다고 생각해요. 그런데 자신을
특별하다고 생각하는 게 나쁜 건가요? 이제까지 그게 제 삶의 원
동력이었거든요. 전 정말로 특별한 사람이에요.

카밀로　물론 자신을 특별하다고 생각하는 게 절대적으로 나쁜
것은 아닙니다. 하지만 지금 이 상황에서는 당신의 그런 관념이
역효과를 만들어내고 있습니다. 그 관념을 살펴봅시다. 당신은
항상 환영받고 관심의 중심이 되는 사람이었습니다. 그렇기에
당신은 스스로를 특별한 사람으로 여기게 되었습니다.
하지만 당신을 특별한 사람으로 취급하지 않는 누군가가 나타납
니다. 게다가 그 사람은 카리스마도, 능력도 있어서 당신에게 향
했던 관심을 자기 쪽으로 가져가버렸습니다. 이때 당신의 마음
은 어땠을까요? 당신은 특별한 사람인데 그것을 몰라주는 상대
방이 어떻게 보이겠습니까? 그가 미워지는 겁니다.

H　　네, 그런 마음이 미묘하게 있었던 것 같아요. 저의 특별
함을 몰라주는 사람이라 미운 마음이요.

**카밀로**  당신의 특별함을 모두가 칭송합니다. 그 사람만 빼고요. 그럼 당신의 마음은 그 사람을 적으로 간주하게 됩니다. 당신에게 있어서 인간관계란 나의 특별함을 인정해주는 내 편과 나의 특별함도 못 알아보는 덜떨어진 적군으로 나뉩니다. 인간관계를 내 편과 적으로 이분하고 있다는 말입니다. 그래서 한때 내 편이었던 사람들이 이제는 내 적이 된 것 같습니다. 실제로도 그런 현실이 나타났고요. 하지만 당신은 그 현실이 당신의 잣대인 '내 편 아니면 적'이라는 관점으로부터 나타나고 있음을 알아야 합니다.

**H**  제 관점 때문에 이런 현실이 나타나고 있다고요? 이해가 안 되네요.

**카밀로**  당신이 '내 편'과 '나의 적'이라는 두 가지 선택지로만 사람들을 구분한다면, 내 편이 아닌 사람들은 당신에게 어떤 역할을 하며 나타나야 하겠습니까?

**H**  맙소사… 제가 사람들을 제 편이라고 인식하지 않는 순간 그들은 저의 적으로 인식되는 거군요. 사람들을 적으로 인식하니까 정말로 그런 현실이 나타나는 거고요.

**카밀로**  그것이 당신의 인간관계 필터니까요. 자, 그럼 이제 당신의 특별함에 대해서 알아봅시다. 당신은 특별한 사람입니다. 그런데 진짜로 특별한 사람일까요?

**H**  이제는 자신이 없네요…. 뭐라고 말을 하든 제가 상상도 못 했던 사실들이 나올 것 같아요.

**카밀로**  당신이 진짜로 특별한 사람이라면 나를 특별하게 대해줄 것을 타인에게 강요할 필요가 없지 않을까요? 또 "나는 항상 특별해야 해. 남들과 달라야 해"라며 자기최면을 걸 필요도 없지 않을까요? 정말 특별한 사람이라면 말입니다. 하지만 당신은 사실 자신을 특별하게 대해줄 것을, 특별하게 바라봐줄 것을 타인에게 강요하고 있습니다. 그것을 타인에게 강요하고, 또 기대합니다. 그렇기에 기대에 부응하지 않는 대상이 나타나자 상처를 받은 것입니다. 나에게 상처를 주는 사람은 미워하는 게 인지상정이라 그 부팀장이라는 사람에게 "네가 감히 나의 특별함을 몰라봐? 나를 인정하지 않는다니 네가 미워. 넌 가면을 쓴 위선자야"라는 마음이 나타나는 것도 이상하지는 않죠.

그리고 당신은 무리수를 둡니다. 직장 동료들에게 '그는 사실 나쁜 사람'이라는 당신의 주관적인 의견을 받아들이기를 강요한 것입니다. 하지만 사람들은 바보가 아닙니다. 사람들은 저마다 자신만의 기준으로 타인을 바라보는, 당신과 동등한 그런 존재입니다. 그렇기에 당신이 받아들이기를 강요한 그 의견에 거부반응을 일으키는 겁니다. 당신이 동료들에게 부팀장에 대해 말할 때의 마음이 어땠는지 잘 생각해보세요.

H        그 부팀장에 대한 마음 말인가요?

카밀로   아니요. 당신의 이야기를 듣고 있는 그 동료에 대한 마음 말입니다. 당신은 그때 그들이 당신과 동등한 판단능력을 갖춘 사람이라고 생각했나요? 아니면 가면을 쓴 위선자에게 놀아난 불쌍한 존재라고 생각했나요? 그들을 사기꾼에게 속고 있는, 내가 나서서 바로 잡아주고 구원해줘야 할 대상으로 느끼진 않았나요?

H        네…. 은연중에 저는 그들을 부팀장에게 속고 있는 어리석은 사람들로 간주하고 있었어요.

**카밀로**  당신은 동료들과 대화를 할 때도 상대방을 자신보다 아래에 놓고 바라보고 있었습니다. 왜냐면 당신은 특별해야 하니까요. 이런 이유 때문에 당신의 말이 거부감을 일으키고 통하지 않았던 것입니다. 당신은 특별함에 집착하고 있습니다. 그래서 당신은 전혀 특별하지 않습니다. 진짜 특별한 사람은 특별하기 위해 노력하거나 집착할 필요가 없습니다. 또한 아무도 차별하지 않습니다.

진짜 특별한 사람은 자기 자신이 특별한 만큼 다른 이들도 특별하다는 것을 알고 있기 때문입니다. 당신의 특별함은 방어기제로 인해 생겨난 가면입니다. 특별해야만 자기 자신을 인정할 수 있고, 특별해야만 행복할 수 있다고 믿는 관념입니다. 당신은 특별해야만 살 수 있다고 여기게 만든 원인이 도대체 무엇이었는지를 탐구해야 합니다.

**H**  그게 뭔지 모르겠어요. 사실 오늘 충격을 너무 많이 받아서 좀 힘드네요.

**카밀로**  과거를 한번 돌아보세요. 나 자신이 다른 이들보다 초라해 보인다거나 했던 트라우마가 있으면 찾아보세요.

**H**  초등학교 때 같은 반에 전혀 튀지 않고 평범해 보이는 아이가 있었어요. 반면에 저는 활발해서 친구들과 잘 어울리는 성격이었고요. 그러던 어느 날 저는 엄마 손을 잡고 발레 학원에 갔어요. 그런데 거기 그 애가 있었어요. 발레를 하는 그 아이는 제가 알던 이미지와는 전혀 달라 보였어요. 그때 충격을 받았죠. 아무것도 아닌 것처럼 보이는 그 애가 저런 특별함을 감추고 있었다니…. 그리고 갑자기 제가 너무 초라해 보였습니다. 제 기억

이 맞다면 아마 그때부터인 것 같습니다.

**카밀로**  그때의 자기 자신을 만나야 합니다. 만나서 이야기해주세요. 더 이상 특별하기 위해 몸부림칠 필요가 없다고 말입니다. 어린 당신은 당신의 기억 속에 여전히 살고 있습니다. 특별함에 대한 집착을 만들었던 과거의 기억이라는 감옥 안에 갇혀 있지요. 과거의 자신을 가슴에 품고 진실을 전해주세요. 나는 아무도 부러워하지 않아도 된다고, 특별하고자 노력하지 않아도 이미 특별하다고 말입니다.

H씨가 특별함에 대한 집착과 강박으로부터 벗어나자 아주 재미있는 일이 일어났다. 자신을 괴롭히는 적으로 보이던 그 부팀장이 갑자기 멋있어 보이기 시작한 것이다. 그리고 그 두 사람은 지금 연인이다. 후에 부팀장의 이야기를 들어보니 그는 "이 여자는 이런 성격만 고치면 정말 매력적인 사람일 텐데, 그러면 내가 얼마든지 적극적으로 다가갈 수도 있을 텐데" 하는 생각을 했다고 한다. 사실, 부팀장은 H씨가 마음에 들었기 때문에 그녀가 자신의 결점을 알 수 있도록 돕고 싶었다고 한다. 결국 H씨는 변했고, 부팀장의 소망은 이루어졌다.

## 9장
## 나는 환영받지 못해

편의점을 운영하고 있는 I씨는 40대 초반의 노총각이다. 그는 살면서 한 번도 연애를 해본 적이 없는 이른바 모태솔로였다. 이제 그는 자포자기 상태로 살고 있다. 이런 그의 삶을 뒤덮고 있는 전반적인 정서는 패배의식이다. 패배의식은 그가 너무나 오래 느껴왔던 감정이기에 이제는 이 느낌이 아닌 다른 정서를 상상하기도 어렵다고 한다. I씨의 경우, 매우 깊은 곳의 원초적인 관념이 그의 현실을 만들고 있었다. 지금부터 그의 이야기를 들어보자.

**I** 아무래도 이번 생은 그른 것 같아요. 혼자로 살아온 기간이 너무 길어서 그런지 이제 결혼은 꿈도 꾸지 않습니다.
**카밀로** 아뇨, 당신은 여전히 누군가와 가정을 꾸리고 싶어합니다. 하지만 그 마음을 들키면 곁에 아무도 없는 이 현실의 내가 너무 비참해질 것 같아서 애써 덮어놓고 있는 것입니다. 조금만 마음을 들여다보세요. 당신은 지금 너무 외롭지 않습니까? 가정을 가지고 싶지 않습니까?

ı      가정을 가질 수 있다면 너무 좋겠지요. 하지만 안 될 것 같습니다.

**카밀로**  여기에 오신 이유가 뭡니까? 안 될 것 같다는 넋두리나 늘어놓으려 오셨다면 들어오셨던 문으로 다시 나가시면 됩니다. 하지만 그게 아니라면 이제 어린애 투정 같은 말들은 잠시 멈추세요. 다시 한번 묻겠습니다. 당신 안에는 여전히 가정을 이루고 싶은 마음이 있습니다. 그렇죠?

ı      네, 결혼해서 예쁜 아이도 가지고 싶습니다. (눈가가 촉촉해진다.)

**카밀로**  자신의 현실을 자각하면 가장 크게 느껴지는 느낌이나 감정은 무엇인가요?

ı      절망이 가장 가까운 감정인 것 같습니다.

**카밀로**  세상에 대한 원망이나 억울함 등이 아니라 절망적인 느낌인가요?

ı      네, 그렇습니다.

**카밀로**  좋습니다. 바로 그것입니다. 진짜로 포기한 사람들은 절망이나 좌절을 느끼지 않습니다. 당신이 절망감을 느끼고 괴로워한다는 것은 역설적으로 아직 자신의 꿈을 포기하지 않았다는 소리입니다. 다시 질문하겠습니다. 당신은 결혼을 통해 무엇을 인정받고 싶은가요?

ı      나도 가치 있는 사람이라는 느낌인 것 같습니다. 나도 가치가 있고 행복해도 된다는 사실을 확인받고 싶어요.

카밀로  당신에게는 그 인정의 도구가 지금껏 한 번도 경험해보지 못한 이성과의 연애, 나아가서는 결혼이 되겠군요.

I  그렇게 말씀하시니 그렇네요. 인정받고 싶어요.

카밀로  누구에게 인정받고 싶은 건가요? 주변 사람들? 부모님?

I  제 주위의 모든 사람들에게 인정받고 싶은 것 같아요. 저는 항상 인정받지 못하고 살아왔거든요. 집에서도 저만 혼자 환영받지 못하는 것 같은 느낌입니다. 저는 형님이 두 분 계시는데 어렸을 때부터 부모님이 형님들을 대하는 모습과 저를 대하는 모습이 달랐던 것 같습니다. 하교하고 집에 같이 들어가도 왠지 저는 반겨주는 느낌을 받지 못했습니다. 그래서 가족을 비롯한 주위 사람들에게 떳떳하게 인정받고 싶습니다.

카밀로  그렇군요. 타인에게 인정받고 싶다고 느끼고 있지만, 사실 당신은 스스로에게 인정받고 싶어하는 것입니다. 타인이 아니라 당신이 먼저 자기 자신을 인정하지 못하고 있는 겁니다. 그러나 내가 나 자신을 받아들이지 못하고 있다는 사실을 인정해버리면 진짜로 죽을 것 같습니다. 그래서 나를 인정해줄 책임을 타인에게 전가합니다.

이렇게 주변 사람들에게 인정받고 싶다는 마음의 형태가 만들어집니다. 하지만 당신의 인정받고자 하는 욕구는 일종의 함정입니다. 오히려 인정을 받으면 자신에게 불리해진다고 느끼는 어떤 관념이 당신의 메인 카르마로 자리 잡아, 끊임없이 인정받지 못하고 좌절하는 상황을 반복적으로 만들어내는 겁니다.

I  어떤 관념이 그렇게 하고 있을까요? 감도 안 옵니다.

카밀로  저는 무엇이 당신의 메인 카르마인지, 그리고 그것이 어떻게 인정받고자 하는 마음을 이용하고 있는지 보입니다. 질문 하나 하겠습니다. 당신에게 있어 인정받는다는 것은 환영받는 느낌에 가깝지 않나요? 내가 어떤 상태이건 간에 반갑게 나를 받아들여 주는 그런 느낌 말입니다.

ㅣ　네, 환영받는 느낌에 가깝습니다. 그래서 어렸을 때부터 자주 환영받지 못한다고 느껴왔나 봅니다.

**카밀로**　당신의 어린 시절 이야기를 좀더 해보세요. 어렸을 때 형성된 정서가 평생을 좌우합니다. 그러니 조금 더 돌아보죠.

ㅣ　저는 아들만 셋 있는 집에서 막내로 태어났습니다. 그런데 어렸을 때부터 항상 묘하게 나만 배척받는 느낌이 있었습니다. 그래서 진짜로 그랬는지 살펴보면 겉으로 드러난 모습은 별 것 없더라고요. 하지만 묘하게 가족들이 나를 밀어내는 느낌을 항상 품고 살았습니다. 그리고 중학교 입학 후로는 항상 남들과 비교당하기 시작했습니다. 공부, 외모, 성격으로 비교당했죠. 비교 대상은 저와 가장 가까운 형님들이었고, 또래 친구들일 때도 있었죠. 항상 비교당하면서 열등하다고 느끼다 보니 그게 저 자신에 대한 이미지가 된 것 같습니다. 전 항상 열등한 존재, 그래서 집에서도 학교에서도 환영받지 못하는 존재가 된 것 같습니다.

**카밀로**　혹시 어머니께서 당신을 가졌을 때 안 좋은 일이 있지는 않았나요? 어머니께서 정신적으로 매우 힘드셨던가 아니면 임신중절을 시도했다던가 하는 일 말입니다.

ㅣ　사실 저는 계획에 없던 아이였답니다. 그래서 제가 생겼을 때 임신중절을 하려고 여러 번 마음을 먹으셨다네요. 하지만 아버지가 반대하셨기 때문에 저는 세상에 나왔죠.

**카밀로**　그런 일이 있었군요. 이제 모든 것이 명확해졌습니다. 당신의 메인 카르마는 "나는 불완전하고 결핍된 존재다"라는 원초적인 이원성의 느낌입니다. 인간 의식의 가장 깊은 곳에는 이원성이 가져오는 분리의 느낌 때문에 스스로를 일원성의 근원으로부터 버려진 존재로 여기는 관념이 있습니다. 이원성으로의 분리는 상대적인 세상이 나타나기 위해 반드시 필요한 것이지만 인간은 그 분리감을 버려진 느낌으로 받아들입니다.

당신은 그 버려진 느낌을 어머니 뱃속에서 이미 체험한 것입니다. 당신은 낙태 위기에 있었습니다. 그것은 생존에 대한 위협이었죠. 당신은 자기 자신을 이미 어머니 뱃속에서부터 환영받지 못한 존재라고 규정했습니다. 임신중절이라는 위기에 처했던 사람들 중에는 버림받은 존재라는 관념이 태아기 때부터 활성화되기도 합니다. 그 관념이 그 사람의 삶을 무기력하고 자포자기한 모습으로 만들지요.

|　　아… 엄마 뱃속에서부터 이미 상처받았던 거군요.

**카밀로**　사실을 말하자면 뱃속에서 상처받아서 이 관념이 생긴 것이라기보다는 태아 시절에 이 관념이 메인 카르마로 활성화된 것입니다. 그것을 표현하기 위해 뱃속에서 상처받는 상황이 나타나게 된 거고요. 태중에서 낙태 위기를 겪었던 대부분의 사람들이 정서적으로 불안정한 삶을 사는 이유가 이것입니다. 어쨌든 이 규정은 너무도 강력해서 당신의 현실을 온통 "나는 환영받지 못한 존재야"라고 느낄 만한 상황으로 덮어버립니다. 그리고 인정욕구를 고용해서 겉으로는 인정받고자 하는 목마름을 항상 느끼도록 안배합니다.

당신에게 있어서 환영받지 못함을 최초로 체험한 곳은 가정입니다. 인간은 자신이 상처받은 곳에서 치유받기를 원하죠. 그래서 무의식적으로 가정을 이루기를 간절히 원하게 만드는 겁니다. 하지만 인정욕구는 오히려 채워지면 안 된다는 딜레마를 안고 있는 관념입니다. 간절히 원하되 절대로 이루어지지 않을 만한 현실의 상황을 끊임없이 만들어내야 하는 거죠. 그래서 당신이 마흔 살이 넘도록 연애 한 번을 제대로 못 해본 겁니다. 또, 당신은 가정을 이루고 싶어하는 동시에 그것을 이룰 수 없는 꿈으로 여기며 좌절감을 느끼는 삶의 윤회를 거듭하고 있습니다.

| 그럼 저는 어떻게 해야 할까요? 그렇게 강력한 관념이라면 바꾸는 게 가능이나 할까요?

카밀로  이 버려진 느낌은 인간의 원초적인 관념 중 하나입니다. 그래서 극복하는 것이 쉽지는 않지요. 하지만 바꿀 수 없는 것은 없습니다. 자기 자신을 신뢰하면 됩니다. 먼저, 자신의 유일하고 고귀한 가치에 대해서 철저하게 인정해야 합니다. 당신이 먼저 스스로를 인정하지 않으면 아무것도 바꿀 수 없습니다. 또, 당신을 낙태하고자 했던 어머니를 용서해야 합니다. 당신의 마음속에는 미묘한 복수심도 있습니다. 한때지만 나를 원하지 않았던 어머니에게 아픈 손가락이 되어 복수하고자 하는 마음이죠. 실제로 부모님이 당신의 처지를 보며 속상해하고 있지 않나요?

| 항상 저를 보며 탄식하시죠. 부모님의 그런 모습들이 제게는 또 상처가 되고요. 그럴 거면 저를 왜 낳으신 건지 모르겠어요.

카밀로  제가 앞에서 복수라고 말하긴 했지만, 사실 그것은 처절한 자기어필입니다. 내가 이렇게 아프다고, 나를 보라고, 그래서

엄마도 한번 가슴 찢어져보라고 외치는 겁니다. 그런 자신의 마음을 스스로가 어머니의 마음이 되어 안아줘야 합니다. 그러면 어머니에 대한 복수심은 치유될 겁니다. 어머니께도 나름대로 낙태를 하려 했던, 그렇게 마음먹을 수밖에 없었던 이유가 있으셨을 겁니다. 나에게 고유의 드라마가 있듯, 그분만의 고유한 드라마가 있음을 인정해주세요.

게다가 당신은 결과적으로 이 세상에 있습니다. 살아 있어요. 결국 당신의 어머니는 당신을 받아들인 겁니다. 미워하거나 밀어내고 있지 않습니다. 당신은 항상 어머니의 환영을 받고 있는 자식입니다. 하지만 당신의 자기규정이 "나는 환영받지 못하는 존재다"라는 관념이기에 당신은 색안경을 쓰게 됩니다. 그래서 당신의 주위 사람들이 무엇을 하든 당신은 그것을 공격과 배척으로 받아들일 수밖에 없습니다. 그 색안경을 인제 그만 내려놓아야 합니다.

I씨의 메인 카르마는 인간의식의 원초적인 분리감에서 나타난 '버림받은 감각'이었다. 이 감각은 사실 개인이 무언가를 체험하기 이전부터 존재하는, 심층의식에 이미 각인된 원초적인 관념이다. 이 관념이 메인 카르마로 발현되면 삶의 형태가 끊임없이 부정적인 모습으로 반복된다. 게다가 누가 봐도 부정적이고, 무기력하고, 슬퍼 보이는 사람이 된다. 사실 이 관념은 인간관계뿐 아니라 삶의 모든 면에서 부정적인 파워를 강력하게 행사한다.

그렇다면 I씨는 지금 어떻게 살고 있을까? 그의 메인 카르마는 상당히 원초적인 관념이기에 소통작업에 애로사항이 많았다. 하지만 그는 그러한 수많은 저항에도 불구하고 조금씩 자기 자신에 대한 사랑을 실천해갔다. 그렇게 1년이 지났다. 지금 그는 자신이 운영하는 편의점에 자주 오던 여성과 교제 중이다. 자기 자신을 받아들였더니 타인 또한 그를 받아들이기 시작한 것이다.

## 10장
## 사람들은 나를 싫어해

J씨는 30대 중반의 평범한 직장인이다. 그에게는 심각한 고민이 하나 있었는데, 바로 걸핏하면 오해의 대상이 된다는 점이었다. 그는 자신의 대화 방식이나 행동에 문제가 있는지를 살펴보며 고민해봤지만 "중이 제 머리 못 깎는다"는 말처럼 스스로의 문제점을 발견하는 것은 쉽지 않은 일이었다. 그러던 어느 날 그는 회사의 모든 팀원들이 자신에 대해 심각한 오해를 하고 있음을 알게 되었고, 큰 충격을 받게 된다. 그는 자신의 삶에 뭔가가 작용하고 있다는 생각이 들어 사주, 점성학, 타로를 봤다. 또, 여러 코칭 서적들을 읽고 강의를 들어보기도 했다. 하지만 그것이 무엇인지는 여전히 명확하지 않았다.

**카밀로**  항상 오해를 받는다고 하셨는데 그게 어느 정도인가요?

**J**  이제는 사람들과 관계 맺는 것 자체가 두려울 정도입니

다. 친하게 잘 지내다가도 사소한 언행 하나를 오해받아 모든 관계가 틀어집니다. 심지어는 가족들과의 관계도 그런 식으로 틀어졌습니다. 부모님도 자식인 저를 오해하는 마당에 타인들과의 관계는 오죽하겠습니까? "아"라고 말하면 "어"라고 오해를 합니다. 나쁜 의도로 말한 것이 아닌데 나쁜 의도로 말한 거라고 오해받고… 이제는 인격적으로 문제가 있는 사람 취급을 받습니다.

특히 회사에서 많은 어려움을 겪고 있습니다. 사람들과 항상 틀어지다 보니 인사고과에도 문제가 생기고요. 불행인지 다행인지 업무능력은 어느 정도 인정받아서 나이에 비해 낮은 직급은 아닙니다. 하지만 한 2년 전부터는 그 운마저도 다해버린 느낌입니다. 다른 동기들이 진급하는 모습을 그저 바라보고만 있네요.

카밀로  세상에 그냥 일어나는 일은 없습니다. 이성적으로 이해하기는 힘들지만 벌어지는 모든 사건에는 그럴 만한 이유가 있죠. 문제는 스스로 그것을 인지하기가 무척 힘들다는 것입니다. 하지만 문제를 해결하는 첫 단계는 "벌어지는 모든 사건에는 저마다의 이유가 있다"는 전제를 받아들이는 것입니다. 그럴 수 있으신가요?

J     힘들 것 같습니다. 솔직히 억울하기만 하고, 세상이 밉고, 사람이 무섭네요. 지금 말씀하신 그 전제를 받아들이면 "내가 그렇게까지 부족한 사람인가" 하는 자괴감이 들 것 같습니다.

카밀로  지금 당장은 이해가 되지 않더라도 현재 일어난 상황에 관련된 모든 것을 받아들이는 마음이 허용작업의 시작입니다. 이 점을 잊지 마세요. 자, 그럼 제가 몇 가지 질문을 해보겠습니다. 혹시 본인의 말투나 행동에 대해서 타인들이 어떻게 평가하는지 알고 있습니까?

J        저는 언행을 예의 있게 한다고 느끼고 있습니다. 하지만 저를 냉정하고 예의 없는 사람으로 보는 사람들이 많아서 괴롭습니다. 사실 저는 마음이 무척 약한 사람이라 상처를 잘 받습니다. 그래서 사람들 앞에서 항상 긴장하곤 하는데, 긴장하면 언행이 더 경직되는 것 같은 느낌이 있습니다.

카밀로    대부분의 사람들이 당신의 말투나 행동을 차갑고 예의 없다고 느끼는군요. 그런 말을 들을 때는 어떤 생각이 듭니까? 명확하게 정리해서 말해주실 수 있나요?

J        "사람들은 항상 나를 오해한다"는 생각이 가장 많이 듭니다. 너무 오해를 하니까 스스로가 사랑받을 자격이 없는 사람처럼 느껴지기도 합니다. 가끔 "행복해지고 싶은 마음이 욕심인가?"라는 의문도 들어요.

카밀로    그 생각, 감정, 느낌이 당신 정서의 대부분을 차지하고 있다는 말이죠?

J        네, 맞습니다. 처음에는 관계가 좋았다가도 나중에 꼭 틀어지게 되니 저도 미치겠습니다.

카밀로    관계가 틀어지는 패턴이 있을까요? 예를 들어서 거리를 좀 둘 때는 잘 지내는데 가까워져서 술이라도 한잔하고 친해지면 꼭 사달이 난다든지 하는 그런 패턴 말입니다. 관계가 틀어지기 전에 나타나는 전조증상 같은 건 없나요?

J        듣고 보니 그런 게 있었네요. 몇 번 같이 술을 마시거나 초대를 받아서 집에 놀러 가거나 하면 그 이후로는 별의별 이유로 멀어지는 것 같습니다.

**카밀로**  친밀한 인간관계를 맺게 되면 나의 의도와는 다르게 관계가 틀어지는 쪽으로 일이 흘러간다는 말이죠?

**J**  그렇습니다.

**카밀로**  그때마다 나는 사랑받을 자격이 없나를 고민하게 되고요?

**J**  네, 수치스럽지만 그렇습니다.

**카밀로**  자신의 언행을 바꿔본 적은 있나요?

**J**  많이 바꿔봤습니다. 그런데 제 성격상 어떤 척을 할 때 스트레스를 크게 받는 것 같습니다. 가면을 쓰는 거잖아요. 내가 아닌 다른 사람의 모습을 연기하는 거고요. 그래서 더 경직되는 것 같아요.

**카밀로**  언행을 주의해봤는데도 결과는 같았다는 말이죠?

**J**  네, 그게 사람을 미치게 합니다. 아무리 바꿔봤자 결국 똑같은 결과가 나타나니까요. 이제는 위축돼서 어깨도 제대로 못 펴겠어요. 또 오해받고 상처받을까 봐 두려워서 인간관계 자체를 맺지 않는 게 더 편할 지경입니다.

**카밀로**  잘 알겠습니다. 아무리 조심해도 결국 같은 결과가 나온다는 것은 일종의 역효과입니다. 당신의 그 조심하는 마음 안에 당신이 두려워하는 것에 대한 인정이 이미 전제되어 있기 때문에 자꾸 그런 현실이 나타난다는 말입니다. 이를 역노력의 법칙이라 부르기도 하죠. 기존과 다르게 말하고 행동하려는 당신의 의도는 본래의 자기 자신에 대한 부정이기 때문에 더욱 경직되고 스트레스를 받을 수밖에 없습니다. 말투와 행동은 바뀌었지만 마음 자체는 바뀌지 않았기 때문에 당신의 내면과 외면에 불균형이 발생합니다.

J　　겉으로 드러나는 말투와 행동만 바뀌었지 사실 마음에는 변한 것이 없다는 말이 정확하네요. 그래서 몇 배로 더 힘들고요.

카밀로　마음이 변하지 않았는데 말투와 행동을 다르게 유지한다는 것은 엄청난 스트레스가 됩니다. 아마 건강도 많이 나빠졌을 겁니다.

J　　실제로도 심각한 불면증과 식욕부진을 겪고 있습니다. 저는 야근을 많이 하기 때문에 잘 먹어야 하는데 입맛이 없어 먹지를 못하니 체력도 크게 떨어진 상태입니다. 안 걸리던 감기도 달고 살 정도로 면역력이 약해진 상태입니다.

카밀로　마음의 변화 없이 변한 척하는 당신의 언행 안에는 오해받는 것에 대한 두려움과 경계심이 숨어 있습니다. 겉과 속이 다른 상태로 살고 있는 것이죠. 당신의 행동은 사실 당신이 두려워하는 '오해받음'을 계속해서 인정하고, 오히려 내가 오해받을 것이라는 사실을 증명해주고 있습니다.

J　　이해가 안 되네요. 오해받지 않으려고 하는 건데 어째서 그 행위가 오히려 내가 오해받는다는 사실을 증명해주는 꼴이 되는 거죠?

카밀로　당신의 언행에는 그 '동기'가 되는 관념이 전제되어 있기 때문입니다. 예를 들어보죠. 뒤꿈치로 걸어 다녀서 발소리가 큰 어떤 사람이 발소리를 조심한다며 앞꿈치로 살금살금 걸어 다닙니다. 그때 그 사람의 심리상태는 어떨까요? 조심스레 걷고는 있지만 그의 마음속에는 "나는 발소리를 크게 내서 소음을 유발하는 사람이야. 그러니 더욱 조심해야 해"라는 마음이 크지 않을까요? 그렇다면 그 사람은 결국 마음속 깊은 곳으로부터 "나는 충간소음 유발자다"라는 자기규정을 인정하고 있는 셈입니다. 그리고 잠시 주의력이 떨어지는 순간, 그 사람은 발소리가 크다는 층간소음 항의 전화를 아래층으로부터 받게 될 것입니다. 그렇게 되면 얼마나 억울하겠습니까? 그렇게 조심했는데도 "앗!" 하는 사이에 그동안의 노력이 물거품이 되니 말입니다.

당신도 마찬가지입니다. 오해받기 싫어서 조심조심 행동하는 당신의 마음속에는 이미 "나는 항상 오해받는 사람이다"라는 규정에 대한 인정이 깔려 있습니다. 그래서 오해받지 않기 위해 만들어낸 가면이 역으로 "나는 오해받는 사람이다"라는 사실을 은연중에 계속 확인시켜주고 있는 것입니다. 그리고 "나는 오해받는 사람이다"라는 이 관념은 표면적으로 나타난 언행에 실려 있는 부정적인 에너지를 먹고 삽니다. 결국 당신은 불을 끄는 게 아니라 지속적으로 불에 기름을 붓고 있었던 겁니다. 언행에 실려 있는 동기를 파악하지 못하면 현실을 변화시키기는커녕, 내가 그토록 거부하는 현실을 역으로 지속시킬 수 있다는 사실을 알아야 합니다.

J     (J씨는 한동안 말을 잇지 못하고 당황스러워했다.) 생각지도 못한 관점이지만… 맞는 말씀인 것 같습니다.

카밀로     이런 자기규정은 왜 생겨나는 걸까요? 생각해본 적 있나요?

J     제가 오해받는 사람이라는 자기규정 말인가요? 당연히 이제껏 쭉 오해받으며 살아왔기 때문에 그런 거 아닌가요?

카밀로     그렇게 규정 내릴 만한 사건들이 먼저 있었으니 타당한 결론이지 않냐는 말이죠? 하지만 그렇지 않습니다. 오히려 당신이 합당하다고 받아들인 그 결론으로부터 현실의 사건들과 동반되는 당연한 감정, 생각 등이 펼쳐져 나옵니다.

J　　받아들이기 어렵네요.

**카밀로**　예를 들어보죠. 만약 당신이 오해받는 사람이라는 규정이 당신의 과거 언행으로부터 비롯된 것이라면 그 언행을 바꾸는 순간 현실이 변해야 합니다. 하지만 과연 그랬나요? 아니죠. 오히려 언행을 조심해도 자신에 대한 규정을 확인하는 결말만 맞았습니다. 아무리 노력해도 나의 현실은 바뀌지 않는다고 외치기라도 하듯이 말이죠. 이게 무엇을 뜻한다고 보십니까? 이건 당신이 스스로 내린 규정에 의해 현실이 펼쳐지고 있다는 뜻입니다.

J　　그렇게 말씀하시니 설득력이 좀 있는 것 같네요. 물론 아직도 받아들이기는 힘들지만요.

**카밀로**　익숙한 사고방식이 아니기에 그런 겁니다. 하지만 그것이 사실입니다. 사건으로부터 규정이 나오는 것이 아니라, 내가 단정 지어 받아들인 자기규정을 증명하기 위해 현실이 짜여지며 펼쳐집니다. 그렇기에 어떤 상황에 처했을 때 그 상황과 자신에 대한 결론을 섣불리 내리는 것은 위험한 행동입니다. 몇 번 실패를 경험했다고 해서 "나는 항상 실패한다"는 결론을 내리면 내 현실은 실패의 연속에서 벗어날 수 없게 된다는 뜻입니다. 그럼 이제 이보다 더 깊은 곳의 사정을 한번 알아봅시다. 당신의 삶을 지배하고 있는 그 결핍된 관념은 왜 생겨난 걸까요? 짐작 가는 것이 있나요?

J　　짐작 가는 게 없습니다. 이 현실을 나의 관념이 만들어 냈다면 내가 왜 나에게 도움이 되지 않는 관념을 굳이 선택한 거

죠? 이해가 안 됩니다. 왜 슬퍼질 것을 알면서 이런 현실을 선택하는 걸까요?

**카밀로**  그래야만 하기 때문입니다. 구체적으로 말하자면 나에 대한 그 결핍된 규정이 선택되어야만 더 깊은 곳의 원초적인 아상(self-image)이 생존을 유지할 수 있기 때문입니다.

**J**  그 원초적인 아상이 뭔가요?

**카밀로**  인간의 원죄라고도 불리는, 이원성의 느낌으로부터 오는 원초관념이 있습니다. 바로 "나는 불완전한 존재다"라는 관념이지요. 불완전한 존재는 행복해지면 오히려 불안합니다. 이 아이는 오히려 불행해야만 살아갈 수 있는 슬픈 아이입니다. 이 딜레마를 그의 입장에 서서 한번 느껴보세요. 자신을 불완전한 존재, 그래서 행복해지면 안 되는 존재, 사랑받아서는 안 되는 존재로 규정하는 아이는 사랑받고 행복해지면 자신이 사라진다고 여기게 됩니다.

그럼 어떻게 해야 할까요? 행복해지지 않기 위해 "모두들 나를 오해해. 나는 사랑받을 자격이 없어"라고 느낄 만한 상황을 지속적으로 만들어내야겠죠. 상황을 만들고, 중독된 감정을 느끼고, 익숙한 자기규정을 매번 확인해야 합니다. 이것이 우리 안에 존재하는 자기파괴적 성향의 원인입니다. 표면의식은 한 개인의 캐릭터 전체를 대변하는 입장인지라 이 같은 자기파괴적 선택을 이해할 수 없습니다. 그렇기에 그의 입장이 되어봐야 하는 겁니다. 당신의 의식 가장 깊은 곳, 그곳에 웅크리고서 자신을 불완전하고 행복하면 안 되는 존재로 여기고 있는 그 아이를 만나야 합니다.

　　J씨의 사례 또한 인간의 원초적인 결핍의 느낌이 메인 카르마가 될 때 나타나는 현상을 잘 보여주고 있다. 본래 순수한 보편적 존재의식이었던 인간의식이 한 개인에게 동일시되면서 필연적으로 느끼게 되는 이원성의 분리감이 인간의 원죄이다. 이 관념은 의식의 심층에 존재하는 원초적인 부정성이 되어 한 개인의 현실을 강력하게 통제한다. 만약 당신의 삶에서 지속적으로 결핍된 자기 자신을 확인하게 만드는 사건들이 반복된다면 원초관념 영역의 카르마와 화해해야 한다.

　　J씨의 삶은 지금 어떻게 변했을까? 앞에서 살펴본 J씨의 사례와 마찬가지로 원초관념에 해당하는 카르마를 작업하는 일은 쉬운 일이 아니다. 격렬한 저항에 부딪히기 때문이다. J씨는 그 과정을 겪으며 퇴사까지 했다. 괴로운 회사 생활을 관념 정화와 병행하기가 너무 힘들었기 때문에 내린 결론이었다. 그러나 퇴사를 통해 오롯이 자기 자신과 함께 있을 시간적 여유를 가지게 된 J씨는 포기하지 않고 내면과의 소통작업을 이어갔다.

　　그 결과 그는 1년 3개월 후 새로운 직장을 얻게 된다. 새 직장에서의 그는 더 이상 사람들의 오해나 구설수의 대상이 아니었다. 오히려 자기 자신을 깊이 이해함으로써 인간을 이해할 수 있게 된 그는 온화하고 겸손한 사람이 되어 직장 동료들의 사랑과 신뢰를 듬뿍 받고 있다. 그에게 나타난 가장 큰 변화는 힘들었던 지난날이 행복한 지금을 있게 해준 과정이자 자신의 가장 큰 자산이라고 여기게 되었다는 점이다.

## 11장
## 나를 사랑한다면 이렇게 해줘야 해

K씨는 보석세공사로 일하고 있는 29세 여성이다. 그녀는 2년째 교제 중인 연인과 심각한 위기상황을 맞이했다. 그녀의 연인은 그녀가 싫어하는 일만 골라서 한다. K씨는 원래 게임을 좋아하는 남자를 만나지 않는 사람이었는데, 지금의 연인은 그 조건에서 예외가 될 정도로 그녀가 사랑하는 사람이었다. 그러나 그녀의 남자친구는 그녀가 아무리 요구해도 게임을 끊을 생각을 하지 않았다.

게임은 워낙 오래된 그의 취미이니 그렇다 쳐도, 그녀와 남자친구는 성격도 정말 맞지 않았다. 가장 큰 충돌이 일어나는 부분은 그녀의 감정에 맞장구쳐주지 못하는 그의 성격이었다. K씨는 그가 내 편이라기보다는 방관자 혹은 남의 편이 아닌가 하고 생각했다. K씨는 자신이 그를 사랑하지 않았다면 진작에 헤어졌을 거라고 말한다. 그녀는 자신이 싫어하는 면을 고칠 생각이 없으며 자신의 감정에 공감해주지도 않는 상대의 태도를 이해할 수 없었다. 사실은 그가 자신을 그렇게 좋아하지 않는데 놓치기는 또 아쉬우니까 만나는 것은 아닌지 의심할 정도였다.

만나면 서로 사랑을 속삭이던 시간은 지나갔다. 이제는 만나기만 하면 항상 감정 싸움이 일어난다. 하지만 그녀는 그와 결혼을 생각하고 있고, 또 아직은 서로를 향한 사랑이 남아 있다고 생각한다. 그래서 그녀는 이 상황을 개선할 수 있는 방법을 찾고 있다.

K      저는 그 사람이 저를 사랑하기는 하는지 모르겠어요. 처음에는 그저 성격 차이 정도로 생각했지만 시간이 지나면서 살펴보니 일부러 그러는 건 아닌지 의심이 될 정도로 제가 싫어하는 짓만 골라서 하고 있어요.

**카밀로**      그때마다 감정이 상하는군요?

K      감정이 많이 상하죠. 예전에는 더 잘 참았던 것 같은데, 요즘은 제가 생각해도 분노조절 장애가 아닌가 싶을 정도로 분노를 참지 못하고 있습니다.

**카밀로**      마음에 안 드는 부분이 있을 때마다 그걸 지적해주는 편인가요?

K      사실 매번 그럴 순 없죠. 제 딴에는 열 번 중에 한 번만 말하고 있습니다. 참고 참다가 한 번 말하는 거죠. 밤새 게임하는 것도 마음에 안 들었는데, 그게 그의 유일한 취미생활이니 지금은 그러려니 하고 있어요.

**카밀로**      당신의 지적에 대한 연인의 반응은 어떤가요?

K　　　그 사람도 조금 지친 것 같아요. 처음에는 지적과 충고를 잘 듣고는 했는데 지금은 아예 듣는 것 자체를 힘들어하는 것 같아요. 저랑 자존심 싸움하느라 말을 더 안 듣는 것 같은 느낌입니다.

카밀로　　좋습니다. 먼저 한 가지 생각해봅시다. 왜 그 사람이 당신의 말을 들어야 하며 당신이 좋아하는 것만을 해야 하죠?

K　　　그건 당연한 거 아닌가요? 사랑한다면 상대방이 원하는 것을 해줘야 하잖아요.

카밀로　　틀린 말은 아니지만 반드시 그래야 하는 것도 아니죠. 그와 같은 행동은 양방향이 되어야 합니다. 당신은 그가 원하는 것을 모두 해주고 있습니까?

K　　　제가 수용할 수 있는 선에서는 노력하고 있어요.

카밀로　　하지만 모두 해줄 수 있는 것은 아니지 않나요? 다시 한번 생각해보세요. 당신은 과연 그가 원하는 것을 아무런 불만 없이 해주고 있는지를요.

K　　　아뇨…. 그렇지 않고 있네요. 저도 제 기준 안에서 가능한 것만을 해주고 있어요.

카밀로　　그마저도 불편한 마음을 가진 채 해주고 있죠. 하지만 이렇게 불만이 있는데도 그를 위해 무언가를 한다는 것은 당신이 그를 사랑하기 때문입니다. 맞나요?

K　　　네, 그건 확실합니다.

카밀로　　방금 한 질문에서 조금 더 나아간 형태의 질문을 하나 더 해보겠습니다. 당신은 자신이 받고 싶어하는 사랑을 그에게 그대로 주고 있나요? 예를 들어, 당신에게 가장 중요한 이해와 공감 말입니다.

K      음, 아니요….

**카밀로**   결국 당신도 그를 이해하고 공감해주지 못하고 있군요. 입장을 바꿔 당신의 연인이 당신에 대해 어떻게 느끼고 있는지 깊이 생각해본 적은 있나요?

K      있어요. 그가 저와 다른 만큼 그 사람도 나름대로 힘들 거라고 생각합니다. 하지만 그 사람은 저보다는 단순해요. 상처를 받더라도 제가 더 받습니다. 그가 먼저 저에게 잘해주면 저도 당연히 그에게 잘해줄 거예요.

**카밀로**   그것을 왜 먼저 해주지 않습니까? 왜 꼭 먼저 받아야 내어줄 수 있는 거죠? 결국 당신도 먼저 그에게 잘해줄 수 없는 겁니다. 당신의 관념망이 그렇게 행위하도록 놓아두지 않기 때문이죠. 하지만 그것은 그 사람도 마찬가지일 겁니다. 그 사람도 당신을 괴롭히기 위해 일부러 그러는 것은 아닙니다. 당신과 똑같습니다. 그 사람 또한 자신의 관념망을 통해 생각하고, 느끼고, 반응하고, 행위합니다. 그렇다면 내가 받고 싶은 사랑의 형태를 정해놓고서 그것에 부합하지 못한다고 그를 탓할 수 있겠습니까? 당신 또한 그의 기준에 미치지 못하고 있다는 생각은 해본 적 없습니까?

K      그런 생각은 못 했어요. 저는 그저 그가 날 받아주지 않을 때 "이 사람은 나를 사랑하지 않는 것 같아"라는 생각에 더 휩싸이곤 했던 것 같아요.

**카밀로**   당신은 그를 사랑합니다. 그러니 그의 부족함에도 불구하고 헤어지지 않고 버티고 있는 것이죠. 반대로 생각해봅시다. 그 사람 또한 당신을 사랑하기 때문에 당신의 온갖 간섭과 감정

투척에도 불구하고 당신 곁에 남아 있는 것 아닐까요? 왜 자기 자신한테는 관대하면서 타인에게는 엄격합니까? 왜 내가 하는 행동에는 합당한 이유가 있다고 생각하면서 타인에게는 그렇지 못한 겁니까?

K     하지만 저를 사랑한다면 제 감정을 이해해주고 공감해줘야 하는 것 아닌가요? 제가 많은 걸 바라는 건 아니잖아요?

카밀로   맞는 말입니다. 하지만 그 기준은 당신에게도 적용됩니다. 당신이 이해와 공감을 원하는 만큼 당신 또한 그 사람의 감정을 이해하고 공감해줘야 합니다. 당신이 알아야 할 것이 하나 있습니다. 그것은 바로, 아무리 친밀한 사이라도 타인을 감정 해소의 도구로 쓰면 안 된다는 점입니다. 개인의 캐릭터를 형성하는 관념망이 어떻게 짜여 있느냐에 따라 때로는 연인이라 할지라도 상대방의 감정에 공감해주는 것 자체가 고문으로 느껴질 수 있습니다.

예를 들어보죠. 당신이 직장에서 누군가에 의해 상처를 받았습니다. 집으로 돌아온 당신은 분을 이기지 못해 씩씩댑니다. 억울해서 눈물도 납니다. 그래서 당신의 연인에게 이야기를 합니다. 그때 보통 어떤 기대를 품습니까? 내 연인이라면 당연히 내 편을 들어주기를 기대하게 됩니다. 내 편을 들어주고 나를 괴롭힌 사람을 함께 욕해주기를 바랍니다.

하지만 당신의 연인이 누군가를 편들어서 욕하는 것을 힘들어하는 사람이라면요? 그렇다면 그 사람은 당신 편에 서서 맞장구쳐주는 행위 자체에 스트레스를 받을 겁니다. 그것도 모르고 당신은 그 사람이 당신 편에 서서 함께 당신을 괴롭힌 사람을 욕해줄 때까지 감정표현을 멈추지 않습니다.

당신은 당신대로 예상외의 반응에 점점 열이 받기 시작합니다. "연인이라는 사람이 왜 내 편을 들어주지 않는 거지? 그 나쁜 놈을 함께 욕해주면 어디가 덧나?" 당신의 생각은 이윽고 이렇게 변해갈 것입니다. "이 사람은 내가 상처받은 상황에서도 오히려 나에게 상처 준 사람들 편을 드는구나. 이 사람은 나를 사랑하지 않나 봐."

당신은 은연중에 상대방에게 정해진 반응을 강요하고 있는 것입니다. 답을 정해놓고서 그 답에 부합하지 않으면 실망해버릴 준비를 하고 있는 거죠. 하지만 이런 마음은 성숙한 사랑이 아닙니다. "사랑한다면 ~해야 한다"는 마음은 거꾸로 뒤집으면 어떤 말이 됩니까? "이러한 조건에 부합하지 않으면 사랑이 아니야"라는 형태가 됩니다. 이런 마음은 사랑이라기보다는 거래입니다.

K　　　제가 너무 제 생각만 하고 있었군요…. 그런데 왜 그 사람은 그렇게까지 제가 원하는 대로 편을 들어주지 않는 걸까요? 아무리 그래도 한 번쯤은 속 시원하게 제 편을 들어주면 얼마나 좋아요? 제 속도 훨씬 빨리 풀릴 테고요.

카밀로　그것은 그 사람의 에너지 차원에서 일어나는 거부반응입니다. 타인이 뿜어내는 부정적인 감정 에너지 자체에 반응하는 것입니다. 아무리 사랑하는 사이라 할지라도 지속적으로 부정적인 감정 에너지를 처리해주기를 바란다면 상대방은 지쳐버립니다. 게다가 상대가 당신의 마음을 알아주고 함께 감정을 처리해주기를 바라는 그 순간에, 당신의 연인도 자신만의 고민을 떠안고 가슴앓이를 하고 있을 수도 있습니다. 그 사람도 자신의 감정을 추스르느라 지친 상태일 수도 있다는 말입니다. 이런 상황에서 당신이 자신의 감정을 처리해달라고 요구하면 그는 그 에너지를 버텨낼 힘이 남아 있지 않을 겁니다.

자기 마음도 부정적인 감정들로 힘들어 죽겠는데 또 다른 부정적인 에너지를 받게 되면 어떻게 될까요? 자신을 방어하기 위해 자연스러운 반발이 일어납니다. 무의식적으로 당신을 경계하게 된다는 말입니다. 당신이 부정적인 에너지를 뿜어내고 일방적인 이해와 공감을 강요한다면 상대방은 그것을 공격으로 받아들이게 됩니다. 존중받지 못하고 있다는 느낌도 받죠. 연인은 감정 쓰레기통이 아닙니다. 기본적으로 자신의 감정은 자신이 책임져야 하는 게 맞습니다. 연인이라는 이유로 그것을 대신 책임져야 할 의무는 없습니다. 만약 그것을 기대하고 강요한다면 그것은 연인에 대한 통제가 됩니다.

K      제가 지나치게 서운한 감정에만 휩싸여 있었나 봐요. 그도 자기만의 상황과 처지가 있었을 텐데….

카밀로    문제는 이렇게 에너지 반발 관계가 만들어진 이후에 나타납니다. 한번 형성된 반발 에너지는 자신의 존재를 유지해야 하는 과제를 떠안게 됩니다. 그 에너지 자체가 관념의 표현이기 때문이지요. 그것을 알아채지 못한다면 이 부정적인 에너지를 변화시키기 어렵습니다.

K      어떤 관념의 표현이죠? 정말 궁금해요. 그 관념 때문에 이런 상황이 계속 이어지고 있는 거라면 반드시 알아야겠어요.

카밀로    당신은 지금 '조건에 의존한 행복'을 추구하고 있습니다.

K      조건에 의존한 행복이요?

**카밀로**　그렇습니다. "행복해지기 위해서는 내가 정한 이러이러한 조건들이 반드시 충족돼야 해"라는 마음이지요. 하지만 이 마음을 뒤집어보면 "이 조건들이 충족되지 않는 이상 나는 행복할 수 없어"라는 관념이 됩니다.

**K**　제 안에는 왜 이런 말도 안 되는 관념이 있을까요? 행복해지기 싫어하는 느낌이에요.

**카밀로**　맞습니다. 행복해지기 위해서 조건을 내건다는 것은 사실 행복해지지 않기 위한 장치입니다. 당신의 의식의 깊은 곳에 행복하면 곤란해지는 관념이 메인 카르마로 자리 잡고 있기 때문이지요.

**K**　대체 어떤 관념들이 그런 짓을 저지르고 있는 걸까요?

**카밀로**　그런 짓이라뇨. 관념들은 하나의 인격입니다. 관념이란 주관이 부여된 정신작용을 뜻합니다. 주관이 부여된 생각 안에는 이미 '인격(나, I)'이 내재해 있죠. 따라서 이들은 저마다의 고유한 입장, 그들만의 사정을 가집니다. 그러니 왜 그러는지를 따지는 건 의미가 없습니다. 그럴 만해서 그러는 것입니다. 그리고 그 그럴 만한 사정이란 '자신들의 존재성을 유지하는 것'입니다. 부정적인 관념이라면 그 부정성을, 긍정적인 관념이라면 그 긍정성을 유지하는 것이 관념들의 제1 목표입니다. 그것을 가슴 깊이 인정해줘야 합니다.

당신의 의식 깊은 곳에는 행복해지지 않기 위해 조건의 충족을 안전장치로 세워야만 하는 관념이 있습니다. 그 관념은 사람마다 다 다릅니다. 인간존재의 숙명인 '분리된 존재감-이원성의 느낌'을 다양한 방식으로 표현해야 하기 때문입니다. 자, 이제 근본적인 해결법을 어디에서 찾아야 하는지 감이 오시나요? 이 문제를 해결하기 위해서는 당신 안에 깊이 뿌리 내리고 있는 버림받은 감각을 만나 정화해야 합니다.

K씨는 행복의 조건을 정해놓고 살았다. 그리고 그 조건이 어느 정도로 충족되느냐에 따라 천국과 지옥을 오갔다. 그러나 조건의 충족을 통해 느껴지는 행복과 만족은 진짜가 아니라 일종의 중독이다. 이런 행복은 근원적 해결이 아니라 일시적인 감정 진통제를 맞는 것일 뿐이라는 말이다. K씨와 같은 상황에서는 조건에 의존해야만 행복할 수 있다는 관념을 바꿔야 변화가 시작된다. 그래야 상대성 안에 숨겨져 있는 진실을 보게 된다.

**카밀로** '조건에 의존한 행복'이 있다는 사실은 그것의 상대적 짝이 되는 '조건에 의존하지 않은 행복' 또한 존재함을 말해줍니다. 당신의 본질은 이런저런 조건에 의존해야만 행복할 수 있는 반쪽짜리가 아닙니다. 그것을 가슴으로 실감할 때 연인과의 관계도 변하게 될 것입니다.

당신이 연인에게 대가를 바라지 않게 되면 당신의 연인도 변합니다. 그러니 먼저 당신이 변해야 합니다. 타인을 바꾸려 하기보다는 타인과 관계 맺는 내 모습을 관찰해보세요. 나의 상황이 이렇게 유지될 때 덩달아 유지될 수 있는 관념들이 무엇인지를 살펴보세요. 그리고 그 관념들과 소통해 그들의 고충을 이해하고 품어줘야 합니다. 그러면 당신의 감정중독도 변하게 될 것입니다. 중독된 감정에서 빠져나오면 지속적으로 그 감정을 맛보기 위해 반복되었던 현실이 변하기 시작합니다.

　　K씨는 지금 어떻게 살고 있을까? K씨는 고집이 센 편이라 내면아이 소통과 정화작업에 많은 노력을 기울여야 했고, 큰 저항에 시달렸다. 하지만 그녀는 굴하지 않고 계속 작업을 이어나갔다. 그 결과, 그녀는 연인과 행복한 가정을 꾸릴 수 있었다.

　　이 과정에서는 주목할 만한 일이 있었다. K씨가 연인을 통해 감정을 해소하고 그를 통제하려는 노력을 멈추자 그녀의 연인이 먼저 마음을 열고 자신의 속마음을 털어놓기 시작했다. 진정한 대화와 소통의 기회가 열린 것이다. 이를 통해 그녀 또한 그 사람의 존재를 진심으로 인정하고 사랑하게 되었다. 이러한 사랑의 에너지는 연인의 가슴에도 전해진다. 그녀의 남편은 딴 사람이 되었다는 말을 들을 정도로 변했다. 두 사람 사이에 '조건을 통한 행복'이라는 벽이 사라지자 하늘이 내려준 사랑이 무럭무럭 피어날 수 있었던 것이다. 아름다운 사랑 이야기다.

## 12장

# 나는 외로운 사람이야

L씨는 서른두 살의 직장인이다. 그녀의 삶에 나타나는 전형적인 인간관계 패턴은 스스로 인지하지도 못한 사이 은밀하게 일어나는 '소외'였다. 이러한 패턴은 그녀의 유치원 시절부터 나타났었다. 사람들과 잘 모여 놀다가도 어느 날 뭔가 이상한 느낌이 들어 문득 돌아보면 그들과 거리가 생겨버리곤 하는 것이 그녀의 고민이었다.

이런 패턴은 초, 중, 고등학교를 거쳐 대학교에 진학했을 때도 마찬가지였다. 심지어는 직장에서도 같은 패턴이 계속되었다. 그렇다고 티 나게 따돌림을 받는 것도 아니었다. 아주 은근히 사람들과 멀어질 뿐이었다. 그녀의 고민은 많은 사람들에게서 나타나는 관념패턴을 잘 보여주는 사례이니 집중해서 읽어보자.

L      이 상황에서 제가 느끼는 느낌을 표현하자면 '정신 차려

보니 어느샌가 나 혼자 울타리 밖으로 밀려나 있는 느낌'과 비슷해요.

카밀로　무슨 느낌인지 잘 알고 있습니다. 좀더 구체적으로 상황 설명을 해주실 수 있나요?

ㄴ　　친구는 많은데 집에 돌아갈 때는 혼자 갑니다. 평일 내내 사람들과 있지만 주말에는 혼자입니다. 여기저기 많은 그룹에 속해 있기는 한데 놀러 갈 일이 생기면 제게는 연락이 먼저 오지 않습니다. 함께 독서실을 다니던 그룹이 있었는데, 어느 날 보니 대부분의 친구들이 다른 독서실로 옮겼더라고요. 저는 그 사실을 모르고 있었고요. 말은 소꿉친구인데 모임이 있을 때는 제가 알아서 장소를 알아보고 가야 하고…. 뭐 이런 일들이 일상입니다.

외로워서 어떻게든 모임에 붙어 있으려 노력해보지만 사실 상처를 많이 받습니다. 그들에게는 제가 그다지 중요해 보이지 않아요. 있으나 마나 한 그런 사람으로 여기는 것 같습니다. 회사에서도 마찬가지입니다. 점심시간 때 함께 밥 먹을 사람을 찾으러 다녀야 하죠. 물론 처음에는 잘 어울립니다. 시간이 지나면서 소외받는 현상이 펼쳐져서 문제죠.

카밀로　당신의 표현을 따르면 대놓고 배척하는 것도 아니지만 딱히 당신을 원하지도 않는다는 거군요. 무엇이 원인이라고 생각하십니까? 혹시 짐작 가는 것이 있나요?

ㄴ　　이유를 모르겠어요. 항상 이런 현상이 반복되고 있습니다.

카밀로　집단에 속한 모두와 잘 어울리는 편이신가요? 아니면 한두 명과 친분이 있어서 그 집단에 참여하는 형태인가요?

ㄴ　　　모두와 잘 지낸다고 말할 수는 없겠네요. 성격이 안 맞는 친구들도 있으니까요. 오히려 집단 내에서 한두 명과 친분이 있기에 그 집단에 속해 있다고 보는 게 맞을 것 같아요.

카밀로　잘 알았습니다. 먼저, 항상 반복되는 현실이 무엇을 의미하는지를 받아들여야 대화가 진행될 것 같습니다. 무언가가 계속 반복된다면 그 현실이 내 의식의 가장 깊은 곳에서 나의 현실로 선택되었음을 뜻합니다. 이 사실을 받아들일 수 있나요?

ㄴ　　　아뇨. 전 이렇게 힘든 현실을 선택한 적이 없어요.

카밀로　지금 그 말은 표면의 자아가 말하는 것입니다. 더 깊은 곳의 나, 현실의 씨앗을 고르고 출력에 직접 관여하는 내가 있습니다. 그 나를 통해 이런 현실이 원해졌기에 똑같은 상황이 반복되는 것입니다.

ㄴ　　　내가 모르는 내가 있다는 말이군요. 그 깊은 곳의 내가 진짜 나인가요?

카밀로　진짜 나, 가짜 나를 따질 필요는 없습니다. 모두 나이니까요. 문제는 현실을 펼쳐내는 데 직접적으로 관여하는 나는 표면적 자아가 아닌, 의식의 심층에 존재하는 자아라는 사실입니다. 이 사실을 인정하는 것에서부터 변화가 시작됩니다. 할 수 있나요?

ㄴ　　　해보겠습니다.

카밀로　그런 상황들이 벌어질 때마다 느껴지는 감정이 있죠? 어떤 감정인가요?

ㄴ　　　말 그대로 소외감이죠. 섭섭하고 억울하고. 정말 외로워요. 내가 이것밖에 안 된다는 사실을 확인하며 자책도 하게 되고

요. "나는 왜 이럴까"라는 생각을 하다 울며 잠들곤 합니다.

**카밀로** 그 감정과 생각 속에 답이 있습니다. 울타리 밖으로 밀려남을 느낄 때마다 반복적으로 느껴지는 감정이 무엇인지 확인하세요. 반복되는 이 현실은 그 감정을 거듭 확인해야만 유지될 수 있는 어떤 관념이 당신의 메인 카르마이기에 나타나는 겁니다. 당신을 지배하는 감정과 생각 안에 그 관념이 숨어 있습니다. 당신이 알아야 할 것이 하나 있습니다. 그것은 바로, 지금 당신에게 나타나는 현실은 당신이 무언가를 크게 잘못했거나 당신이 부족하기 때문에 나타나는 것이 아니라는 사실입니다. 당신은 잘못되지 않았습니다. 당신의 현실은 이런 모습으로 펼쳐져야만 했습니다. 그러니 일단 안심하세요.

**ㄴ** 큰 위안이 됩니다. 누구도 제게 이렇게 말해준 적이 없었어요. 그런데 왜 제게 이런 일이 일어나야만 하는 거죠?

**카밀로** 반복적인 일이 발생할 때마다 그것을 어떻게 받아들이고 있나요? 이미 앞에서 무심코 말을 하셨지만 다시 한번 확인해보겠습니다.

**ㄴ** 내가 그렇지 뭐⋯. 이렇게 생각하는 게 대부분인 것 같아요.

**카밀로** 그렇게 생각하는 게 제일 편한 거지요. 그럼 이제 왜 그렇게 생각하게 되는지에 대해 말씀을 드리겠습니다. 소외감을 느끼는 사건이 발생할 때마다 당신은 "내가 그렇지 뭐"라는 생각을 합니다. 심지어 당신은 그 생각에 익숙하기까지 할 것입니다. 그래서 이렇게 느끼기도 합니다. "이게 익숙해. 결국 익숙한 현실로 돌아온 것뿐이야." 이럴 때마다 당신은 외로움을 느낍니다.

외로움을 느끼면 그 외로움을 벗어나고 싶다는 마음이 나타나지요. 그래서 새롭게 도전해보고 싶고요.

ㄴ　　　정확하게 아시네요. 맞습니다.

카밀로　사람들 무리에 속하기 위해 다시 한번 도전할 때의 느낌이 어떻습니까? 떨릴 것입니다. 그런가요?

ㄴ　　　네, 무척 떨립니다. "또 상처받으면 어쩌지"라는 생각도 들고요.

카밀로　무엇에 상처받는 걸까요? 사람들의 거부에 상처받는 걸까요? 아니면 거부된 나의 모습을 받아들이기 힘들어서 상처받는 걸까요?

ㄴ　　　사람들에게 거부받은 나를 보면 비참합니다. 그래서 상처받는 것 같아요. 거부당한 나 자신을 받아들이기 힘들어서요.

카밀로　또 상처받을 수도 있다는 지레짐작은 왜 일어날까요? 왜 시도하기도 전에 실패할 경우를 가정하는 마음이 일어나는 걸까요? 그것은 당신의 마음속에 자기 자신에 대한 확신이 없다는 뜻입니다. 내가 사람들에게 받아들여질 것이란 확고한 믿음이 없으면 "이 도전이 실패로 끝나면 어쩌지? 그럼 나 자신에게 실망해서 다시는 일어서지 못할 거야"라는 마음이 나타납니다.

자, 그렇다면 어떻게 해야 당신이 거부당한 자신의 모습을 보지 않을 수 있을까요? 여기에는 여러 가지 선택지가 있습니다. 첫 번째 방법은 아예 도전하고자 하는 마음을 내지 않는 겁니다. 도전하지 않고 아무 곳에도 속하지 않으면 거부당할 일도 없죠. 두 번째 방법은 어딘가에 속하되, 그 집단 내에서 느껴지는 외로움의 감정에 익숙해지는 겁니다. 첫 번째 방법을 선택해서 아예 아무 곳에도 속하지 않는다면 정말 외로울 것 같습니다. 그래서 당신은 두 번째 방법, 즉 집단 속 외로움에 익숙해지기로 합니다.

L씨는 거부당한 자신의 모습을 보지 않기 위해 집단 속 외로움에 익숙해지기로 했다. 혹자는 외로움을 느낀다는 것은 이미 그 집단 내에서 소외되고 거부되었다는 것이니 자기가 회피하고자 했던 '거부당한 나의 모습'을 이미 마주친 것이 아니냐는 의문을 품을 수도 있다. 그렇다. 실제로 L씨는 거부당한 자신의 모습을 이미 마주친 상태다. 하지만 L씨의 표면의식은 어떤 집단에 속해 있는 자신의 모습을 보며 "외롭긴 하지만, 적어도 나는 어딘가에 속해 있어"라는 느낌을 느낀다. 일종의 외적 명분인 것이다.

또 한 가지 짚고 넘어가야 할 점은, 집단 내에서 실제로 소외되어야만 외로움을 느끼는 것은 아니라는 점이다. 사실, L씨는 어떤 집단에 속하게 되었을 때 처음부터 "나는 거부당하는 존재다"라는 자기규정을 당연하게 여기는 사람이었다. 이 규정 때문에 그녀는 외적으로 크게 거부당하는 일이 없는데도 항상 외로움을 느꼈다. 이런 경우, '거부당한 내 모습'은 실제로 타인의 거부 때문에 생긴 것이 아니라 '집단 안에서 환영받는 나'를 인정하지 않는 자기거부로부터 나타난 것이다.

L      제가 선택한 건 외로움에 익숙해지는 것이었군요. 그것이 나를 지킬 수 있는 길이라고 믿으면서요.

**카밀로**   당신은 외로움이라는 감정에 중독되기를 선택했습니다.

그래서 힘들어하는 와중에도 소외되어 밀려난 모습이 나의 원래 모습인 것 같은 익숙함을 느낍니다. 그 느낌의 합당함에 힘을 실어주기 위해 "결국 이럴 줄 알았어. 내가 이렇지 뭐"라는 생각을 양념으로 얹어줍니다. 감정에 중독되는 겁니다.

당신은 "나는 원래 외로운 사람이야. 이래야 나다워. 이렇게 외로워야 오히려 마음이 편해"라는 변명을 자기 자신에 대한 규정으로 삼습니다. 그럼 당신의 현실은 이렇게 채택된 모든 관념들을 끊임없이 확인하는 형태로 반복될 수밖에 없습니다. 여기에 가장 알맞은 현실 형태는 처음에는 사람들과 잘 어울리다가 점점 이유도 없이 울타리 밖으로 밀려 나가는 모습이 되겠네요. 그렇다면 그들이 당신을 밀어낸 것이 아닙니다. 당신 스스로 울타리 밖으로 나간 것입니다.

　　우리 안에는 스스로 소외되는 현실을 만드는 슬픈 관념이 있다. L씨의 사례가 워낙 극적이어서 그렇지, 이런 관념은 수많은 사람들의 인간관계 속에서 나타난다. 우리가 알아야 할 것이 하나 있다. 현실의 씨앗이 되는 관념들은 하늘에서 그냥 떨어지는 것이 아니다. 대부분의 경우, 그런 관념들은 과거에 체험했던 사건을 통해 활성화된다. 즉, 과거, 현재, 미래의 동시성을 배제하고 겉으로만 보면 어떤 최초의 체험이 있었고, 그 체험을 통해서 특정한 관념들이 형성되며 그것이 반복되는 듯 보인다. 관념들이 가장 많이 활성화되는 시기가 유년기에서 청소년기의 기간이다. 이때 경험하게 되는 크고 작은 사건들, 그로부터 발생하는 인상들은 수많은 관념들이 활성화되는 최초의 경험으로 쓰인다.

　　그래서 관념분석을 할 때는 항상 과거의 경험과 기억을 면밀하게 살펴봐야 한다. L씨의 경우 최초의 경험이 유치원 때 이미 시작되었다. 어린이의 마음은 성인보다 훨씬 말랑말랑하기 때문에 어린 시절에 겪은 이런 경험은 더욱 쉽게 자기규정으로 안착한다.

　　L씨는 이 최초의 사건에 대한 기억으로 돌아가 상처받은 자신과 소통하는 것으로 정화과정을 시작했다. 이는 기억이라는 감옥 안에 갇혀 살고 있는 내면아이를 따뜻한 어머니의 마음으로 품어 안는 과정이었다. L씨는 감수성이 예민하고 공감능력이 뛰어난 사람이었고 이런 면 때문에 상처도 깊게 받아왔다. 하지만 L씨에게 어머니 의식이 갖춰지자 그녀의 타고난 공감능력 덕분에 내면아이의 상처도 빠르게 치유되었다. 마음속에서 과거를 치유하고 미래를 새롭게 선물한 지금의 그녀는 더 이상 울타리 밖으로 밀려나는 삶을 살지 않는다. 오히려 스스로가 사람들의 울타리가 되어주고 있다.

　　최근 그녀는 예전부터 바라왔던 소망을 이루기 위해 사회복지사 시험을 공부하고 있다. 그녀가 사회복지사를 직업으로 삼게 될지는 아직 모르는 일이지만 울타리 밖으로 밀려난 고통을 느껴본 그녀이기에, 또 자신의 아픔을 훌륭하게 극복한 그녀이기에 그녀의 삶은 어떤 식으로든 누군가에게 따뜻함을 전하는 삶이 될 것이다.

**셀프 코칭 가이드** ◆ 인간관계 시크릿

### 1.인간관계에서, 당신은 지금 어떤 소망을 가지고 있습니까?

인기인이 되고 싶나요? 사람들이 나를 바라보게 만들고 싶나요? 시기와 질투도 일단 내가 잘나 보이고 주목의 대상이 되어야 가능하니, 사람들에게 시달리더라도 한 번쯤은 그런 위치에 올라보고 싶나요? 나의 이상형에 부합하는 연인을 만나고 싶나요? 이제 명령받는 건 신물이 난다, 나도 한번 사람 부리는 갑이 되어보자는 생각이 드나요? 부모, 형제, 지인들과의 관계를 원만하게 바꾸고 싶나요? 그런데 이 바꾸고 싶어하는 마음은 왜 드는 걸까요? 나의 소망이 어떤 의도에 근거하고 있는지를 살펴보는 시간을 가져보세요. 만약 당신의 소망이 결핍의 고통에서 기인한 것이라면 당신이 괴로운 이유는 그 결핍을 없애려 하고 있거나 외면하고 있기 때문입니다. 이를 묵상해보세요.

2. 당신은 자신의 인간관계를 어떻게 느끼나요? 간략히 한 줄로 써봅시다.

모든 관계는 '나'로부터 시작됩니다. 연인과의 관계, 재회, 사회에서의 인연, 가족이나 친구들과의 인연 등 모든 관계에서의 중심은 나입니다. 따라서 나만이 나의 인간관계를 평가하고 정의 내릴 수 있습니다. 당신은 자신의 인간관계를 어떻게 정의하고 경험하나요? 그 경험에 대한 규정(관념)과 감정이 당신이 스스로 내린 인간관계에 대한 규정입니다. 이 규정으로 인해 당신의 삶은 그 주도적인 규정과 감정을 지속적으로 느끼는 형태로 펼쳐집니다. 침묵 안으로 물러나 이 질문을 천천히 사유하며 가슴으로 느껴보세요. "나는 나의 인간관계를 무엇으로 규정하나요?"

3. 당신의 이상형 목록은 뭔가요? 이상적 연인, 이상적 가족, 이상적 직장 등 그 대상은 무엇이든 될 수 있습니다. 당신이 바라는 이상적인 관계를 적어보세요.

사람은 누구나 은연중에 자신의 이상형 목록을 상대에게 적용합니다. 이상형 목록은 애인에게만 해당하는 것이 아닙니다. 친구, 가족 등 모든 관계에 적용됩니다. 당신은 어떤 이상형 목록을 가지고 있나요? 적어보았나요? 그럼 이제 당신이 관계 맺는 사람들에게 바라는 모든 것들을 뒤집어보세요. 바로 그것이 당신이 사람에 대해 가지고 있는 결핍입니다. 이상형 목록은 동시에 '결핍 목록'이기도 합니다. 그 결핍 안에 당신의 관념이 있습니다.

묵상해보세요. 이상형이라는 '이상향'에 집착하는 순간 당신은 '이상한' 사람이 됩니다. 그동안 나의 이상형 목록에 따르도록 상대방을 강요하지는 않았는지 마음속 깊은 곳을 들여다보세요. 그 마음이 당신의 족쇄입니다.

### 4. 당신이 '남'에게 원하는 것은 무엇입니까? 당신은 자신이 받기를 원하는 그것을 남에게 먼저 줄 수 있나요?

사람들과 관계 맺을 때, 당신이 '남'에게 원하는 것은 무엇입니까? 또 '나'에게 원하는 것은 무엇입니까? 당신은 '남'에게서 무언가를 원하고, '나 자신'에게서도 항상 무언가(능력, 명성, 좋은 이미지 등)를 원합니다. 자문해보세요. 당신이 받기를 원하는 만큼, 남에게 똑같은 것을 줄 수 있나요? 만약 당신이 남에게 먼저 줄 수 있다면 그것은 당신에게서 나온 것이니 당연하게 순환하여 당신에게로 돌아옵니다. 우리는 사실, 항상 자신으로부터 나오는 것을 받을 뿐입니다. 묵상해보세요. 남이 나에게 해주기를 원하는 것을 나는 기꺼이 줄 수 있나요? 깊은 침묵 속에서 가슴과 대화를 해보세요.

### 5. 부모님에 대한 인상이 어떤가요?

표면적인 관계를 말하는 것이 아닙니다. 부모님을 떠올리거나 대하면 가장 주도적으로 느껴지는 직관적인 느낌이 있을 것입니다. 그 느낌으로부터 부모님에 대한 생각, 감정이 나옵니다. 우리는 그 생각과 감정에 기반하여 반응하고, 의도하며, 행위합니다. 그리고 이것이 반복되지요. 어린 시절에 각인된 부모님에 대한 인상부터 알아봅시다. 만약 그것이 변했다면 어떤 식으로 변해갔는지, 그 과정에서 겪어야 했던 감정적 변화들 또한 회상해봅시다. 최초의 인간관계는 가정에서 생겨납니다. 따라서 내 인간관계의 핵심 키워드는 가정 안에 있습니다.

## 6. 부모로부터 상처받은 적이 있나요?

우리는 모두 부모로부터 나왔습니다. 그들은 나에게 생명을 줬지만 동시에 상처도 주었습니다. 태어나 겪은 첫 번째 부정은 부모의 "안 돼"였고, 첫 번째 통제 또한 부모의 "안 돼"였지요. 역설적이게도, 생애 첫 '통제의 경험'은 부모로부터 옵니다. 물론 부모님의 입장에서는 그것이 아이를 보호하거나 교육하기 위해서일 수 있습니다. 하지만 이때 그 입장을 모르는 아이의 마음속에는 큰 상처가 생깁니다. 부모님에 대한 미움 또한 생겨나지요.

그러나 알아야 할 게 있습니다. 그 누구도 온전히 자신만의 자유의지로 행동하지 않는다는 사실을요. 부모님 또한 전체성의 작용 안에서 그러한 역할을 하도록 나타난 존재들입니다. 수많은 관념들이 연합해 하나의 행위가 완성됩니다. 그들 스스로가 주체적으로, 자발적으로 행위한 게 아니라 관념들이 연합해 부모를 통로로 사용합니다. 부모님이 당신에게 품었던 생각, 느낌, 감정, 부정, 통제, 인정욕구, 비교, 무시, 천대, 학대… 심지어는 사랑의 마음마저 그들이 주체로서 낸 게 아닙니다. 관념이 만들어낸 것입니다.

당신 또한 마찬가지입니다. 당신은 자발적으로 그들에게 순응하거나 주체적으로 상처를 입은 게 아닙니다. 모두 관념의 작용입니다. 당신은 이제 이러한 부모님의 행위를 용서할 수 있나요? 어느 누구도 일부러 그런 것이 아니라 그럴 만해서 그랬다는 사실을 인정할 수 있나요?

## 7. 미운 사람이 있나요?

미움이란 뭘까요? 미움은 사실 관심의 표현입니다. 누군가가 미워 죽겠다면 사실 내 마음속 깊은 곳에 그 사람에 대한 미묘한 관심이 있는 것입니다. 그런데 실제 관계를 맺을 때는 당신 안의 어린아이가 그 사람에 대한 기대와 행동 수칙을 자신의 기준에 맞추어 정합니다. 말 그대로 자기 마음대로 정합니다. 그리고 그것을 따르지 않으면 미움이 생겨납니다.

또, 나도 모르게 미움이 생겨날 수도 있습니다. 그것은 내가 스스로 숨기고 싶은 무언가, 마주하고 싶지 않은 무언가를 그 사람을 통하여 거울처럼 보기 때문입니다. 그러니까 나는 사실 내가 미운 것입니다. 묵상해보세요. 당신이 미워하는 그 사람은 사실 큰 죄가 없다는 것을 인정할 수 있나요? 그는 그럴 만하기에 그런 식으로 있을 뿐입니다. 내가 진짜 미워하는 이는 남이 아니라 그 사람이라는 거울을 통해 비추어진, 숨기고 싶은 내 모습이라는 것을 인정할 수 있나요?

## 8. 당신은 관계를 맺을 때 무엇을 숨기고 싶은가요?

관계를 맺을 때 무엇을 숨기고 싶은지 찾아보세요. 숨기고 싶은 모습이 반드시 있습니다. 나는 왜 이토록 숨기는 것이 많을까요? 타인에게 숨기고픈 내 모습을 넘어서 스스로에게마저 숨기고픈 내 모습이 있습니다. 내 마음속에 있는 목소리는 강박처럼 이렇게 메아리칩니다. "나는 ~해서는 안 돼. 나는 ~해야 해."

그런데, 이 목소리가 사용하는 잣대가 전적으로 나의 것인가요? 만약 전적으로 나의 것이라고 믿고 싶다면 그 '나'는 스스로를 어떻게 규정하고 있나요? 잘 살펴보면 인간관계에서 "나는 ~한 사람이다"

라는 규정이 있을 것입니다. 그 자기규정 안에 당신의 뿌리 깊은 카르마가 숨어 있습니다.

## 9. 인간관계가 내 마음대로 흘러가야 마음이 편한가요? 이유가 뭘까요?

왜 내가 원하는 대로 상대방이 움직여야 마음이 편할까요? 막상 나 또한 상대방이 원하는 대로 움직여주지 않으면서, 어째서 타인이 내가 원하는 대로 행동해야 한다고 여기는 걸까요? 이는 어떤 조건이 충족되어야만 내 마음이 편하기 때문입니다. 그렇다면 어떤 조건이 충족되어야 내 마음이 편한 것인지 찾아보세요. 조건이 충족되면 기뻐하고 안도하며, 조건이 충족되지 않으면 실의에 빠지거나 맹렬한 적의가 올라옵니다. 이 모든 감정작용들은 무엇을 말해주고 있나요? 바로 당신의 감정이 당신의 삶을 지배하고 있음을 말해줍니다.

이제 나를 제한하는 규정(조건)들을 하나하나 늘어놓아 보세요. 그 규정들로부터 느껴지는 느낌, 감정들을 바라보세요. 그들 또한 잘못된 것 없는, 완전한 존재의 표현입니다. 그러나 결핍되어 있기에 위로와 포옹을 필요로 하는 인격들이지요. 그들을 안아주세요. 아무런 판단도 하지 말고, 먼저 안아주고 달래주세요. 이들이 있어 내가 나일 수 있습니다. 이들이 나의 삶을 표현하는 궁극의 의도입니다. 당신은 이 사실을 얼마나 받아들일 수 있나요?

## 10. 누군가와 관계를 맺을 때 갑을을 따지는 마음을 느낀 적이 있나요?

우리는 한 번쯤 누군가와의 관계에서 을이 된 기분을 느낀 적이 있습니다. 직장 내 관계에서는 돈 벌어야 하니까, 연인과의 관계에서는 내가 더 사랑하니까 어쩔 수 없이 나는 항상 을이 되고 상대방은 갑이 되는 것 같은 기분이 있습니다. 사실 갑을이란 것은 없습니다. 관념이 표현되기 위해 상황들이 나타나는 것뿐입니다. 우리는 단 한 순간도 진정한 나로서 살고 있지 않습니다. 항상 어떤 식으로든 조건 지어진 작은 나로서 살아가고 있습니다. 그럼 무엇이 진정한 나일까요? 나는 단순히 한 개인(육체)이 아닙니다. 인간관계를 포함한 삶의 모든 상황에서 표현되고자 하는 '가치와 의미' 자체가 바로 나입니다. 어떤 상황에 처했을 때, 갑을을 따지지 말고 이 상황이 표현하고자 하는 가치와 의미가 무엇인지를 고찰해보세요. 당신이 곤혹을 치르고 있는 인간관계 또한 마찬가지입니다. 궁극의 의도는 '나'의 고유우주를 통해 어떤 의미와 가치를 표현하고자 하는 걸까요? 물론, 그것이 긍정적인 것이든 부정적인 것이든 그 모든 것이 있는 그대로 완벽합니다. 단지 그뿐입니다. 갑인 당신이든 을인 당신이든 가장 중요한 것은 이 모든 상황 자체가 '나'의 온전한 표현임을 인정하는 것입니다.

## 11. 나의 가치를 결정하는 것은 나의 조건과 환경인가요? 누가 나의 가치를 결정하나요?

혹시 나의 가치가 내 주위에 있는 사람들에 의해 결정된다고 느끼나요? "나는 ~한 사람들만 만날 거야, 나는 그럴 만한 가치가 있으니까." "나는 ~한 사람들을 만날 자격이 없어. 내가 그렇지 뭐." 조금 이상하지 않나요? 둘 중 그 무슨 마음이 되더라도, 왜 나의 가치를 주변 환경에 따라 결정해버릴까요? 혹시 나 자신에 대한 원인 모를 불안감, 두려움을 주변 상황들로 도피해서 외면하고자 하는 마음이 있지는 않나요? 무엇이 그렇게 두렵나요? 무엇이 그리도 두렵기에 내가 주위에 거느리고 있는 사람들을 통해, 혹은 내가 속해 있는 집단의 수준을 통해 '나'의 가치가 결정된다고 느끼는 걸까요?

나를 둘러싼 이들이 누구인지에 따라 나의 가치가 결정되지는 않습니다. 내가 나로서 존재할 때 모든 가치가 완성됩니다. 그때야 비로소 나를 통해 주변인들마저도 최상의 가치를 얻게 됩니다. 묵상하세요. 나는 주변인에 의해 가치가 결정되는 그런 작은 존재가 아닙니다. 오히려 나는 내 주변인들의 가치와 의미를 완성하는 궁극의 존재입니다. 그러니 우선, 스스로에게 이렇게 말해주세요. "내가 있어서 다행이야. 내가 있어서 정말 완벽해."

## 12. 타인에게 끊임없이 무언가를 강요하고 있지는 않나요? 스스로도 눈치채지 못하는 중에 말입니다.

그 누구도 자신의 것을 타인에게 강요할 수 없습니다. 이유가 뭘까요? 우리 존재의 속성이 스스로를 고집하지 않는 '허용'이기 때문입니다. 누군가가 나에게 자신의 신념을 강요하면 마음속에서 저항이 일어납니다. 반대도 마찬가지입니다. 내 것을 타인에게 강요하면 타인은 그것에 저항합니다. 당연한 현상입니다. 강요와 강요받음 모두 어떤 규정을 고집하기에 그렇습니다. 그럼 인간관계를 어떻게 경영해야 할까요?

먼저 타인의 강요에서 그 사람 안의 결핍을 찾아봅시다. 나의 강요에서 내 안의 결핍을 찾아봅시다. 그럼 그 결핍을 안아주고 허용할 수 있습니다. 내쫓는 게 아니라 품어 안아야 합니다. 그렇다고 타인이 해달라는 대로 해주라는 말이 아닙니다. '예', '아니요'로 정확하게 말할 수 있는 자유가 있어야 합니다. 동시에, 상대방을 비난하면 안됩니다. 그 또한 그럴 만한 이유로 그렇게 행동하기 때문입니다.

타인과 나의 결핍을 허용해서 받아들이면 비로소 나와 타인을 용서할 수 있습니다. 나를 용서하고 타인을 용서하세요. 진정한 용서란 '재규정'함을 뜻합니다. 결핍에서 벗어난 그의 모습을 진심으로 축복하며 인식할 수 있나요? 결핍에서 벗어난 내 모습을 진심으로 축복하며 인식할 수 있나요? 그것이 진정한 용서입니다. 그때야 비로소 나의 삶, 타인의 삶이 재규정되고 변하기 시작합니다. 이렇게 할 수 있나요?

## 13. 당신이 경험했던 가슴 아픈 이별을 떠올려보세요.

내가 사랑했던 어떤 것과의 이별은 큰 슬픔입니다. 불교에서는 인간의 고통 중 헤어짐의 아픔을 '애별리고愛別離苦'라는 말로 표현합니다. 이별을 경험할 때 인간의 마음은 무너집니다. 그러나 마음이 무너진다는 것은 곧, 인간의 마음이 행복을 어떤 조건에 의존하여 규정하고 있다는 뜻입니다. 인연이 화합해 만남이 일어나고, 인연이 화합해 이별을 합니다. 연인과의 이별, 부모·형제와의 이별, 친구와의 이별, 반려동물과의 이별. 실로 모든 인연이 자연스러운 인연화합 현상입니다. 따라서 완벽합니다.

이별 앞에 선, 혹은 이별을 겪은 당신은 무엇을 해야 할까요? 먼저 이별 자체를 완벽한 존재의 표현으로 인정할 수 있어야 합니다. 그래야만 재결합이든 새로운 만남이든 당신의 삶을 '애별리고'로부터 구원할 자격이 주어집니다. 만남과 이별 속 아름다움과 경이로움을 보세요. 우리는 만났고, 헤어졌습니다. 그리고 이제 또 다른 가능성의 세상으로 나를 열어젖힙니다. 누군가를 다시 만나든 새로운 인연을 만나든 당신은 먼저 이별을 인정하고 축복할 수 있어야 합니다. 이별은 그 자체로 슬프도록 아름다운, 완벽한 존재의 표현입니다. 이 의미와 가치가 지금 이 순간 당신의 정체성입니다. 그러니 이제 이별을 받아들이고 새로운 나를 선포하고 규정하세요. 하지만 그 전에 해야할 일이 있습니다. 당신은 이 선포를 할 수 있을 만큼 진정 자유롭나요? 혹시 나 자신을 속이고 있지는 않나요? 묵상해보세요.

14. 이별에 숨겨져 있는 의미를 느낄 수 있나요? 이별이란, 단순히 영원한 헤어짐에 불과하다고 생각하나요?

가슴 아픈 이별은 왜 일어나는 걸까요? 상대성의 눈으로 본다면, 새로운 만남이 존재하기 때문에 이런 일이 나타납니다. 스스로에게 그리고 상대방에게 진심으로 "수고했습니다. 존재해줘서 감사합니다"라고 말할 수 있나요? 이 괴로움은 삶의 성숙과 고통의 승화라는 가치와 의미를 드러내는 임무를 다했습니다. 그것을 진심으로 인정한다면 당신은 이제 새로운 현실을 살 자격을 얻은 것입니다. 그것이 가슴으로 느껴지나요? 상대성으로 존재하는 무한한 가능태가 가슴으로 느껴지나요?

당신은 훌륭하게 고통당했고, 그 수난을 기꺼이 받음으로써 '나'의 의미를 드러냈습니다. 이로써 당신이 새로운 규정을 위한 자격을 얻었음을 느낄 수 있나요? 수난당하고 십자가에 못 박혀 죽음으로써 부활한 당신은 이제 모든 새로운 규정에 합당한 자가 되었습니다. 이제 선택하십시오. 당신이 스스로에게 느끼는 고귀함과 존귀함을 표현해낼 새로운 관계를 인식하십시오. 지금 당신이 가슴으로 받아들여 인식하는 그것이 바로 당신입니다.

## 15. 상대가 내 마음을 몰라줘서 서운했던 적이 있나요?

인간은 누구나 상대방이 나의 감정을 알아주기를 바랍니다. 내 감정을 알아주지 않으면 서운합니다. 그런데 어째서 타인이 내 감정을 알아줘야 하는 걸까요? 그것이 상대방의 의무인가요? 바꿔서 생각해보면, 당신은 얼마나 상대의 심정을 알아주고 있나요? 당신이 타인에게 행사하는 잣대를 스스로에게 적용해보세요. 정작 나는 타인의 심정을 몰라주고 있으면서 타인에게 내 심정을 알아주고 공감해달라고 할 수 있을까요?

타인은 내 감정을 알아줘야 할 그 어떤 의무도 가지고 있지 않습니다. 오히려 타인이라는 관계성은 지금 내가 느끼는 결핍의 감정을 완성해주기 위해 반응하는 존재입니다. 타인이 내 마음을 몰라주고, 내가 그로 인해 서운한 건 당연한 겁니다. 애초에 당신의 메인 카르마가 되는 관념이 그 서운함이라는 감정을 느끼기 위해서 이런 판을 짠 것입니다.

오히려 타인이 당신의 마음을 알아주기 시작하면 그 타인은 병들어갑니다. 애당초 할 수 없는 일을 하고 있기 때문입니다. 그렇게 타인이 나의, 내가 타인의 감정 쓰레기통이 되어 병들어갑니다. 또, 당신은 그런 상황에 버릇이 듭니다. 그렇게 서로 지쳐서 시들해지면 또 다른 사람을 찾겠지요. 나의 허전함을 채워줄 수 있는 새로운 누군가를 말입니다. 내 감정을 알아주고 안아주어야 할 사람은 나 자신입니다. "I am that I am ~"이라는 도식을 기억하세요. "나는 나라고 규정된 그것을 아는 자이다." 당신의 세상을 운영하는 진짜 주인공은 that

앞에 있는 I am입니다. 더 정확히 말하면 갖가지 관념과 조건으로 규정된 '작은 나'(that I am ~)가 이것을 보고 아는 자인 '큰 나'(I am)에게 어필하고 있는 것입니다. 나 좀 알아봐달라고, 나 좀 위로해달라고 말이지요. 스스로에 대한 인정과 위로는 '작은 나'가 할 수 없는 일입니다. 그는 규정된 나일 뿐입니다. 그러니 먼저 나를 규정하는 큰 나(I am)의 자리로 가세요. 그때 '작은 나'가 원했던 진짜 치유가 일어납니다.

타인에게 기대하지 마세요. 타인은 그 몰이해로 자신의 역할을 다했습니다. 당신의 감정을 이해하지 못한다고 해서 당신을 사랑하지 않는 것도 아닙니다. 그럴 능력이 애당초 없기 때문에 이해하지 못하는 것이지, 당신을 사랑하지 않는 것이 아닙니다. 이해하고 공감해준다 해도 타인은 지쳐갑니다.

애당초 나의 감정에 대한 실감은 서로에게 불가능한 것입니다. 그러다가 언젠가 그 공감이 더 이상 지속되지 않을 때, 이때를 기다렸다는 듯이 당신 안의 '작은 나'인 내면아이들이 폭발해 나올 것입니다. "거봐~ 내 이럴 줄 알았어. 세상에 내 편은 없고 나를 이해해주는 사람은 없어"라고 외치면서 말이지요. 사실, 이 아이들은 이 순간을 위해서 이런 판을 짠 것입니다. 불행해지기 위해 떼를 쓴 것이죠. 타인은 오히려 희생양일 수 있습니다.

이제 자신을 위로할 수 있는 큰 나의 자리로 가세요. 그곳에서 작은 내면아이들을 안아주고 위로해주세요. 그리고 그들에게 새로운 이름과 현실을 허용해주세요. 그럼 당신이 스스로 충만한 사람으로 변합니다. 이렇게 당신이 변할 때 타인과의 관계 또한 변화합니다. 이것이 유일한 구원입니다. 내가 무엇인지 규정하는 자의 자리를 묵상해보세요. 그 당연한 존재의 느낌과 허용의 자리를 느껴보세요. 그것이 당신의 진짜 모습입니다.

## 16. 인간관계를 맺을 때 항상 불안한 당신에게

나는 왜 인간관계 안에서 항상 불안감을 느낄까요? 이유가 있을 텐데, 그 이유를 도무지 모르겠습니다. 그러나 진짜 이유는 어처구니없는 곳에 있습니다. 내가 불안한 진짜 이유는 스스로 그것을 선택했기 때문입니다. 더 자세히 말하자면, 불안을 위해 내가 선택되어졌기 때문입니다. 어떤 이유가 있고 그 결과로서 내가 불안한 것이 아니라 "나는 ~한 사람이고 불안하다"라는 규정이 원인과 과정을 현상시킨 것입니다. 그러니까 불안하기 위해서 불안한 것입니다.

그럼 불안이 나쁜 것일까요? 그렇지 않습니다. 불안함이라는 것 또한 궁극의 자리에서 보면 그 자체로 완벽한 존재의 표현입니다. 안정감과 불안함은 차이가 없는 동일한 존재의 표현입니다. 그렇기에 이번 장면(scene)에서 불안함이 선택되고, 나에 의해 허용되어 존재하는 것입니다. 아무런 잘못도 없지요. 그러나 계속 불안함에 머물러 있어야 한다는 법도 없습니다. 행복해지고 싶나요? 인간관계를 개선하고 싶나요? 그렇다면 지금 당장 불안하기를 멈추세요. 내 마음이 계속해서 불안하기를 선택하지 않는다면 불안은 바로 멈추게 됩니다.

하지만 불안을 끊어내기 전에 왜 내가 불안해야만 했는지, 이 불안감이 내 안에 있는 어떤 관념들에 대해 이야기하고 있는지를 돌아보는 시간을 가져보세요. 괜히 불안한 게 아니라 불안해야 하기에 불안하다면, 그 불안감에 귀 기울여 숨은 메시지를 들어보려는 노력을 해보는 게 어떨까요? 당신은 자신을 위해서 그렇게 할 수 있나요?

**17. 실패는 성공의 또 다른 얼굴입니다. 당신은 실패한 인간관계를 이렇게 봐줄 수 있나요?**

당신의 두려움이 당신의 인연으로 나타납니다. 당신의 실패한 인간관계를 되돌아보세요. 그 인연들이 모두 동일한 패턴을 반복하고 있고, 동일한 두려움을 강화시키며 일어났다는 사실을 눈치채게 될 겁니다. 당신은 그 수많은 사건들을 통해서 결핍만을 체험했지요. 그러나 결핍은 상대성으로 존재하는 풍요의 또 다른 얼굴입니다. 손바닥이 손등의 증거인 것처럼, 결핍과 비참은 풍요와 행복의 부정할 수 없는 증거입니다.

이제부터 마음을 고쳐 먹으세요. 이렇게 바라보세요. 당신이 약하면 약할수록 당신은 강합니다. 당신이 실패하면 실패할수록 당신의 성공은 보장되어 있습니다. 당신이 아프면 아플수록 성장했다는 증거입니다. 이를 인정할 수 있나요? 진정으로 인정할 수 있나요? 당신의 실패했던 지난 역사 하나하나가 당신의 구원입니다. 이제 실패의 역사 하나하나를 마음에 불러오세요. 그리고 이렇게 관(觀)해보세요.

연애에 실패했나요? 천생연분을 얻으셨습니다. 친구가 없는 왕따인가요? 당신은 한 무리의 리더가 될 것입니다. 사기를 당했나요? 당신은 자신을 아는 복된 사람입니다. 항상 갑질에 시달렸나요? 당신이 이 모든 걸 초월한 진정한 갑입니다. 사람들이 무섭나요? 당신은 두려움을 모르는 존재입니다. 사람들의 시선이 너무 중요한가요? 당신은 스스로 만족하는 존재입니다. 오해에 시달리고 있나요? 당신은 모든 이들을 인정할 수 있는 큰 사람입니다. 부모님과 사이가 안 좋았나요? 이제부터 당신이 부모님의 부모 역할을 할 것입니다. 자식과 사이가 안 좋은가요? 아이는 나의 첫 번째 희생양입니다. 이제 당신은 아이에게 가장 든든한 존재가 되었습니다. 당신은 이 모든 것을 얼마나 받아들일 수 있나요?

**18. 당신은 스스로를 피해자라고 생각하나요? 그래서 서운하고 억울한가요? 혹시 복수를 계획하고 있지는 않나요?**

누군가가 나에게 잘못한 만큼 나 또한 타인에게 무수히 많은 잘못을 합니다. 남에게 받은 상처만 생각하고, 사회에 대한 불만만 가득한 사람이 있다면 그는 하나만 알고 둘은 모르는 것입니다. 절대로 나 혼자 피해자일 수는 없습니다. 가해자가 나에게 가해를 했기 때문에 내가 피해자가 되었다고 생각하나요? 어쩌면 당신은 피해자가 되어야만 하는 관념을 지니고 있기 때문에 그에 맞추어 가해자가 나타났을 수도 있습니다. 그렇다면 그 가해자 역할을 맡은 사람은 어떤 면에서는 피해자이지 않을까요? 당신이 전적으로 피해자 역할만 해왔다고 생각하나요? 모든 것은 상대적으로 존재하기에, 내가 피해자였던 순간만큼 내가 가해자로서 기능했던 순간도 있기 마련입니다. 누군가에게 사과를 바라고 있나요? 그렇다면 마음의 눈으로 그를 불러내세요. 그리고 "미안해요"라고 말하세요. 누군가에게 사과를 바란다면 내가 먼저 사과해야 합니다. 나는 타인을 변화시킬 수 없습니다. 오직 나만을 변화시킬 수 있습니다. 내가 변하면 타인 또한 변합니다. 내가 먼저 변하면 그와 나 사이에 규정되어 있던 관념망의 톱니바퀴가 어긋나기 시작합니다. 그 톱니바퀴가 털끝만큼이라도 어긋나면 지금 이 순간의 존재성은 더 이상 존재할 수 없습니다. 잊지 마세요. 나는 타인을 변화시키지 못합니다. 내 안에서 그를 새롭게 바라볼 수 있을 뿐입니다. 그에 대한 내 인식이 바뀌면 그는 지금처럼 존재할 수 없습니다. 깊이 묵상해보세요. 나의 인식이 바뀌면 그도 변합니다.

19. 당신은 자기 자신을 표현함에 있어 얼마나 자유롭습니까?

만약 자유롭지 못하다면 어떤 이유 때문일까요? 이에 대한 힌트는, 자유롭지 못해서 오히려 이득을 보는 어떤 관념들입니다. 자기 자신을 구속해야만 존재를 지속할 수 있는 관념들을 찾아보세요.

20. 인간관계에서 트라우마를 겪었던 적이 있나요? 그 기억을 어떻게 대하고 있나요?

혹시 트라우마답게 그 기억들을 애써 잊으려고, 밀어내려고, 외면하려고 노력하고 있지는 않나요? 만약 그렇다면 당신은 그렇게나 잊으려고 애쓰고 있는 그 트라우마에 계속 갇혀 있는 것입니다. 잊으려고 애쓰는 동안에는 그것을 계속 기억하기 때문입니다. 트라우마가 잠잠할 때도 마찬가지입니다. 언제 닥쳐올지 모르는 트라우마를 대비하며 살면 나의 행동반경, 사고의 범위가 제한됩니다. 삶 전체가 제한되는 것입니다.

트라우마를 극복하는 방법은, 그 기억은 하나의 환상이며 그럴 만하기에 그런 형태로 발생했던 한순간의 사건이었음을 인정해주는 것입니다. 그것은 이제 없으며, 남아 있는 것이라곤 그 그림자에 지배당하는 자기 자신에 대한 규정뿐입니다. 트라우마를 유발하는 기억을 떠올려보세요. 더 이상 그 기억을 밀어내려 하지 말고, 그저 그럴 만해서 일어났던 한순간의 사건이었다고 조금씩 인정해보세요. 나의 마음이 더 성숙해지면 그 트라우마를 만들어냈던 관념들마저 허용할 수 있게 됩니다.

3부

# 자아실현과 외모, 건강 시크릿

## 1장

## 경쟁하는 것이 두려워

내가 A씨를 처음 만났을 때, 그는 7급 공무원 시험을 5년째 준비하는 중이었다. 당시 그의 나이는 서른여섯. 공무원 시험을 준비한다며 직장까지 그만두고 공부에 매진하고 있었으나 합격은 결코 쉽지 않은 일이었다. 시험을 준비하는 5년간 그의 자존감은 바닥까지 떨어져 있었다.

아무 성과 없이 공부만 한 지 3년이 넘어갔을 때 A씨는 친구들을 볼 낯이 없었다. 그의 친구들은 착실히 직장생활을 하며 결혼도 하고, 자식도 낳고 살고 있었다. A씨는 자신만 소외되는 느낌이 들어 사람들의 연락을 받지 않았다. 이렇게 은둔형 외톨이처럼 산 지 벌써 2년이 넘었다. 심한 스트레스로 우울증까지 걸린 그는 자신의 삶이 이토록 꼬이는 데는 무슨 문제가 있다고 생각했다. 그는 이러다가 극단적인 선택을 할지도 모르겠다는 생각에 용기를 내어 나를 찾아왔다.

A        저는 예전부터 쉽게 이룬 것이 없습니다. 대학 입학 때도 삼수를 했고 직장도 간신히 구했었습니다. 어렵게 입사한 직장에서도 경쟁력이 부족했는지 낙오되는 기분이 들었었죠.

카밀로    남들과 경쟁하는 것을 못 하는 성격이군요? 아무리 직장을 구했다 해도 그 안에서도 경쟁과 사내 정치 등은 있었을 테니까요. 공무원 시험은 왜 선택한 건가요?

A        공무원이라면 지나친 경쟁에 노출되지 않고 안정적으로 정년 때까지 일할 수 있으리라 생각했습니다. 저는 경쟁 스트레스가 있는 것 같습니다. 그래서 시험에 약합니다.

카밀로    삶을 경쟁의 연속이라고 여기고 있군요.

A        적어도 제가 체험한 바로는 그게 사실이니까요. 심지어는 가정에서도 공부 잘하고 능력 있는 동생과 항상 비교되는 통에 경쟁하듯 살아왔습니다.

카밀로    그럼 경쟁이 익숙하겠군요?

A        익숙하다면 익숙하다고 말할 수 있겠지요. 그래서 경쟁 없는 세상을 찾다 보니 가장 안정적인 울타리는 역시 공무원인 것 같더라고요.

카밀로    경쟁에 익숙하다고 본인 스스로 말을 했습니다. 그렇죠? 그런데 제가 보기에는 경쟁에 익숙한 게 아니라 좌절에 익숙한 듯 보입니다. 혹시 경쟁에서 패하고 좌절하는 자신의 모습에 대해 어느 정도 받아들이는 마음을 느끼지는 않습니까? 잘 생각해 보세요. 아주 중요한 문제입니다.

A        시험에 떨어지는 것, 경쟁에서 낙오되는 것이 하도 익숙하다 보니까 그런 것도 같습니다. 그것 때문에 우울증도 왔고요.

**카밀로**  혹시 본인이 시험에 약한 이유에 대해 생각해본 적이 있습니까?

**A**  네, 제가 경쟁 자체를 싫어하는 것 같아요. 그런데 어린 시절부터 항상 시험으로 등수를 매기는 경쟁에 떠밀려 살아왔잖아요. 그래서 시험 기간이 다가오면 가슴이 떨리고 시험을 끝내면 또 바로 다음 시험에서는 얼마나 더 스트레스를 받아야 하나 생각하고는 했습니다.

**카밀로**  당신의 메인 카르마가 여기서 보이는군요. 경쟁을 자신의 존재가치를 시험받는 것으로 여기는 겁니다. 따지고 보면 시험은 자신이 공부한 과목을 얼마나 잘 이해하고 있는지를 평가하는 제도일 뿐 당신의 존재를 위협하는 것은 아닙니다. 하지만 당신은 시험 자체를 당신이 이 세상에서 환영받을 만한 존재인지 아닌지를 시험하는 것으로 받아들이고 있습니다. 여기서 살펴봐야 할 것이 있습니다. 당신은 왜 자신의 존재가 시험받는 듯한 느낌을 두려워하는 걸까요?

**A**  그건 생각해본 적이 없습니다.

**카밀로**  당신 스스로 자신의 존재가치를 비하하고 있기 때문입니다. 다른 사람들이 아니라 당신이 먼저 스스로의 존재가치를 낮추어 규정하고 있기 때문입니다. 그리고 각종 시험은 당신의 형편없는 존재가치를 계속해서 확인시켜주는 공포스러운 무대가 됩니다. 당신은 자신이 부족한 존재, 모자란 존재라는 사실을 들킬까 봐 두려워하고 있습니다.

그리고 이를 들킬까 두려워한다는 것은, 이미 당신이 스스로를 낮추어 보고 있다는 증거입니다. 다른 이들이 당신을 낮추어 보는 것이 아닙니다. 당신이 먼저 자신을 낮추어 보고 있는 것입니다. 바로 이것이 당신의 기본적인 자기규정이 됩니다. 그렇다면 현실에서 일어나는 사건들은 당신의 자기규정을 계속해서 확인시켜주는 형태로 나타날 수밖에 없습니다.

**A**　　　남이 아니라 제가 먼저 저를 괴롭히고 있었다는 거군요. 하지만 제가 스스로를 부족하고 결핍된 존재로 생각한다는 사실을 알았다고 해도 바뀌는 건 없지 않나요?

**카밀로**　　시도도 하기 전에 자포자기하고 있군요. 그 자포자기적인 생각은 사실 당신의 자기규정을 지키기 위한 변명이라는 사실을 알아야 합니다. "내가 변한다고 해서 세상이 바뀌지는 않는다"는 생각은 진실이 될 수 없습니다. 당신의 현실은 스스로에 대한 규정으로부터 나옵니다. 스스로를 부족하고 결핍된 존재로 인정하고 있으니 그 사실을 들킬 만한 상황들, 즉 온갖 경쟁상황이 두려울 수밖에 없습니다. 그러나 "나는 부족하고 결핍되었다"는 생각은 당신의 착각입니다.

당신이 이제부터 해야 할 일은 스스로가 어떤 존재인지를 새롭게 자각하는 것입니다. "나는 부족하고 결핍된 존재다"라는 자기규정에 합당한 명분을 실어주기 위해 나타나는 온갖 마음의 목소리와 대면하세요. 그 목소리의 주인공은 인격화된 관념들, 내면아이들입니다. 그들에게 그 생각이 절대적인 진실이 될 수 없다는 것을 사랑으로 납득시켜야 합니다.

**A**　　　한 번도 안 해봤던 일이라 겁부터 나네요. 언제부터 이렇게 겁쟁이가 되었는지 모르겠습니다.

**카밀로**　　날 때부터 겁쟁이는 없습니다. 당신은 스스로의 자기규정을 유지하기 위해서 겁쟁이가 되겠다는 선택을 한 것입니다. 그러니까 당신은 진짜 겁쟁이가 아니라 겁쟁이를 연기하고 있는 것입니다. 겁쟁이를 연기할 수 있는 사람이라면 자신감 넘치는 영웅도 연기할 수 있지 않을까요? 왜 못한다고, 힘이 없다고 생각하나요? 그러라는 법이라도 있습니까? 없습니다. 부정적인 생각을 붙잡지만 않는다면, 그 생각에 나를 동일시하지만 않는다면 생각들은 힘을 잃고 흘러가버립니다. 그런 생각들을 망상이라고 부릅니다. 이제부터 이 연습을 하라는 말입니다.

A　　　어떻게 연습할 수 있을까요?

카밀로　자기 자신을 대상처럼 보는 내가 있습니다. 이를 주시자 관점이라고 부르기도 하지요. 일단 그 관점을 확보해야 합니다. 그리고 어머니의 마음을 내어 마음속 겁쟁이로 나타나는 내면아이들의 목소리와 대화해야 합니다.

A　　　자기 자신과 대화하라는 말인가요?

카밀로　그렇습니다. 사랑 가득한 어머니로서의 내가 상처받은 아이로서의 나와 대화하는 것입니다. 사랑을 듬뿍 실어 내면아이들을 부르세요. 자꾸자꾸 대화를 시도하면 내면의 자아는 반드시 호응하게 되어 있습니다. 그러나 가르치거나 훈계하려 하지 마시고 그저 사랑을 담아 아이들을 부르고 그들의 이야기를 들어주세요. 들어주고 공감해주고 힘들었겠구나~ 수고했구나~ 하고 인정해주세요. 그러면 위로받은 내면의 자아들이 변하기 시작합니다.

A　　　단순히 내면과 대화만 하면 되는 건가요?

카밀로　아닙니다. 이렇게 "나는 부족하고 결핍된 존재다"라는 자기규정을 유지하려는 온갖 마음의 목소리와 대면했다면 새롭게 인식한 자기규정을 행동으로도 옮겨야 합니다. 스스로를 새로워진 자기규정으로 인식하면 행동은 저절로 달라집니다. 스스로에 대한 인식을 현실에서의 행동을 통해서 더욱더 확고하게 증명하는 것이죠.

매 순간의 현실에서 변화된 자신을 증명할 수 있는 모든 것을 최선을 다해 즐겁게 행하세요. 예전처럼 어쩔 수 없이 시험 보듯, 울며 겨자 먹기로 경쟁하듯 움직이지 마세요. 지금 당장 당신의 모든 제한된 관념을 깨뜨릴 수 있는 자신만의 행동 계획을 짜세요. 그리하여 내면과 외면, 잠재의식과 현재의식의 지향이 하나가 되게 하세요.

A씨의 문제는 의식 깊은 곳으로부터 스스로를 부족한 존재, 뒤떨어지고 결핍된 존재로 인정한 것이었다. 자신을 결핍으로 규정하는 사람은 자아실현에 심각한 제한이 생긴다. 고정관념이 된 강력한 자기규정에 반하는 꿈이라면 '실현되기 어려운 것'이 아니라 '실현되면 안 되는 것'으로 받아들여지기 때문이다. 현실을 만들어내는 심층의식의 관념들, 특히 권력을 쥐고 있는 관념들의 입장에서 볼 때는 그 꿈이 마치 '반역자'처럼 보인다. 그러나 이런 반역은 성장을 위해서 반드시 필요하다. 스스로에 대한 반역을 두려워하지 말자. 그렇지 않으면 익숙한 틀에 갇힌 인생을 살게 될 것이다. 성장을 위한 반발은 반역이 아니라 혁명이다.

A씨는 지금 어떻게 살고 있을까? 그는 공무원 시험에 합격했다. 그러나 그는 직업적 꿈을 이룬 데서 멈추지 않고 마치 그

동안의 굶주림을 모두 해소하듯, 취미생활부터 다양한 자기계발까지 하고 싶은 모든 것을 다 하고 있다. 사실 A씨는 관념분석 전까지만 해도 혼자 즐기는 것이든 단체로 즐기는 것이든 상관없이 무언가를 하는 것 자체를 존재에 대한 자격 검정시험으로 느끼고 있었다. 따라서 간단한 취미생활마저 제대로 즐겨본 적이 없었다. 그의 상태가 어느 정도로 심각했는지 알면 많은 독자분들이 놀랄 것이다. 당구를 치다 헛손질이라도 하면 수치심, 좌절감을 느끼며 스스로를 부족한 존재로 자책했고, 온라인 게임을 할 때 미션을 깨지 못하면 당장 곁에 있지도 않은 다른 게임 유저와 자신을 비교하며 부족함을 느낄 정도였다.

하지만 '나는 부족한 존재'라는 규정이 변하자 이제까지 마음속에 담아두었던 수많은 것들을 그는 진심으로 즐기기 시작했다. 그리고 이를 통해 자신이 삶을 즐겨도 된다는 사실을, 자신을 옭아매고 있었던 것은 스스로 지어낸 자기규정이었다는 사실을 깨달았다. 그를 아는 사람들은 처음 보는 그의 모습에 놀라워하면서도 그의 변화를 축복해주고 있다.

## 2장
### 나는 아무것도 이룰 수 없어

이번 사례도 결핍에 고정된 자기규정이 삶에 어떤 영향을 미칠 수 있는지 잘 보여주는 사례이다. B씨는 40대 초반의 요리사다. 나와 B씨와의 만남은 그의 부모님을 통해 이루어졌다. 부모님의 말에 따르면 B씨는 하루하루 무기력한 삶을 살아가고 있었다. 자신의 앞날을 설계하고 추진할 만한 의욕도 없고, 활력을 불어넣어줄 만한 취미도 없었다. 유일한 취미라면 일주일에 하루 있는 휴일 내내 컴퓨터 앞에 앉아 게임을 하는 것이었다.

그는 이제껏 한 번도 연애를 해본 적이 없다. 물론 좋아하는 사람은 있었지만 언제나 짝사랑으로 끝났다. 이제 그는 결혼을 아예 포기했다. B씨는 요리사라는 자신의 직업 특성상 하루 열두 시간 이상을 근무해야 하며, 이 때문에 취미생활이나 연애를 포기할 수밖에 없었다고 말한다. 하지만 그의 말이 정말이라면 세상의 모든 요리사들은 취미생활도, 결혼도 하지 못했을 것이다. 게다가 그는 당뇨를 비롯한 각종 성인병도 앓고 있어 건강도 좋지 않았다. 대체 무엇이 그의 삶을 이런 방향으로 이끌었는지 알아보자.

**카밀로** 매우 바쁘다고 들었습니다. 당신의 일과를 좀 들어볼까요?

**B** 아침에 일어나 9시 30분까지 직장에 출근합니다. 저는 실장급 요리사이기 때문에 더 늦게 나와도 상관없지만 보통 그 시간에 출근합니다. 출근해서 점심 장사 준비를 마치고 오픈 전에 늦은 아침 식사를 합니다. 그럼 10시 30분쯤 되지요. 그때부터 저녁 10시까지 장사를 한 후 귀가합니다. 중간에 브레이크타임이 있지만 그 시간이라고 다 쉴 수는 없고, 저녁 장사를 위한 재료 손질 및 재고 정리 등을 합니다. 주 6일을 이렇게 삽니다.

**카밀로** 저도 요리사였습니다. 그래서 요식업 현장이 얼마나 바쁘게 돌아가는지 잘 알고 있지요. 어쨌든 저녁 11시쯤에 귀가한다는 말인데, 집에 와서는 무엇을 합니까?

**B** 늦은 저녁을 먹으며 영화를 보던가 게임을 조금 하고 새벽 1~2시쯤에 잠자리에 눕는 것 같습니다. 제게는 그 시간이 하루 중 가장 소중한 시간입니다. 오늘 하루도 잘 버텼구나~ 고생했다~ 하며 긴장이 풀어지는 시간이지요.

**카밀로** 하루를 잘 버텨낸 자신에 대한 칭찬으로 마무리를 하는군요. 하지만 거기 담긴 정서는 진짜 칭찬이라기보다는 쓸쓸함이 더 큰 것 같습니다. 솔직히 말해봅시다. 하루를 겨우겨우 버티며 살고 있는 건 아닌가요? 태어났기 때문에 사는 느낌, 죽지 못해 살아가는 느낌은 아닌가요?

B     맞습니다. 저는 삶의 낙이 없습니다. 몸도 별로 안 좋고요. 아마 오래 못 살 겁니다.

카밀로    이렇게 낙담하는 모습을 부모님 앞에서도 자주 보이나요? 무기력해 보입니다.

B     그렇습니다. 부모님에게 못 할 짓이라는 걸 알고 있지만, 가면을 쓰고 활기찬 척 살 수는 없으니까요.

카밀로    그랬군요. 그래서 당신의 부모님이 제게 찾아오셨던 겁니다. 어쨌든 당신의 일상적인 에너지 상태가 무기력함이라는 사실은 잘 알겠습니다. 그러나 당신에게도 활기찬 순간은 있었을 겁니다. 언제 자신이 활기참을 느낀다고 생각합니까?

B     모르겠습니다. 너무 오래 이런 상태를 유지해서 이제는 무기력한 게 당연하게 느껴집니다. 제가 언제 활기찼는지는 기억도 나지 않습니다.

카밀로    아예 들여다볼 시도를 하지 않는군요. 사실 당신이 언제 유일하게 활기찬지는 이미 앞에서 대답을 했습니다. 당신의 전반적인 정서와 에너지 상태는 '무기력'입니다. 그러나 그 어떤 인간존재도 항상 무기력할 수는 없습니다. 무기력이란 그 상대적인 짝인 '활기참'이 있어야만 존재할 수 있으니까요. 그럼에도 불구하고 무기력한 자신만을 인지하고 있다면 무기력할 수밖에 없는 환경이기에 무기력한 것이 아니라 활기참을 애써 외면하고 무기력만을 선택하고 있다는 말입니다. 일부러 무기력한 사람이 되기를 택했다는 말입니다. 그럼 그 마음을 따라서 무기력하고 숨 막히는 현실이 펼쳐집니다.

잘 관찰해보세요. 하루 대부분이 무기력한 현실이 되기 위해서는 그 상대성으로 잠시 잠간이라도 활기참을 표현해줄 느슨한 틈이 필요합니다. 그 틈이 있어야만 나머지 대부분의 시간이 무기력을 유지할 수 있지요. 당신은 언제 그나마 활기찰까요? 아마도 숨 막히는 현실의 틀에 박힌 흐름에서 잠시 벗어나는 순간일 것입니다. 그 시간은 휴무일이나 퇴근 이후에 주어지는 자유시간이겠지요. 그래서 당신은 그 늦은 시간에 건강에 좋든 나쁘든 아무거나 먹고, 깊은 생각 자체가 필요 없는 단순노동, 그러니까 컴퓨터 게임이나 영화를 시청할 것입니다.

그러나 그 시간은 결코 완벽하게 행복해져서는 안 됩니다. 그 시간은 자유와 활력, 휴식을 위한 충전의 시간이 아니라 남은 시간 동안 자신의 규정에 알맞게 무기력하고 울적하기 위한 충전의 시간이니까요.

**B** 　그나마 그 짧은 시간을 통해 재충전하고 버틸 수 있는 힘을 얻는다고 생각했는데, 이런 이유였다니…. 상상도 못 했습니다. 자신을 학대하기 위해서 힘을 충전하는 그런 느낌입니다.

**카밀로** 　자세히 관찰해봅시다. 당신은 휴식시간에 무엇을 합니까? 말 그대로 쉽니다. 당신이 좋아하는 게임이나 영화 시청은 당신에게 있어 휴식이자 충전이지요. 하지만 면밀히 들여다보세요. 당신은 결코 자기계발에 시간을 투자하지 않습니다. 시간이 주어져도 결코 지금의 나를 개선하고 더 발전하여 새로운 삶을 그려보려 도전하지 않습니다. 건강관리도 마찬가지지요.

당신에게 필요한 것은 '휴식'이라는 명분과 '바삐 일한 자신에 대한 작은 보상'이라는 느낌뿐이었지요. 그러나 그 느낌과 감정이 마약이 됩니다. 당신은 휴식의 느낌이라는 아편에 중독된 겁니다. 아무리 힘들어도 그저 그 느낌만 잠시 느낄 수 있다면 또 얼마든지 틀에 박힌 무기력한 삶을 이어갈 수 있는 것이지요. 조금 심하게 말하면 그 감정과 느낌의 중독이 당신이 스스로에게 공급하고 있는 '자기복지'인 셈입니다. 당신의 마음은 거기에 중독되어 '자아실현을 통한 성장'은 쳐다보지도 않고 있습니다. 이것이 당신의 마음속에서 일어나고 있는 드라마입니다.

B        제가 저 자신에게 도대체 왜 이러는 걸까요…. 말씀 한마디 한마디가 가슴을 후벼 팝니다. 사실 막연하게 그걸 느끼고는 있었습니다. 그러나 생각을 깊게 하면 피하고 싶은 어떤 것을 만날까 봐 매번 회피했던 것 같습니다. 그래서 자기 분수를 알고 거기서 벗어나지 않고 무난하게 사는 게 잘 사는 거라고 되뇌곤 했죠. 알고 보니 이 모든 것이 회피였군요. 회피를 거듭하다 보니 제 사고방식과 삶의 형태가 이렇게 굳어진 것 같습니다.

카밀로    자기복지를 마치 먹이처럼 던져주고 자신의 모습은 철저하게 숨겨버리는 어떤 관념이 있습니다. 그 관념이 당신의 메인 카르마입니다. 무기력과 감정중독을 통해 기득권을 유지하고 있는 그 관념은 무엇일까요? 당신과 대화를 하다 보면 느껴지는 무언가가 있습니다. 그것이 당신의 세계관이 될 것입니다. 그것을 솔직하게 말해도 되겠습니까?

B        무엇이 느껴지나요? 솔직히 말씀하셔서도 됩니다.

카밀로    당신은 스스로를 솔잎만 먹고 사는 송충이로 만들어버렸습니다.

B        막연하게나마 항상 느끼고 있던 제 정서가 맞습니다. 송

충이는 솔잎을 먹어야 하고, 분수에 맞지 않는 더 큰 것을 욕심내면 위험하다는 생각이 있지요.

**카밀로** 이 관념이 당신 삶의 모습을 극도로 제한하고 있습니다. 당신이 체험 가능한 풍요와 자아실현의 온갖 가능태를 고작 소나무 잎으로만 한정하고 있는 겁니다. 그러나 이는 당신의 잘못이 아닙니다. 이 같은 관념은 원초적인 자기 이미지(아상)를 지키고 유지하고자 나타난 방어기제입니다.

그 원초적인 자기규정은 무엇일까요? 바로 "나는 결핍된 존재다"라는 관념입니다. 이 관념은 지금 당장 느껴볼 수도 있습니다. 자신에 대한 느낌을 세밀하게 관찰해보세요. 아주 깊은 곳에 무언가 불안한 감각이 있을 것입니다. 당신의 모든 감정, 느낌, 생각의 뿌리에 아주 미묘한 불안감이 있습니다. 그것이 바로 "나는 결핍된 존재다"라는 관념의 흔적입니다.

**B** "나는 결핍된 존재다." 진짜 있네요. (이 대화는 읽기 좋게 편집된 것임을 잊지 말자. 실제로 이 감각을 알아보기 위해서 B씨는 자신의 감각을 면밀히 살피는 명상을 수행해야 했다.) 정말 미묘한 불안감입니다. 바람 앞에 선 흔들리는 촛불처럼 불안합니다. 풍전등화란 게 이런 것인가 싶네요.

**카밀로** 거친 바람 앞에서 꺼질 듯 꺼지지 않고 버티는 듯한 느낌, 들키고 싶지 않은데 들키기 일보 직전인 듯한 느낌. 아주 미묘한 불안감이지요. 그것이 바로 당신이 자신을 표현할 통로로 선택한 원초적인 관념, 즉 '존재적 결핍'의 느낌입니다. 당신은 그 원초적인 결핍의 느낌과 화해해야 합니다.

**B** 어떻게 화해할 수 있나요?

카밀로   자기 자신이 무엇인지를 깨닫고 새롭게 규정하세요. 당신은 자기 자신을 그 몸뚱이에 국한된 개인이라고 여기고 있을 테지만 사실 당신의 본래 정체는 그것보다 훨씬 큽니다. 당신은 사실 보편적인 의식이고 존재이며, 그마저도 초월한 이름 붙일 수 없는 근원입니다.

B      당장 실감할 수는 없지만 말만 들어도 엄청난 느낌입니다. 제게 지금 당장 필요한 부분만 취한다면, 저는 적어도 이 무기력하고 위축되어 있는 사람이 아닌 더 큰 무엇인 거네요.

카밀로   당신의 본래 모습을 '세상에서 가장 큰 수보다 무한하게 더 큰 수'라고 여기세요. 당신은 자신을 무엇으로 규정하느냐에 따라 모든 것이 될 수 있는 가능성 자체입니다. 당신은 삶에 종속된 부록이 아닙니다. 오히려 삶이 당신의 존재성에 의존해야만 나타날 수 있습니다. 그러니 삶을 두려워하지 말고, 삶에 먹히지도 말고, 오히려 삶이라는 배를 경영하는 선장이 되어보세요. 당신의 본래 존재감을 회복하는 겁니다. 그것이 당신이 해야 할 유일한 일입니다.


         B씨는 40여 년간 인간의 원초적인 분리감으로부터 오는 결핍의 느낌, "나는 결핍된 존재다"라는 관념을 충실하게 그려내는 삶을 살았다. 그리고 지금도 수많은 사람들이 자신도 모르게 이 존재적 결핍을 충실하게 그려내며 살고 있다. 이 관념이 강력한 힘을 행사하면 자신도 모르게 결핍에 중독되어 "송충이는 솔잎을 먹어야 해. 자기분수를 알고 욕심내면 안 돼"라는 신념을 갖고 살아간다. 그러나 스스로도 미처 알아볼 수 없는 신념이라면

그것은 신념이 아니라 '세뇌'이다.

B씨에게 세뇌된 이러한 관념은 이미 메인 카르마 급으로 힘을 행사하고 있는 상태였다. 그리고 이를 개선하기 위해서는 많은 시간과 노력이 필요한 듯 보였다. 그런데 놀라운 일이 일어났다. 항상 무기력에 절어 살던 그가 내면아이 소통과 자기허용, 재규정 작업을 고작 9개월 만에 훌륭하게 해낸 것이다. 강력한 저항이 따를 거라 예상했는데, 그 모든 과정을 훌륭히 견뎌내고 자기 자신에 대한 규정을 새롭게 하는 데 성공한 것이다. 이것이 바로 그의 숨겨진 저력이었다.

그는 어떻게 이렇게 할 수 있었을까? 그는 자기 자신을 철저하게 신뢰하기 시작했다. 성경에서는 겨자씨만 한 믿음으로 산을 옮길 수 있다고 말하는데, 그가 바로 그런 믿음을 가졌던 것이다. B씨는 자기 자신을 철저하게 믿어보고 싶었다. 이제까지의 익숙했던 자신의 모습이 아니라, 무한한 가능성 그 자체인 자신을 믿어보고 싶었던 것이다.

지금 그는 어떻게 살고 있을까? 현재 그는 자신의 음식점을 운영하고 있다. 배달과 홀 영업이 적절하게 균형을 이룬 그의 가게는 코로나 시국의 타격을 거의 받지 않을 정도로 잘 되고 있다. 또, 그는 적극적으로 건강관리를 하는 사람으로 변했다. 체중이 13킬로그램이나 줄었고 당뇨, 간 수치를 비롯한 모든 부분이 정상으로 돌아왔다. 하지만 가장 큰 변화는 그가 처음으로 연애를 시작했다는 것이었다. 그는 현재 자신에게 요리를 배운 제자와 아름다운 사랑을 하고 있다.

## 3장
## 네가 했는데 나라고 못 할 것 같아?

C씨는 30대 후반의 남성이다. 그에게는 오랜 소꿉친구이자 라이벌이 있었다. 어렸을 때부터 항상 이웃집에 살았었고 초, 중, 고등학교를 함께 다닌 친구였다. C씨는 이 친구에게 언제나 경쟁의식을 느끼며 살아왔다. 고등학교 때까지는 학교 성적을 비롯해 인간관계의 폭 등이 서로 엇비슷한 수준이었지만, 대학 진학시기가 되자 두 사람 간의 우열이 판가름 나버렸다. 사실 어느 대학을 가건 우열을 가린다는 것 자체가 이분법적인 사고이지만 적어도 그가 느끼기에는 그랬다. 그는 입시에 실패해 친구보다 상대적으로 못한 학교에 진학했다.

대학입시를 기점으로 두 사람은 소위 말하는 사회적 지위 면에서 상당히 차이가 나는 길을 걷게 된다. 친구는 엘리트 코스를 밟으며 승승장구했고, 30대 초반에 자신의 기업을 운영하는 대표가 되었다. 반면 C씨는 대기업 취업에 실패해 중소기업에서 일하고 있는 상황이었다. 그가 느끼는 상대적 열등감은 날이 갈수록 심해졌다. 친구에 대한 열등감 때문에 동창회에 가도 술 한 잔 마음 편히 마신 적이 없었다.

30대 중반에 접어들던 어느 날, 그는 자신만의 사업을 하기로 결심했다. 그래서 다니던 직장을 퇴사하고 여기저기서 돈을 마련해 자신의 회사를 차렸다. 하지만 회사는 성장은커녕 갈수록 위축되고 있는 상황이 3년 동안 지속되었다.

C　　어떻게 하면 이렇게까지 사업이 안 될 수가 있는지 모르겠습니다. 제가 뭘 놓치고 있는 걸까요?

카밀로　현실의 모든 문제는 관념작용에서 일어납니다. 즉, 마음으로부터 나오는 것이지요.

C　　그럼 제가 마음을 잘못 쓴 셈이군요. 제가 제 현실을 이렇게 만들었다는 생각에 스스로가 죄인처럼 느껴져서 처자식 볼 낯도 없습니다.

카밀로　그건 오해입니다. 당신이라는 개인은 현실을 창조하거나 통제할 힘이 없습니다. 따라서 개인으로서의 당신이 이 현실을 선택하고 만든 것이 아닙니다. 개인은 현실의 출력회로인 관념망이 출력되는 통로일 뿐입니다. 그러니 일단 그 죄책감에서 벗어나야 합니다.

또한 당신의 현실을 만들어낸 관념들도 죄가 없습니다. 그들은 순수하게 자신의 일을 할 뿐입니다. 현실과 마음(관념), 그리고 그것을 체험하는 통로인 '나(개인)' 중 그 누구도 죄가 없습니다. 문제가 나타났다면 그 안에서 무언가를 깨닫고, 배우고, 해결하면 그만입니다. 그러니 의기소침하지 마세요. 일단 당신의 사업이 잘 안 되는 이유부터 찾아내야 합니다. 몇 가지 질문을 하겠습니다. 사업을 시작하게 된 동기가 무엇인가요?

C　　잘나가는 소꿉친구에 대한 경쟁의식 같습니다. 이건 부인할 수가 없네요. 그 친구는 제가 봐도 멋있는 사람입니다. 인성도 좋고요. 하지만 그의 모든 것이 제 안의 무언가를 불편하게 만들고 저를 자극합니다. 개인 사업도 그래서 시작하게 된 것이죠.

카밀로　혹시 그 동기가 잘나가는 그의 모습을 롤모델 삼아 본받고 싶은 마음이었나요? 아니면 질투심에 가까웠나요?

C　　질문이 잘 이해가 되질 않습니다. 좀더 구체적으로 말씀해주실 수 있나요?

카밀로　그가 걷는 길을 보며 경탄하고 나 또한 저렇게 될 수 있다고 여겼나요? 아니면 내게는 없는 것을 가진 그의 모습에 속이 뒤틀려서 그것을 참을 수 없기에 나도 해보겠다고 사업을 시작했나요?

C　　그 친구의 삶이 좋은 자극이 되기는 했지만 솔직히 말하자면 질투심이었던 것 같습니다.

카밀로　기왕 솔직해지기로 마음먹은 거, 조금 더 솔직해져 봅시다. 혹시 "네까짓 게 그렇게 잘났어? 네가 했는데 나라고 못 할 것 같아?"라는 마음은 아니었습니까?

C　　그렇게까지 솔직하게 말하라 하시면…. 네, 맞습니다. 그런 마음인 것 같습니다.

카밀로　당신은 친구분에게 경쟁의식을 가지고 있습니다.

C　　경쟁의식이 꼭 잘못된 것은 아니잖아요? 저는 오히려 그

게 삶의 원동력이 될 수도 있다고 여기는데요.

**카밀로**　경쟁의식 자체는 아무런 문제가 없죠. 잘만 다루면 강력한 동기부여가 되기도 하고요. 그러나 그 경쟁의식이 자신의 잠재력을 끌어내도록 자극해주는 긍정적인 라이벌 관계가 아니라 열등감에 기반한 질투심에 가깝다는 데 근본적인 문제가 있습니다. 선의의 경쟁을 하는 라이벌 관계는 상대방과 경쟁하되 자신의 능력이 그보다 모자라다고 여기지 않습니다. 하지만 시기, 질투에 의해 일어나는 경쟁심에는 자신이 그보다 못함을 인정하는 마음, 그리고 그 사실에 대한 분노의 마음이 전제되어 있습니다. 왜 질투가 일어날까요? 내게는 없는 것, 나는 누리지 못하는 것을 상대방은 누리고 있다고 여기기 때문입니다. 그렇지 않다면 내가 내 것을 누리듯이 상대방이 자신의 것을 누리는 것에 대해 무슨 할 말이 있겠습니까? 질투는 그가 누리는 것을 나는 누리지 못한다고 이미 받아들이고 있기에 일어나는 일종의 화입니다. 열등감의 표현이지요. 당신의 사업은 이미 그 시작부터 이러한 열등감에 기반해 있었습니다.

**C**　사업이 잘 안 되는 이유를 이제야 명확하게 알겠군요. 저도 제가 그 친구를 반드시 넘어야 할 산으로 여기고 있었다는 것은 어느 정도 알고 있었습니다.

**카밀로**　넘어야 할 산이라도 그 산을 어떻게 받아들이느냐는 천지 차이입니다. 산은 산이지만 충분히 오를 수 있는 산이라고 받아들이는 것과 넘기 힘들 것을 인정하면서도 자존심이 상해서 오기를 부리며 반드시 넘고 싶은 산으로 여기는 것은 다릅니다. 후자의 경우에는 그 산이 반드시 넘고는 싶지만 넘기 힘들다는 것을 이미 알고 있는 산이 됩니다. 그래서 그 산을 볼 때마다 나 자신의 무력함에 대한 분노가 치밀어 오릅니다. 이렇게 당신의 사업은 일종의 '화'로부터 시작된 것입니다. 그 화에는 상처받은 당신의 자존심이 녹아 있지요. 그러니 당신의 사업은 계속 상처받은 자존심을 반영하게 될 것입니다. 그리고 이미 그런 현실이 나타나고 있지요.

C     듣다 보니 제 신세가 처량하네요. 하지만 부정할 수는 없군요.

**카밀로**  처량함을 느낀다고 하셨는데, 그것은 처량함이라는 감정으로 진실을 가리고자 하는 관념의 연막입니다. 지금 필요한 것은 자애롭지만 냉철한 자기분석입니다. 그래야 문제를 해결할 수 있습니다. 다시 한번 정리해보겠습니다. 당신이 경쟁심을 느끼는 누군가가 있습니다. 그에게 열등감을 느낍니다. 열등감을 벗어버리려 그가 한 것을 나도 이루고자 합니다.

이 마음 자체는 잘못된 것이 아닙니다. 이 마음은 자기계발의 훌륭한 원동력이 될 수도 있습니다. 하지만 그것은 당신의 사업 동기에 실려 있는 관념들이 충분히 정화되었을 경우의 이야기입니다. 열등감을 지속적으로 느낀 당신은 이제 분노를 느낍니다. 그래서 당신은 이 분노를 꺼뜨리기 위해 '사업을 하고 싶다'는 소망을 일으킵니다.

당신의 소망은 분노, 즉 화의 기운으로부터 일어났습니다. 속성이 그렇기에 그 화의 기운을 계속 유지할 만한 현실이 만들어지고 있다는 사실을 꿰뚫어 봐야 합니다. 당신은 자신의 사업을 사랑하지 않았습니다. 오히려 당신 안의 화를 표현하는 도구로 사용했습니다. 그리고 이 화는 당신이 그에 비해 모자르다는 사실을 인정하고 있기에 나타난 겁니다.

C　　　말씀하신 모든 것을 인정합니다. 저는 어떻게 해야 할까요?

카밀로　진정으로 인정하시나요? 그렇다면 이미 변화가 시작된 것입니다. 지금 필요한 것은 사업을 시작한 순간부터 뿌리 깊게 존재해온 자기 자신에 대한 규정을 바꾸는 일입니다. 당신은 타인과 자신을 비교할 필요가 없습니다. 타인이 얼마나 잘났건 간에 그가 나 대신 숨을 쉬어줄 수는 없습니다. 내 숨은 내가 쉬어야 하고 내 잠은 내가 자야 합니다.

타인이 아니라 자기 자신을 보세요. 왜 항상 비교를 통해 우열을 확인해야만 안심하나요? 안심하기 위해 조건이 필요하다면 결코 안심할 수 없습니다. 그러니 먼저 절대적으로 안심해보세요. 당신의 본질은 침해받을 수 없는 절대적인 안도감입니다. 그리고 그것이 자존감입니다. 자신의 자존을 타인과의 비교 우열을 통해서만 확인할 수 있다는 마음을 버려야 합니다. 타인과 비교할 필요도 없으며 모자란 자신을 탓할 필요도 없습니다. 자기 자신이 되어야 합니다. 그것이 당신이 해야 할 유일한 작업입니다.

C씨는 사업을 시작하는 순간부터 이미 비뚤어진 동기를 가지고 있었다. 경쟁의식이라곤 하지만 사실상 열등감에 가까운 감정을 느끼는 대상과 자신을 비교하며, 그가 하는 것을 나라고 못 할 것 같냐는 마음으로 시작한 사업인 것이다. 자아실현이란 타인과 비교하여 열등감을 느끼는 부분을 보충하기 위한 것

이 아니다. '자기 자신이 무엇인지를 자유롭게 표현하는 것'이다. 무엇에도 걸릴 것이 없는 자기 자신으로서 존재하는 것이다. 하지만 그의 삶은 자신이 무엇인지를 드러내고 표현하는 삶이 아니었다. 그보다는 남과 비교했을 때 뒤처지는 자신을 참지 못하고 비교 대상을 따라잡으려는 형태의 삶이었다. 결국 자신의 가치를 인정받기 위한 인정욕구의 연속이었던 것이다.

앞에서도 살펴봤듯이 인정욕구는 오히려 해결되면 사라진다는 딜레마를 가지고 있는 관념이다. 인정욕구가 진정 바라는 것은 인정받는 것이 아닌, 인정욕구를 계속 유지하는 것이다. 결국 그의 사업은 잘되면 안 되는 것이었고, 자아실현의 소망 또한 이루어지면 안 되는 것이었다. 이렇게 보면 그의 시크릿은 항상 이루어지고 있었다.

C씨의 변화는 이 사실을 온전히 인정하는 것에서부터 시작되었다. 가장 힘들었던 고비는 경쟁심을 멈추는 것이었는데, 그는 어린 시절부터 그의 삶을 지배해온 경쟁심에 강하게 중독되어 있었기에 심각한 저항에 부딪혔다. 사람에 따라서는 이와 같은 정화작업에 몇 년이 걸리기도 한다. 그것도 도중에 포기하지 않고 꾸준히 이어갈 경우에 말이다. C씨가 바로 그런 사람이었다. 그는 자신의 비뚤어진 자아실현의 동기를 인정하고 품어 안아 승화시키는 데 무려 5년에 달하는 시간을 써야 했다. 인고의 시간이었을 것이다.

지금 그의 사업은 완전한 안정권에 접어들었다. 하지만 그에게 일어난 가장 큰 변화는 친구에게 더 이상 경쟁심을 느끼지 않게 되었다는 점이다. C씨에게 이런 변화가 일어난 후 재미 있는 일이 하나 있었다. 친구의 회사가 잠시 자금난에 시달릴 때가 있었는데, 그때 도움의 손길을 기꺼이 내밀어준 사람이 바로 C씨였다. 회사를 운영하다 보면 현금 순환이 급할 때가 있는데, 정말 적은 돈 때문에 회사가 무너지기도 한다. 이런 급박했던 시기에 "사정이 될 때 천천히 갚으라"며 C씨가 선뜻 친구를 도왔던 것이다. 물론 친구는 바로 위기를 극복했고, 돈을 갚았다. C씨는 이제 옛 질투의 대상을 도울 수 있는 마음과 능력을 가진 사람이 되었다. 그는 친구를 '지금의 자신을 있게 해준 고마운 사람'으로 여기며 절친한 관계를 유지하고 있다.

## 4장
# 나를 비참하게 만든 너에게 복수할 거야

비뚤어진 동기로 자아실현을 꿈꾼 사례를 하나 더 살펴보자. D 씨는 50대 초반의 남성이다. 10대 때 미국으로 이민을 가서 경영학을 전공한 그는 전 세계의 기업들을 돌아다니며 경영에 참여했고, 성공한 경영인으로 살고 있었다. 이렇게 승승장구할 것만 같았던 그의 삶에 어두운 그림자가 드리우기 시작한 것은 7년 전부터였다.

당시 그는 싱가포르에 주재하고 있었는데, 거기서 충격적인 사건이 발생했다. 자신이 추진하고 있던 프로젝트가 경쟁사의 농간에 의해 박살이 나버린 것이다. 추진하던 프로젝트가 중간에 잘못되는 경우는 비일비재한 것이었지만 이 경우는 좀 달랐다. 그는 경쟁사에 기밀사항을 유출했다는 억울한 누명을 썼는데, 그 중심에는 자신의 수족과 같았던 팀장이 있었다. 회사 내에서 D씨와 경쟁 관계에 있었던 임원들이 팀장을 영입해 그를 배신하도록 만든 것이었다. 워낙 치밀하게 조작된 사건인지라 D 씨는 모든 책임을 지고 물러나게 되었다.

그 후 1년간 배신감 때문에 술에 빠져 살았던 그는 새롭게 일어서고자 했고, 과거의 인맥을 동원해 자신의 사업을 시작한다. 이때까지만 해도 그는 자신이 있었다. 경영은 자신의 전문 분야였고, 지난 사건을 제외한 모든 프로젝트에서 좋은 성과를 내왔기 때문이다. 처음 2~3년간은 매우 좋았다. 그런데 그 이후부터는 사업에 대한 그의 판단이 계속 틀리기 시작했다. 그는 실수를 할수록 자신의 명예에 먹칠을 하는 느낌이 들어 힘들었다. 그리고 어떻게든 실수를 만회해야겠다는 마음으로 제대로 수습하기보다는 일을 더 크게 벌였다.

이것이 화근이 되어 그의 회사는 결국 1년 전에 문을 닫았다. 하지만 D씨를 괴롭힌 것은 사업의 실패뿐 아니라 그간의 그의 업적을 믿고 그에게 투자했던 많은 사람들이 덩달아 손해를 봤다는 사실이었다. 자신의 실수로 인해 자신을 믿고 지지해 준 투자자들에게 손해를 끼쳤다는 죄책감에 그는 1년간 또 술에 빠져 살았다. 그의 이야기를 들어보자.

카밀로　당신이 반드시 인지해야 할 중요한 포인트가 하나 있습니다. 그것은 바로 당신의 사업 동기입니다. 당신은 엘리트 경영인의 코스를 밟아왔습니다만 그것은 전부 누군가에게 고용된 경영인의 입장이었죠. 당신만의 사업을 시도했던 것은 지난번이 처음이었습니다. 그렇죠?

D　　그렇습니다.

**카밀로**   그 일을 시작할 때의 마음가짐을 살펴봅시다. 어떤 마음이었나요?

**D**   저는 당연히 사업에 자신 있었습니다. 그 이전의 실패는 누군가의 농간 때문이었지 제 능력 탓이 아니었습니다. 저는 제 능력을 믿었습니다. 그래서 자신만만하게 시작했고요.

**카밀로**   자신의 능력을 신뢰했다는 것은 잘 알겠습니다. 하지만 제가 물어본 마음은 그 마음이 아닙니다. 첫 번째의 억울한 실패 이후, 마음만 먹으면 다른 기업의 경영인으로 자리를 옮겼을 수도 있었을 것입니다. 하지만 당신은 그러기보다는 자신의 사업체를 시작했지요. 그 선택 자체도 문제가 없습니다. 오히려 아주 용감하고 훌륭하지요. 그러나 자신만의 사업을 시작한 동기 안에 무언가가 숨어 있었음을 파악해야 합니다. 혹시 사업을 시작할 때 당신에게 억울한 실패를 안겨준 이들, 그 일에 동참했던 이들에 대한 복수심이 있지는 않았나요? "나를 비참하게 만든 너희에게 보란 듯 복수할 거야. 두고 봐. 나는 멋지게 성공할 거야" 같은 마음이 없었냐는 말입니다.

**D**   듣고 보니 그렇습니다. 저는 배신당하고 이용당했다는 느낌이 참기 힘들었습니다. 저의 완벽했던 커리어에 흠집을 내고, 제 명예를 땅에 떨어뜨린 이들에게 나락으로 떨어진 모습을 보여주기 싫었습니다. 그래서 제 사업을 시작했던 거고요. 나를 배신한 사람들에게 할 수 있는 최고의 복수는 완벽한 재기와 성공이라고 믿었습니다.

**카밀로**   그렇다면 당신은 성공을 통해 무엇을 얻으려 한 걸까요?

**D**   제게 있어 사업의 성공은 곧 복수의 성공이었죠.

**카밀로**  당신의 자아실현 동기는 나를 비참하게 만든 이들에 대한 복수심이었습니다. 그러나 그 동기 자체가 잘못된 것은 아닙니다. 그 원초적 동기로부터 파생된 마음을 어떻게 경영하느냐가 중요한 것이지요. 당신은 기업체 경영에는 능했지만 마음의 경영에는 서툴렀던 것입니다. 워낙 성공 가도만을 달려왔기에 어이없이 찾아온 첫 번째 실패에서 나타난 마음을 다스리지 못한 것입니다. 이 부분에 동의하십니까?

**D**  동의합니다. 이렇게 된 마당에 반박할 수도 없겠네요.

**카밀로**  복수를 통해 당신에게 충족되는 것은 무엇일까요? 생각해본 적 있나요?

**D**  그게 모호합니다. 답답해요. 그래서 여기 찾아온 것입니다.

**카밀로**  인간은 공통적인 몇 가지 방어기제를 가지고 있습니다. 그중 대표적인 형태가 네 가지의 기본욕구입니다. 보장욕구, 분리욕구, 자극욕구, 인정욕구가 그것이지요. 당신은 복수를 통해 무언가를 보장받고, 무언가 대면하기 끔찍한 대상으로부터 안전하게 분리되고, 그러기 위해 원하는 자극을 고용할 수 있고, 이를 통해 스스로의 가치를 인정받을 수 있다고 여겼던 것입니다.

**D**  맞습니다. 제가 원했던 것은 저를 나락으로 밀어버렸던 이들을 마음껏 비웃을 수 있는 자격이었습니다. 바로 그 자격을 보장받기를 원했습니다. 그러면 내가 대면하고 싶지 않은 사람들의 시선으로부터 분리될 수 있으니까요.

**카밀로**  그러나 이렇게 얻게 되는 심리적 만족은 일시적인 것임을 알아야 합니다. 게다가 당신의 사업 동기 안에 숨어 있는 복수심, 명예욕, 권력욕, 자존심 같은 것들은 모두 탐진치(탐욕, 분노, 어리석음)라는 삼독三毒에 해당하는 것들입니다. 탐진치는 부정성의 속성을 가지고 있습니다. 따라서 이에 대한 집착을 통해 이룬 것들은 언젠가 다양한 경로로 파멸하고 맙니다. 게다가 당신은 복수심의 속성에 대해 정확히 이해하지 못했습니다.

**D**　　복수심의 속성이요? 그게 뭐죠?

**카밀로**　당신에게는 그 복수심이 정당한 명분처럼 보이지만, 사실 복수라는 것은 자신의 열등감, 상처, 죄의식 등으로부터 도피하기 위한 일종의 가면입니다. 혹시 복수에 성공하면 어떻게 될지 생각해본 적 있나요?

**D**　　없습니다.

**카밀로**　복수심 자체를 하나의 인격으로 생각해봅시다. 당신은 그 복수심에게 삶의 경영자 자리를 흔쾌히 넘겨버렸습니다. 메인 카르마로 임명된 것이죠. 그러면 당신의 현실은 복수를 표현하기 위한 무대로 형성되기 시작합니다. 그런데 이 복수심이라는 아이는 복수가 완료되면 어떻게 될까요?

**D**　　더 이상 쓸모가 없어지겠지요.

**카밀로**　그렇습니다. 쓸모가 없어진 복수심은 어떤 생각을 할까요? 복수심을 사람처럼 여기고 그의 입장에서 바라보세요. 당신이 프로젝트에 실패하고 쓸모가 없어져서 퇴직할 수밖에 없었던 것처럼, 복수심 또한 복수에 성공하면 퇴장해야 하는 상황에 몰립니다. 자, 그럼 복수심의 입장에서는 어떻게 해야 할까요? 복수심 자체를 계속 유지하려면 복수에 성공하면 안 되겠지요.

**D**　　아… 말이 안 나오네요.

**카밀로**　복수심이 아름답게 승화되는 경우는 매우 드뭅니다. 복수에 성공하면 마음이 시원한 것이 아니라 오히려 허탈해지는 경우가 더 많지요. 그토록 염원하던 복수를 했는데 오히려 마음이 더 허전합니다. 그리고 불안해집니다. 이 느낌에 잡아먹히지 않기 위해서는 마음을 온통 채울 수 있는 또 다른 대상을 빨리 구해야 합니다. 아니면, 복수를 성공시키지 않음으로써 복수심은 자신의 정당한 임기를 연장하는 방법을 택하기도 하지요. 결국 어느 방법이 선택되더라도 복수심에서 비롯된 사업 동기는 내 삶의 부정성을 강화하는 쪽으로 흘러갈 가능성이 큽니다. 그리고 여기에 복수를 빨리 이루어야 한다는 초조함까지 가미됩니다. 부정성의 에너지는 이 초조함, 조급함을 통해 더욱더 강화되어갑니다. 그런데 조급함이 커진다는 것이 곧 무슨 뜻인지 아십니까?

D      실수를 하게 될 가능성이 커진다는 것 아닐까요?

카밀로   그보다 더 근본적인 문제입니다. 조급함이 커진다는 것은 이 소망이 빨리, 내가 원하는 형태로 이루어지지 않는다면 자신의 삶이 송두리째 부정당하는 것이라고 규정하고 있는 겁니다. 그래서 어떻게든 그 일을 성공시키는 데 집착하게 됩니다. 즉, 복수의 중요도가 커진다는 뜻이지요. 중요도가 커지면 에너지 불균형이 일어나 내가 원하는 상황과 정반대의 상황이 펼쳐집니다. 일명 '역노력의 법칙'이 발동할 빌미를 주는 것이죠.

D      중요도가 크면 그게 이루어져야 하는 것 아닌가요? 그만큼 간절하니 말입니다. 이해가 안 되네요.

카밀로   여기서 말하는 중요도는 조금 다른 뜻입니다. 일의 경중을 분별하는 중요도가 아니라, 나의 집착 정도를 뜻합니다. 중요도가 높다는 것은 보통 집착이 아니라 "이렇게 저렇게 안 되면 죽을 것 같아"라는, 생존의 위협에 가까운 느낌으로부터 나타나는 집착이지요. 당신의 경우 이 느낌은 "보란 듯이 성공해서 나를 비참하게 만들었던 사람들을 비웃어주지 않으면 살 가치가 없어"에 가까운 마음이겠군요.

이와 같은 집착의 마음은 강력한 부정성의 에너지입니다. 그렇다면 복수를 이룬다 해도 당신의 삶은 온통 부정적인 에너지로 뒤덮이고 말 것입니다. 그러니 복수를 이루기 전, 당신 안에 존재하는 '자기 자신을 사랑하는 마음'이 기묘한 섭리를 통해 그 복수심과 동시에 움직입니다. 부정성으로 치닫는 에너지의 흐름을 바로잡고자 역노력의 법칙이라는 에너지 흐름 안으로 몰래 잠입해 활동하는 것이죠. 그럼 당신의 복수는 실패하겠지요. 복수에 실패하는 방법이 사업의 실패여서 그렇지, 솔직히 말하면 그 실패가 당신을 구한 것입니다.

D        그게 무슨 말이죠? 저는 실패했습니다. 실패는 안 좋은 거잖아요. 부정성에 해당하는 것 아닙니까?

카밀로   절대적으로 긍정적이거나 부정적인 것은 존재할 수 없습니다. 아무리 부정적으로 보이는 것이라 할지라도 그 반대쪽 얼굴에는 진선미眞善美(진실, 선, 아름다움)의 한 모습을 숨기고 있습니다. 당신은 그리스도교 신자지요? 당신이 받아들이기 쉽게 말해드리지요. 당신의 영혼을 구원하기 위해서는 복수심에서 비롯된 사업은 실패하는 것이 더 나았습니다. 당신의 자아실현 소망이 이루어지는 게 전체적인 관점에서는 오히려 당신에게 안 좋은 일이 될 수 있다는 사실을 알아보라는 말입니다. 복수심에서 비롯한 자아실현의 의지는 오히려 실패로 끝난 것이 다행입니다.

D    그럼 저는 어떻게 해야 하죠? 이대로 실패를 인정하고 살아야 하는 건가요?

카밀로    아닙니다. 복수심으로부터 나타났던 사건은 이미 결론이나서 끝났습니다. 그러니 그것으로부터 배우고 깨달은 바를 바탕으로 삼아 새롭게 시작하면 됩니다. 실패를 오히려 신이 내린축복으로 받아들이고, 새롭게 일어서겠다는 마음을 내세요. 새로운 마음의 밭에 새로운 현실의 씨앗을 뿌리는 것입니다.

D씨의 사례는 비뚤어진 동기로 추구하는 목표에 숨어 있는 미묘한 관념의 활동을 잘 보여주는 경우이다. 그의 경우에는 균형력이 발동해 야심 차게 준비했던 복수의 칼날이 부러져버린 것이 오히려 약이 되었다. 이때 칼날이 부러지지 않았다면 탐진치에 의해 눈덩이처럼 불어나고 있었던 부정적 에너지는 훗날 더욱 큰 부메랑으로 돌아왔을 것이다. 따라서 역노력의 법칙이 마냥 나쁜 일만은 아니다. 그 상황을 어떤 관점으로 받아들이느냐에 따라서 얼마든지 새로운 에너지 역전이 일어날 수 있다.

D씨의 경우도 마찬가지다. 복수심에서 시작된 자아실현의 소망이 비뚤어진 욕구의 산물이었음을 깨닫기 위해서라도 실패는 필요했다. 옛 중국 속담에 "독사가 출몰하는 곳 주위에는 반드시 해독제가 있다"는 말이 있다. 실패한 지점에는 성공을 향한 재도약의 씨앗이 뿌려져 있다. 그것을 아는 마음이 비이원의 마음이다. 물론 이를 진정으로 받아들이는 것은 여간 어려운 일이 아니다. 그 과정에서도 수많은 관념들의 이해관계가 얽히고설키

기 때문이다. 하지만 이를 진정으로 허용하면 그때부터 하강하던 삶의 그래프는 상승하기 시작한다.

살다 보면 넘어지는 일이 수없이 많다. 많은 사람들이 넘어지지 않기 위해 살아간다. 하지만 넘어지지 않기 위해 산다는 것은 살얼음판 위를 걸으며 사는 것과 같다. 중요한 것은 넘어지지 않는 것이 아니라 넘어진 순간 무엇을 얻어서 다시 일어서는 가다. D씨는 가장 중요한 것을 얻었다.

그는 지금 멋지게 재기하여 미국에 있는 어느 기업의 임원으로 활기차게 일하고 있다. 자신의 커리어가 끝났다는 좌절감에서 빠져나오자 그간 그가 쌓아놓았던 수많은 신뢰와 인맥이 조합되며 그의 능력을 가장 잘 뽐낼 수 있는 환경이 마련된 것이다. 나중에 알게 된 사실이지만, D씨가 자신의 사업을 시작하기 이전에도 여기저기서 도움의 손길이 있었고 좋은 조건의 제의도 많았다. 하지만 그 당시 D씨의 눈에는 자신의 사업에 출자해줄 투자자만 보였다. 이때 눈에 씌워졌던 색안경이 벗겨지자 그에게는 또 다른 현실이 보이기 시작했다. 이처럼 D씨는 자신의 삶을 새롭게 찾았다.

## 5장
## 나의 지금 모습이 초라해. 뭐라도 해야겠어

E씨는 30대 중후반의 남성이다. 그는 한 번도 정규직 사원으로 일해본 적이 없다. 나와의 만남이 있었을 당시에도 그는 편의점 아르바이트로 최소한의 생활비만 벌고 있었고, 모자라는 돈은 부모님께 지원받고 있었다. 그의 삶을 살펴보면 한 가지 특이한 점이 있다. 바로 나태하게 살지는 않았다는 점이다. 오히려 나름 부지런하게 살았다. 이런저런 자격증 시험부터 공무원 시험에 이르기까지 적어도 아홉 가지 이상의 시험을 준비했고, 건설 장비를 운전할 수 있는 자격증도 보유했다. 하지만 이 자격증을 제외하면 어떤 시험도 통과한 적이 없다. 시험을 잘 못 본 것이라기보다는 끝까지 밀어붙이지 못하고 중도에서 포기한 것이 가장 큰 이유였다.

그가 중도 포기를 한 이유도 흥미로웠다. 한 가지를 공부하는 와중에 다른 분야에 관심이 생겨서 포기하는 일을 반복해온 것이다. 공부만 한 것도 아니다. 그는 시험을 준비하는 와중에 항상 이런저런 아르바이트를 병행하며 어느 정도의 생활비를 벌어왔다. 그런데 이런 생활패턴이 나이 마흔에 가까워지도록 계속되자 그도 사태의 심각성을 느끼기 시작했다.

E      제 삶은 제가 생각해도 좀 한심합니다. 뭐든지 끝까지 해본 게 없습니다. 저도 왜 이러는지 잘 모르겠어요.

카밀로   확실히 일반적인 삶의 형태는 아니네요. 무언가를 계속 시도하는데 하나도 이뤄본 적이 없다는 건 무슨 뜻일까요? 당신이 느끼기에 말입니다.

E      저는 무언가를 이루지 못하는 사람이라는 뜻으로 느껴집니다.

카밀로   정확히 말하자면 이루지 못하는 게 아니라 이루어지면 안 될 만한 강력한 이유가 있다는 뜻입니다. 일단 몇 가지 질문을 드리겠습니다. 당신 말에 의하면 당신은 나태한 사람은 아닙니다. 무언가를 끊임없이 시도하기는 하지요. 그런데 도중에 계속 노선을 바꿔탑니다. 이유가 뭐라고 생각합니까?

E      제 성격을 잘 살펴보면 빨리 끓어올랐다가 빨리 식더라고요. 결심한 바를 끝까지 이어간 적이 거의 없는 것 같습니다.

카밀로   열정이 식어갈 때의 느낌이 어떻습니까? 한계를 느껴서 바꾸는 건가요? 흥미가 떨어지나요? 아니면 지겨워지나요? 아니면 당신의 열정에 불을 지피는 다른 대상이 열정이 식어갈 때쯤 나타나나요?

E      모두가 다 맞는 것 같습니다. 어느 것 하나가 주도적이기

보다는 말씀하신 모든 감정과 상황들이 다 함께 반복되는 것 같습니다.

**카밀로** 좋습니다. 중요한 정보를 얻었습니다. 그럼 당신이 자아실현을 위해 목표를 고르는 기준은 무엇인가요? 그러니까, 도전 과제를 선정할 때의 기준 말입니다. 공인중개사 시험에 도전한다면 그것은 무엇을 위한 건가요? 공무원 시험에 도전한다면 그것은 무엇을 위한 건가요? 어떤 기준이 있을 것 아닙니까? 그게 뭐라고 생각하나요?

**E** 음…. 많은 도전을 해봤지만 사실 제게 있어서 새로운 도전의 기준은 하나인 것 같습니다. 부모님을 비롯해 집안 어른들이나 지인들이 저를 바라보는 시선입니다. 특히 부모님을 볼 때면 너무 죄송스러워서 견디기 힘들었습니다. 나와는 대비되는 안정된 삶을 살고 있는 지인들이 제 걱정을 할 때도 빨리 뭐라도 해야겠다는 결심을 하기도 하고요. 하지만 가장 큰 이유는 부모님께 면목이 없어서인 것 같습니다. 죄송스러워서 죽을 것 같을 때마다 마음을 크게 먹고 무언가를 시작하고는 합니다.

**카밀로** 그런데 끝을 본 것은 하나도 없군요. 진짜로 부모님께 면목이 없다면 무언가 하나를 집요하게 파고들어서 이미 그것을 이루었을 것입니다. 하지만 당신의 현실은 전혀 그렇지 않죠. 부모님께 면목이 없어서 자아실현을 위한 노력을 한다는 것은 일종의 가면입니다. 당신이 동기라고 느끼는 그 마음은 당신 마음속 깊은 곳의 무언가를 숨기기 위한 장치입니다. 다시 한번 생각해보세요. 부모님이 당신을 바라보는 시선, 지인들이 당신을 바라보는 시선을 느낄 때 가장 적나라하게 느껴지는 감정은 무엇인가요?

E  그럴 때는 제가 많이 초라해 보입니다. 아! 제 모습이 자꾸 초라해 보일 때, 내 초라한 모습을 한 방에 바꿔줄 만한 것들을 찾는 것 같습니다. 그때그때 그 대상이 달라지지만 말이죠.

카밀로 당신의 메인 카르마가 확인되었습니다. 매번 새로운 것을 도전할 때의 마음 상태를 잘 들여다보세요. 이런저런 이유가 있겠지만 가장 큰 이유는 아마도 "나의 지금 모습이 너무 초라해. 뭐라도 해야겠어"라는 마음에 가까울 것입니다.

E  네…. 저는 평소에도 저의 초라한 모습을 항상 느끼고 삽니다. 그래서 그 느낌을 느끼지 않기 위해 항상 뭐라도 하는 거죠.

카밀로 타인들의 시선이 어떻든 그 이전에 당신 스스로가 자신을 초라하게 보는군요. 그 초라함을 느낄 때마다 뭐라도 해야겠다는 마음이 드는 것이고요. 그렇다면 당신이 자아실현을 위해 도전하는 모든 계획들은 뚜렷한 명분이 없는 것들입니다. 냉정하게 들여다보세요. 당신이 무엇을 시도하더라도 그 안에는 이미 스스로에 대한 불신이 깔려 있습니다. 그렇다면 당신의 선택은 스스로의 능력과 미래에 대한 극도의 두려움으로부터 일단 도피하기 위해 일어나는 선택입니다. 즉, 당신 안의 어떤 '에고'가 자신의 생존을 위한 도구로 "이대로는 안 되겠으니 무언가를 이뤄야겠다"는 마음을 만들어낸 것입니다. 그런데 그림이 어때요? 그게 성취동기로 작용할 만한 상태인가요? 아닙니다. 오히려 무언가에 쫓겨서 급하게 만들어낸 명분으로 보이지 않습니까?

E  그러네요…. 실제로도 무언가 목표하고 계획을 세울 때 항상 급하게 세우고는 했습니다. 진짜로 내가 원하는 것인지, 내

가 할 수 있는지, 또 어떻게 그 계획을 실행에 옮겨야 할지 등은 크게 생각하지 않았습니다. 어쩌면 이런 복잡한 과정들은 생각하기 싫었던 것 같습니다. 그래서 자꾸 전문 자격증 시험들에 마음이 꽂혔던 것 같기도 합니다.

**카밀로** 그러한 마음으로 목표를 세우면 마음의 결 자체가 불안정해집니다. 느긋하고 당연한 자기신뢰에 기반한 마음이 아니라, 조급하고 초조한 상태가 됩니다. 이제 당신은 자기 자신이라고 받아들인 어떤 캐릭터의 생존 도구를 이를 악물고 실행시키려 합니다. 실제로 당신은 매우 부지런하게 살고 있습니다. 아르바이트까지 하면서 말이지요. 그런데 어떤가요? 마음이 지치고 변하기 전까지는 그 목표를 이루겠다며 이를 악물고 살고 있지 않습니까?

**E** 네, 그런 독한 마음이 지속되는 기간은 짧지만 정말 열심히 살고 있습니다. 하지만 그게 나쁜 것은 아니잖아요?

**카밀로** 부지런한 삶 자체에는 문제가 전혀 없습니다. 하지만 이를 악물고 힘을 쓴다는 것에는 어떤 전제가 깔려 있을까요? 예를 들어봅시다. 지금 당신 눈앞에 놓인 컵을 들어 올릴 수 있나요? 가능하면 한번 들어 올려보세요.

**E** 네? 당연하죠. 이게 뭐라고. (컵을 들어 올린다.)

**카밀로** 컵을 들어 올릴 때 이를 악물고 들어 올렸나요?

**E** 아뇨, 그럴 필요가 없었습니다.

**카밀로** 그럼 저 앞의 크고 거대한 원목 탁자는 어떻습니까? 편하게 들 수 있을까요? 아니면 이를 악물고 힘을 써야 들 수 있나요?

**E** 저런 큰 탁자를 들어 올리려면 힘이 많이 들어가겠죠. 당

연히 이를 악물고 힘을 써야 합니다.

**카밀로** 컵을 들 때의 마음과 원목 탁자를 들 때의 마음을 비교해 보세요. 그 두 경우에 작용하는 마음의 형태가 당신이 자신의 자아실현 목표를 대하는 마음이 됩니다. 이를 악물면 악물수록 스스로가 부족하다는 사실을 증명하는 것이 되겠죠. 당신이 자신을 신뢰한다면 당신이 이루고자 하는 목표는 컵 하나 정도의 무게로 여겨집니다. 그리고 당신은 충분히 그 컵을 들 수 있겠지요. 결과에 이르는 과정 또한 힘이 들어가지 않습니다. 하지만 스스로를 신뢰하지 않는다면 목표는 원목 탁자만큼 무겁게 여겨지다가 어느 순간 바윗덩어리의 무게처럼 느껴질 것입니다. 그 무게가 느껴질 때쯤 당신의 마음속 깊은 곳에서는 이미 실패를 예감하고 있을 것입니다. 맞죠?

**E** 네, 부인할 수 없네요.

**카밀로** 만약 목표 달성에 실패한다면 당신은 자기 자신에게 너무나도 실망하게 될 것입니다. 그렇다면 견디지 못하겠죠. 그러니 애당초 그런 좌절감, 실망감을 맛볼 만한 상황을 만들지 않으면 되는 겁니다. 그러기에는 중도 포기가 가장 좋은 방법이 될 것입니다. 그러나 못할 것 같다는 마음만으로 중간에 그만두는 것은 자기가 생각해도 명분이 없어 보입니다. 그래서 새로운 관심, 새로운 목표를 만들어서 갈아타는 모양을 계획하는 겁니다. 이렇게 하면 "내가 중도에 관둔 것은 다른 것에 도전하기 위한 어쩔 수 없는 선택이었다"고 스스로를 변호할 수 있는 명분이 될 테니 말입니다.

하지만 매번 그런 식으로 하다 보니 이제는 더 이상 효과가 없는 지경까지 오고 말았습니다. 이젠 새로운 걸 한다고 해도 주변 사람들이 격려조차 안 할 것입니다. 부모님의 시선도 이미 싸늘하게 식어버렸을 테고요. 그럼 그 시선에 당신은 또 상처를 받습니다. 우울함을 느끼고 "난 안 되나 보다" 하는 좌절감도 느끼겠죠. 그러나 그 감정이 어느 정도의 임계치를 넘으면 당신의 마음은 또다시 도피처로 이용할 도전 거리를 찾기 시작할 것입니다. 그럼 적어도 도전을 진행하고 있는 동안은 당신 안의 온갖 부정적인 감정들로부터 도피할 수 있을 테니까요.

그때 무엇을 느낍니까? 일종의 안정감을 느낄 것입니다. 발전하기 위해서 무언가를 하고 있는 동안에는 이 감정의 진통제를 맛볼 수 있는 것입니다. 당신의 삶은 이 감정 진통제에 중독되어 있는 상태입니다. 이런 중독은 왜 일어날까요? 당신이 초라한 감정으로부터 벗어나기를 진정으로 원했다면 이미 예전에 벗어났을 것입니다. 하지만 그렇지 않죠. 왜냐면 가장 깊은 곳의 당신이 원하는 것은 초라함의 감정으로부터 해방되는 것이 아니라 오히려 자신의 초라함을 통해 어떤 사실 하나를 확인하는 것이기 때문입니다.

E      지금 소름이 돋았습니다.

카밀로    무엇이 당신을 이렇게 생각하고, 느끼고, 행동하게 만들고 있을까요? 당신은 왜 스스로를 초라한 존재로 강력하게 인식하고 있을까요? 당신이 진짜 부족하기 때문일까요?

E      잘 모르겠습니다. 제가 진짜 부족한 사람인 게 아니면 도대체 왜 스스로를 그렇게 인식하는 거죠?

카밀로    당신 안에는 아주 슬픈 마음이 하나 있습니다. 인간이라는 존재는 자신의 이원성을 느낄 때마다 자신이 불완전하고 부족한 존재라고 느끼게 되어 있습니다. 그것을 원죄라고 부르지요. 이 원초적인 불완전의 감각은 사람마다 다양하게 표현됩니다. 그중에서 당신에게 작용하고 있는 관념 형태는 "비교, 분별에서 열등한 위치를 차지해야만 해"라는 관념입니다. 이 관념이 세상을 체험하는 기준 렌즈가 되면 당신은 자신의 열등함을 계속해서 확인해야만 살아갈 수 있는 존재가 됩니다.

E      이해가 안 됩니다. 왜 일부러 열등한 존재가 되려 하는 겁니까?

카밀로   그래야 자신의 존재적 불완전함을 증명할 수 있으니까요. 이 불완전의 감각은 매우 원초적인 감각입니다. 이것이 각성되어 한 개인의 메인 카르마로 강력하게 자리 잡으면 그의 삶은 온갖 부정적인 사건으로 뒤덮입니다. 그러나 개인의 표면적인 마음으로는 관념들의 입장을 이해할 수 없습니다. 저 관념이 선택된 데는 그럴 만한 이유가 있다는 사실을 가슴으로 허용해야 합니다. 할 수 있겠습니까?

E      눈물이 멈추지 않고, 가슴도 찢어지는 것 같습니다. 슬퍼지고 불행해지기 위해 살아야 한다는 법이 세상에 어디 있습니까?! 왜 내가 이렇게 살아야 하죠? 억울하고 분하고…. 또 저 자신이 너무 가엾습니다.


이렇게 E씨의 내면아이 소통이 시작되었다. 그는 이제까지 나와 상담했던 사람들 중 가장 치열한 저항에 부딪혔다. 도박에 중독된 사람이 도박을 끊는 것과 비슷한 정도의 저항이었다.

그는 자신 안에 스스로를 불신하고 낮추어 여겨야지만 생존할 수 있는 기막힌 관념이 있다는 사실 때문에, 그리고 아무리 노력해도 자꾸만 불행하려 하는 자신의 모습 때문에 마음이 찢어졌다. 그렇게 불행해야만 행복할 수 있는 기막힌 자신의 모습을 보며 그는 좌절과 도전을 거듭했고, 3년이 흘렀다.

지금, 그는 세무사가 되어 열심히 사는 중이다. 그의 변화는 자신이 부족해야만 존재를 유지할 수 있다고 믿는, 마음속 가장 깊은 곳의 관념과 소통하고 화해했을 때 나타났다. 그는 꾸준한 내면아이 소통과 명상 작업을 통해 자신의 안으로, 안으로 포기하지 않고 다가갔다. 매번 포기하던 그인지라 수백 번도 더 포기했지만 수백 번을 다시 일어나 자신에게 다가갔다. 인간은 본래 완벽한 존재이다. 그러나 이 세상은 상대적인 세상이기에 본래의 완벽한 본질이 드러나기 위해서는 과정이 필요하다.

E씨는 자신에 대한 규정을 새롭게 바꾸는 과정을 통해 자신이 어떤 존재인지를 깨닫고 체험했다. 그는 이제 무엇을 도전하더라도 자신을 숨기기 위한 가면으로 삼지 않는다. 마치 컵을 들듯 자신에게 이미 주어진 것이라는 사실을 잊지 않고 목표를 향해 걸어간다. 그렇게 또 다른 결과의 과정이 펼쳐지는 것이다. 지금도 이 과정을 걷고 있을 수많은 이들을 위해 그의 사례를 남겨본다.

## 6장
### 더욱더 올라가야 지금의 명예와 권력을 유지할 수 있어

F씨는 대기업에서 오랫동안 일했었고, 지금은 대기업 수준의 건실한 기업에 고위직 임원으로 스카우트되어 일하고 있는 40대 후반의 남성이다. 최근 그에게는 인생 최대의 위기가 닥쳤다. 그것은 바로, 그의 휘하에 있는 여성 팀장과의 말도 안 되는 스캔들이다.

F씨는 카리스마와 능력을 모두 갖춘 매력적인 남성이다. 그는 어린 시절부터 사회적 명예와 성공을 모두 이루는 꿈을 꿔왔다. 그래서 열심히 공부하고 능력을 쌓아왔다. 그의 표현을 따르면 30대 중반까지 하루에 네 시간 이상 잠을 잔 적이 거의 없을 정도로 시간을 쪼개가며 노력해왔고 40대에 들어서면서는 자신의 목표를 어느 정도 달성할 수 있었다. 그가 새로운 회사의 임원으로 자리를 옮긴 이후에도 이와 같은 생활패턴은 변함이 없었는데, 그 대가로 회사는 큰 성장을 이룰 수 있었다.

하지만 어느 날 그가 맡고 있는 부서의 여성 팀장 한 명과 이상한 소문이 나기 시작했다. F씨가 그 팀장과 불륜을 저지르고 있다는 소문이었다. 그 팀장과는 회사 동료라는 관계를 떠나서도 매우 친한 사이였지만 불륜은 아니었다. 이 소문에 대해 대처하는 과정에서 그 여성 팀장은 적극적으로 오해를 해명하지 않고 오히려 퇴사해버리고 말았다. 사실 그 여성 팀장은 그에게 남몰래 연정을 품고 있었다. F씨와 그녀 사이에서 있었던 여러 가지 상황들이 그녀에게 F씨 또한 자신을 사랑한다는 오해를 심어주었던 것이다.

그러나 사실이 어떻든 F씨는 이미 오래전에 가정을 이룬 사람으로서 이러한 구설수는 그간 쌓아왔던 그의 명예와 커리어에 커다란 흠집을 내고 말았다. 또, 퇴사한 여성 팀장을 믿고 따르는 사람들의 노골적인 비난으로 인해 그는 한 여성을 가지고 놀다 냉정하게 버린 파렴치한으로 인식되어버렸다. 그는 휴직 신청을 하고 잠시 회사를 떠날 수밖에 없는 입장이 되었다.

F  제가 쌓아왔던 모든 것이 무너졌습니다. 그렇게 열심히 노력하며 이루어낸 모든 것들이 무너지는 데 걸리는 시간은 한순간이더군요. 제가 오해의 소지가 되는 행동을 했다는 것이 실수라면 실수겠지만 그렇다고 제가 절대적으로 잘못했다고는 생각하지 않습니다. 그래서 더욱 억울하고 분노가 치밀어 오릅니다.

카밀로  물론 억울하시겠지만 지금은 그 감정으로부터 잠시 물러나야 합니다. 감정에 먹혀 있는 상태에서는 아무것도 할 수 없습니다. 억울한 감정이 나타나거든 그것을 대상 바라보듯이 해보세요. 물건 바라보듯 바라보며 "아 억울이가 또 나타났구나"라고 여겨보세요. 할 수 있나요?

F     네…. 그렇게 하니까 감정이 수그러드네요. 감사합니다.

카밀로     이제 당신의 카르마가 되는 관념들을 찾아봅시다. 당신은 어린 시절부터 매우 계획적으로 시간을 쓰고 치열하게 그것을 지키며 살아왔다고 했습니다. 그런데 그렇게 살게 만든 동기가 무엇이었습니까?

F     저는 제게 있어서 중요하다고 여겨지는 것이 있거든 그것을 반드시 성취합니다. 그 성취과정에서 치열한 자기 관리가 필요했기에 그렇게 살았던 것이지요.

카밀로     목표했던 것을 성취하면 어떻게 합니까? 내려놓고 쉬면서 즐길 수도 있을 텐데요.

F     목표를 성취하면 그다음의 목표를 설정하고 또 달렸습니다. 저는 목표를 세울 때 최종적인 목표설정을 먼저 합니다. 그리고 그 과정에서 거쳐야 할 중간 목표들을 세심하게 설정하지요. 그런 후 가장 가까운 목표부터 성취하기 시작하는 겁니다.

카밀로     매우 좋은 목표달성 스킬이군요. 자신의 자아실현을 위한 사회적 스킬로는 나무랄 데 없지만 그렇게 행위하게 만든 보다 깊은 곳의 드라마에 대해서는 잘 모르고 계신 듯합니다. 당신을 그렇게 목표지상주의로 살게끔 만든 마음이 혹시 "더욱더 올라가야 해. 그래야 지금의 명예와 권력을 유지할 수 있어"라는 느낌은 아니었나요?

F     음, 맞습니다. 어떤 목표에 도달하면 내가 도달한 자리는 이제 다른 이들의 목표가 됩니다. 시간이 흘러도 그 자리에 안주

해 있으면 지금의 자리마저 위협받겠지요. 그렇다면 제 것을 지킬 수 없지 않겠습니까? 따라서 안주하기보다는 더 높은 곳을 향해 도전하는 삶의 방식을 택했습니다. 하지만 그 동기를 카밀로님이 표현한 문장으로 다시 들어보니 묘한 마음이 드는군요. 이렇게 구체적으로 분석해본 적은 없었으니까요. 정말 묘하네요.

**카밀로**  당신은 매우 똑똑한 사람입니다. 벌써 무언가 이상하다는 사실을 눈치채신 듯하네요. 당신이 표현한 자아실현 동기는 명예와 권력에 집착하는 마음이 쓰는 대표적인 가면입니다. 그 마음이 계속된다면 대부분의 경우 뚜렷한 목표가 아니더라도 '목표의 설정과 성취' 자체에 대한 집착으로 흐르게 되지요. 무언가를 달성하면 기분이 좋을 것입니다. 성취감, 뿌듯함, 자신감 등이 느껴질 테니까요. 아주 짜릿할 것입니다. 하지만 그것도 잠시뿐, 이내 다시 미묘한 불안감이 느껴질 겁니다. 느껴본 적 없나요?

**F**  음, 명확하게 느껴본 적은 없는 것 같은데요.

**카밀로**  있을 겁니다. 눈치채지 못했을 뿐입니다. 그것은 당신의 인생관을 설명할 때 이미 드러났습니다. 내가 성취한 자리에 머물러 있으면 곧 다른 이들의 목표가 되고 밀려나게 된다는 말에 그 불안감이 드러나 있다는 말입니다.

**F**  전혀 눈치채지 못했습니다. 곱씹어 보니 그렇군요. 불안한 거였네요.

**카밀로**  왜 불안할까요? "나는 대단한 사람이지만 내가 해낸 것이 유일무이한 것은 아니다. 세상에는 나보다 대단하거나 나만큼 대단한 사람들도 얼마든지 있을 것이다. 그러니 그런 잠재력을 가지고 있는 이들이 나의 자리를 노리고 달려온다면 내 명예와 권력을 보전할 수 있다는 확실한 보장이 없구나." 이런 마음이 생기니 불안했을 것입니다. 당신은 자신의 능력만큼 타인의 능력 또한 볼 수 있고 인정할 수 있는 넓은 시야를 지닌 사람입니다. 하지만 그 시야가 오히려 자신의 안정이 보장되지 않을 수 있다는 불안감을 안겨주기도 합니다.

F　　와, 그걸 알아보시는군요. 저는 사람 보는 눈이 있다고 자부하며 살아왔습니다. 그래서 인재 채용 분야에서도 많은 업적을 올려왔죠. 그러나 저 스스로를 대체 불가능하다고 여기지는 않았습니다. 워낙 많은 인재들을 접하다 보니 그럴 수가 없었습니다. 그들을 보면서 내 편으로 만들지 않으면 안 되겠다 느낀 적도 많고, 나보다 위로 올라가게 두면 안 되겠다는 불안감도 느끼고는 했죠. 저와 스캔들이 났던 여성 팀장 또한 그런 인재였습니다. 그래서 더 가까이 두기도 했던 거고요. 아무에게도 말을 한 적이 없는데 어떻게 아셨는지 모르겠습니다.

카밀로　관념들의 속성을 알면 자연스럽게 보이게 됩니다. 어쨌든 당신의 마음 안에는 자신에 대해 자부하면서도 또 스스로를 완전히 믿지는 못하는 미묘한 양가감정이 형성되어 있습니다. 그래서 무언가를 이룬다 해도 또 달성해야 할 목표를 설정합니다. 그리고 그것을 향해 달려가는 동안에만 안도할 수 있는 상태가 됩니다. 나의 불안감을 덮기 위해 스스로에게 정당하고 떳떳한 명분을 가지고 무언가를 하고 있을 때만 안심하게 되는 것입니다. 그 결과, 당신은 명예와 권력을 얻었지만 동시에 워커홀릭이 되었습니다. 아마 가정에도 충실하지 못했을 것입니다. 그렇지 않습니까?

F    제가 워커홀릭이라는 사실을 인정합니다. 식구들에게도 미안하고요. 하지만 저의 사회적 성공이 가족들의 풍족한 삶을 보장하는 것이라 생각하며 스스로 위안하곤 했습니다.

카밀로    당신이 워커홀릭이 된 과정에는 또 다른 관념이 참여하고 있습니다. 바로 "명예와 권력을 지키려면 뼈 빠지게 노력하고 바빠야 해"라는 관념입니다. 이 관념은 어린 시절부터 활성화된 것입니다. 당신은 하루에 서너 시간 이상 잠을 자지 않으면서 공부 중독, 스펙 쌓기 중독, 일 중독이 되어갔습니다. 그러나 이 "치열하고 바빠야만 나를 지킬 수 있어"라는 관념을 잘 들여다보시길 바랍니다. 이 관념은 무엇을 의미하고 있는 걸까요?

F    결국 저 자신에 대한 믿음이 부족했던 것 아닐까요?

카밀로    그렇습니다. 당신이 앞에서 이미 말했습니다. 자신은 뛰어난 사람이지만 세상에는 나보다 잘난 사람들이 얼마든지 있다는 사실을 인정했죠. 얼핏 보기에는 겸손한 발언처럼 보이지만 이 관념이 당신을 불안하게 만들고, 소처럼 일하지 않으면 가진 것을 빼앗길 것 같다는 불안감 속으로 당신을 몰아넣었습니다. 이는 자기 자신을 '중간보다는 높지만 상위 레벨이라기에는 부족한 사람'으로 규정하고 있다는 뜻입니다.

F    제가 왜 그렇게 살 수밖에 없었는지 이제 이해가 가기 시작합니다. 참담하네요.

카밀로    진짜 문제는 이제부터입니다. 당신은 두 개의 칼날 위에서 살고 있었습니다.

F    두 개의 칼날이요? 그게 뭐죠?

카밀로    당신 마음속 가장 깊은 관념은 "나는 부족한 존재다"라는 관념입니다. 당신은 왜 자신이 속해 있던 대기업에서 임원이 되는 길을 택하지 않았나요?

F    스카우트를 제의한 지금의 회사가 내민 조건이 매우 좋았거든요. 그래서 선택했습니다.

**카밀로**    하지만 회사 규모로 따지자면 당신이 원래 재직하던 회사가 훨씬 크지요. 왜 그곳에서 임원이 될 생각을 하지 않았을까요? 조건이 좋았다고는 하지만 내심 그곳에서 정점이 될 자신이 없었기 때문은 아닌가요?

F    발가벗겨지는 기분입니다. 맞습니다. 용의 꼬리가 되느니 뱀의 머리가 되자는 생각이었습니다.

**카밀로**    이와 같은 상황을 이끌어낸 관념은 무엇일까요? 바로 가장 깊은 곳의 메인 카르마인 "나는 (이 대기업의 정점이 되기에는) 부족한 존재다"라는 관념입니다. 그래서 타협하게 된 것이죠. 이 관념이 첫 번째 칼날입니다.

F    두 번째는 무엇입니까?

**카밀로**    "명예를 지키려면 뼈 빠지게 일하고 바빠야 해"라는 관념입니다. 이 관념은 당신의 사회적 지위, 명예, 권력, 풍요 등을 지속시키기 위해 없어서는 안 될 관념으로 활동하고 있습니다. 실제로 당신이 바쁘게 살아오는 동안 이 모든 것은 유지되고 있었으니까요. 그런데 당신이 헤아리지 못한 것이 있습니다. 바로 보다 깊은 곳의 실세인 메인 카르마, 바로 "나는 부족한 존재다"라는 관념에 대한 것입니다. 관념 따라 바쁘게 살았더니, 치열하게 노력했더니 당신의 명예와 권력이 유지되고 있습니다. 그렇다면 그 모양은 "나는 부족한 존재다"라는 관념에 부합하는 것입니까?

아니면 위배되는 것입니까?

F  위배되는 것이군요. 아⋯ 감이 옵니다. 세상에 이럴 수가.

카밀로  역시 빠르게 알아채시네요. '나는 부족한 사람'이라는 관념을 당 대표로 앉혀놓은 집권 여당 '결핍당'은 자신들의 정체성을 지키기 위해 당신이 바쁘게 일할 수 없는 상태를 만들어냅니다. 당신은 명예를 가장 중요하게 여기는 사람입니다. 따라서 당신을 멈추려면 명예에 상처가 나야 합니다. 그것도 얼토당토않은 이유로 명예가 땅에 떨어져야 합니다. 이런저런 오해가 생기고 이런저런 스캔들이 발생하게 된 이유가 여기에 있습니다. 또, 이런 사건을 통해서 당신은 크게 좌절하고 모든 것을 빼앗긴 듯한 느낌을 느껴야만 했습니다. 왜냐고요? 그래야만 "나는 (역시) 부족한 존재였어"라고 느끼며 당신을 통해 활동하는 메인 카르마를 다시 한번 정당하게 인정할 명분이 생기게 될 테니까요.

F씨의 사례는 겉으로 드러난 모습보다 훨씬 거대한 물밑 드라마에 대해 많은 것을 알 수 있는 사례이다. 인간은 대부분의 경우에 자신이 왜 이렇게 살고 있는지 모른다. 나에게 왜 이런 일이 일어나고 있는지도 모른다. 그저 의식의 표면에 나타나는 정신작용들, 그리고 모든 현실 결정 요소들이 참여해 최종적으로 출력된 현실만이 내 삶의 모든 것인 줄 알고 살아가는 것이다.

하지만 우리의 현실은 수많은 현실 출력회로 안의 프로그램들이 연동하여 나타난 결과이다. 따라서 겉으로 보기엔 용감해 보이는 것이 알고 보면 가장 소심한 무언가를 감추기 위해 나타나는 것일 수 있고, 겉으로 보기에 행복해 보이는 현실이 알고 보면 불행을 감추기 위해 이용된 가면일 수 있는 것이다.

　F씨의 경우도 마찬가지다. 그의 삶은 철저히 마음속 가장 깊은 곳의 자기불신, 그리고 그로부터 파생되는 불안감에서 도피하기 위한 것이었다. 그리고 도피하는 그 행위가 마음 가장 깊은 곳의 자기규정으로부터 항상 감시받고 있으며, 한술 더 떠 이용당하고 있음을 눈치채지 못하며 살아왔다. 그러나 그는 똑똑한 사람이었다. 그는 앞으로 남은 자신의 삶을 어떻게 살아야 하며 그러기 위해서는 어떻게 행동해야 할지를 깨닫고 그것을 인정했다. 자신의 지난 과거를 만들어온 결핍의 관념들을 하나하나 만나 수고했다고 다독여주고, 편히 쉬라고 가슴을 내어주는 소통작업에 몰입하기 시작했다. 물론 이 관념들을 새롭게 하는 데는 많은 저항이 있었지만 이미 시작된 진정한 변화를 막을 수는 없었다.

　지금 그는 어떻게 살고 있을까? 결과적으로, 스캔들이 일어났던 회사에서는 퇴직을 했다. 그리고 자신의 회사를 창업했다. 전문분야는 경영 전반에 관한 컨설팅인데, 그중에서도 회사 내 인간관계 경영에 대한 부분을 중요하게 다루고 있다. 중요한 부분은 그가 지난 세월 동안 겪어왔던 모든 것이 이 회사를 운영할 수 있는 소중한 자산이 되어주고 있다는 점이다. 내면에서 진정한 변화가 일어나면 과거의 상처와 치부를 바라보는 관점이 변한다. 나를 괴롭히던 것으로 여겨지던 그들이 이제는 소중한 자산으로 느껴지기 시작하는 것이다. F씨는 이제야 여유롭고 느긋한 마음으로 그의 삶을 즐기고 있다. 그리고 그 자리에서 진정한 자아실현의 의미를 느끼고 있다.

## 7장
## 나 아닌 이들과 세상은 적이야

G씨는 제법 큰 로펌에 근무하는 40대 초반의 여성 변호사다. 그녀는 스스로를 자신의 분야에서 대체 불가능한 사람이라 평가할 정도로 자신에 대한 확신이 있는 사람이었고, 외모도 무척 매력적이었다. 그녀 삶의 유일한 흠은 30대 중반에 이혼 경험이 있다는 것 정도였는데, 그 이유는 남편의 불륜이었다. 그 사건은 완벽해 보였던 그녀의 삶에 큰 트라우마를 가져왔다. 이혼 후 그녀는 더욱더 격렬하게 자신의 일에 몰두하기 시작했다. 이를 뒤집어보면 삶의 의미가 온통 자신의 일에 쏠려 있다는 뜻이기도 하다.

그렇게 쉴 새 없이 앞만 보고 달린 결과 이혼 후에 더 많은 것들을 이루어내긴 했지만 그녀의 마음에는 말로 표현할 수 없는 외로움과 불안감이 자리 잡기 시작했다. 마음의 상태는 현실에도 반영된다. 본래 모든 사람들과 두루두루 잘 지내는 편이 아니었던 그녀였는데 이혼 후에는 직장 동료들과의 사이가 더 벌어지기 시작했다. 사실 그녀는 꽤 깐깐하고 예민한 성격이었고 무엇보다 인간관계에 있어 방어적이었다. 그러나 워낙에 업무능력이 뛰어나 지금껏 이런 결점들을 상쇄시켜온 것이다.

하지만 이혼을 계기로 그녀의 방어적이고 고압적인 태도는 더 이상 통제하기 힘들 정도로 외부로 표출되기 시작했다. 그녀는 승진을 해야 했고, 승진을 하려면 원만한 사내 정치는 필수였다. 이로 인해 그녀의 승진계획에 빨간불이 켜지고 말았다. 위기를 의식한 그녀는 병원에도 다니고 상담도 받아봤지만 별 효과는 없었다. 그녀에게 무슨 일이 일어난 것인지 살펴보자.


G    저는 지금 사내에서 한 단계 더 높은 직급으로 승진할 수 있는 시기에 있습니다. 아니, 반드시 승진해야 하는 시기입니다.

카밀로    반드시 승진해야 할 이유가 있나요?

G    그래야 마음이 편해요.

카밀로    그래야 마음이 편한 것에도 여러 가지 이유가 있을 겁니다. 평소에 외로움과 불안함을 많이 느낀다고 하셨는데, 승진을 해서 보다 높은 직급에 올라가면 그 감정이 해결될 거라고 생각하고 있나요? 쉽게 말하면 내가 안전하다는 그런 느낌과도 비슷합니다.

G    음… 그런 것 같아요. 제 삶의 낙은 자아실현 차원에 몰려 있습니다. 남들보다 조금 더 좋은 커리어와 명예를 만들면 기분이 좋아집니다. 안정감도 느끼고요.

카밀로    결혼 실패 후 외로움이 더 강해졌나요?

G    네, 결혼 전에도, 결혼생활 중에도 외로움은 느꼈지만

이혼 이후에 훨씬 심해졌어요.

**카밀로**  외로움에도 여러 유형이 있습니다. 예전에 느끼던 외로움은 이해받지 못하고 공감받지 못하는 외로움에 가까웠을 것입니다. 하지만 이혼 후에 나타난, 지금 당신이 느끼는 감정은 버려진 느낌으로부터 오는 외로움에 가깝지는 않습니까?

**G**  네, 그래서 인정하기 힘들어요. "감히 나를 버리다니" 하는 생각이 올라와서 화가 나고 또 한편으로는 외톨이가 된 느낌에 쓸쓸해집니다.

**카밀로**  이해합니다. 그 감정은 당신의 성공에 대한 집착과도 관련이 있습니다. 잘 생각해보세요. 기를 쓰고 승진하려고 하는 이유가 그래야만 안전함을 느끼기 때문이라면 당신은 타인을 무엇으로 받아들이고 있는 걸까요?

**G**  잘 모르겠습니다. 다른 사람들을 경계하는 것 같기는 하지만 좀 모호하네요.

**카밀로**  당신의 마음속에는 "나는 외톨이야"라는 느낌이 자리 잡고 있습니다. 그런데 그것뿐만이 아닙니다. 나 아닌 이들과 세상을 적으로 생각하는 관념이 있습니다. 타인을 적으로 돌려버리면 나는 결국 계속 외톨이일 수밖에 없지요. 그렇다면 당신은 마음속 깊은 곳에서 외톨이가 되기를 선택한 것입니다.

**G**  그럴 리가 없어요. 전 남편과 헤어진 것은 그의 불륜 때문이었어요. 제 잘못이 아니었습니다. 회사에서 사람들과의 관계가 껄끄러워진 것도 제 잘못은 아닙니다. 물론 아무런 잘못이 없는 것은 아니겠지만 과실로 따지면 그들의 잘못이 더 크다고 봅니다.

**카밀로**  누구의 과실이 더 큰지는 중요하지 않습니다. 인간은 매 순간순간 가해자와 피해자 역할을 오가고 있으니까요. 지금 중요한 문제는 잘잘못을 따지고 책임관계를 명확히 하는 것이 아닙니다. 중요한 것은 이렇게까지 해서 지키고자 하는 '외톨이'라는 메인 카르마를 알아채는 것입니다. 당신의 메인 카르마가 "나는 혼자야. 나는 외톨이야"라는 관념이라는 말입니다.

**G**  저는 그것을 선택한 적이 없습니다.

**카밀로**  표면의 당신이 선택한 것이 아닙니다. 보다 깊은 곳의 당신이 선택한 것입니다. 아니, 오히려 외톨이라는 관념에게 당신이 선택받은 것이지요. 당신은 자신을 외톨이로 느낍니다. 그렇기에 나를 지키기 위해서는 보다 높은 곳에 도달해야 한다는 강박이 생겨납니다. 나를 지켜야 한다는 강박은 나 아닌 타인들을 적으로 간주하는 마음입니다. 아마 당신의 전남편 또한 그와 같은 마음의 대상이었을 것입니다. 이해받지 못해서 외롭다고 느껴왔다고 하셨는데, 바로 그겁니다. 외톨이라는 메인 카르마가 증명되어야 하기에 당신의 남편은 당신을 이해할 수 없는 사람이 되어야만 했던 것입니다.

또 한편으로는 그가 당신을 공감해주고 이해해줬던 순간들을 당신이 오해하곤 했을 것입니다. 그는 당신을 이해하고 당신에게 공감해주었는데 당신이 알아보지 못한 것이죠. 아니, 못 알아본 게 아니라 알아보면 안 되는 것이기에 잠깐 눈이 멀어버린 것입니다. 즉, 당신은 스스로를 외톨이로 규정했고, 외톨이는 이해받고 공감받으면 안 되므로 당신을 이해해주는 남편의 모습을 볼 수 없었던 것입니다.

G      그럴 리가요. 그는 항상 저를 이해하지 못했어요.

카밀로   항상 몰이해에 빠져 있을 수는 없습니다. 당신이 그에게서 보고 싶은 모습만을 보고 그것을 기억으로 남겨놓은 것입니다. 당신의 메인 카르마인 외톨이라는 관념에 부합하는 모습만을 말입니다. 그러니 상대방 또한 자신이 이해받지 못한다는 느낌을 받았을 것입니다. 그도 외로웠을 것이고요. 남편의 불륜에는 당신 또한 한 역할을 담당했음을 인정해야 합니다.

G      네, 저도 잘못이 있겠지요. 인정합니다. 오늘 너무 많은 충격을 받네요. 제 안에 외톨이가 되고 싶어하는 관념이 있을 줄이야….

카밀로   당신은 쉽게 마음을 여는 사람이 아닙니다. 아니, 못 여는 거죠. 남을 믿지 않으니까요. 맞나요?

G      저는 쉽게 남을 믿을 수 없습니다. 제가 믿는 유일한 사람은 저 자신뿐입니다. 그래서 더 성공하려고 노력했던 거죠.

카밀로   아뇨, 자기 자신만을 믿는 것처럼 보이지만 오히려 반대입니다. 남을 믿지 못한다는 것을 뒤집어 생각해보면 자기 자신의 포용력과 인망을 믿지 않는다는 뜻입니다. 자신을 믿지 못하기에 오히려 겉으로는 자기 자신만을 믿고 타인을 불신하는 형태의 마음이 나타납니다. 만약 진짜로 자신을 믿는다면 나의 주위에 사람들이 모이고 자아실현의 장이 자연스럽게 만들어집니다. 당신의 삶을 돌이켜보세요. 당신은 모든 기회를 이를 악문 노력을 통해 만들어왔지, 자연스럽게 기회가 열리도록 자신을 믿었던 적이 없었을 겁니다.

G      놀랍네요. 실제로 그렇습니다.

**카밀로**　당신은 자기 자신만을 믿기에 항상 의심해야 했습니다. 그러나 가장 깊은 곳에서는 자신조차 믿지 못했습니다. 그것이 당신의 원인 모를 불안감의 원천입니다. 그 불안감이 이렇게 속삭입니다. "누군가가 나를 배신할 것 같아. 배신을 당하면 너무 슬퍼서 견디지 못할 거야. 그러니까 그 기회를 원천 봉쇄해야 해."

결국 당신의 인간관계와 사내 입지는 위로 올라가면 갈수록 고립됩니다. 당신은 이미 많은 것을 이루었습니다. 당신의 성을 쌓은 것이죠. 하지만 당신이 이룬 성은 세상과 자신에 대한 신뢰가 바탕이 된 성이 아니라 "나는 고립된 외로운 사람이라 오직 나의 능력만이 나를 지킬 수 있어"라는 상처받은 관념이 바탕이 된 성입니다. 모래 위에 쌓은 성이죠. 그런 성은 언젠가는 무너집니다. 당신이 느끼는 그 불안감과 불신을 언젠가는 확인시켜줄 만한 일이 일어날 겁니다. 자신을 외톨이로 규정하고, 자신을 지키기 위해 다른 이들을 적으로 간주하고, 타인을 경계하는 삶을 계속 살게 된다면 당신은 지금껏 이루어낸 모든 것을 잃게 될 것입니다.

　　　G씨는 인간의 필연적인 숙명인 이원성으로부터 오는 분리의 감각을 '외톨이'로 받아들였다. 외톨이는 버림받은 존재이니 그러한 자신의 정체성을 유지할 수 있을 만한 현실을 출력해낸다. 이미 그녀는 남편을 잃었다. 그렇게 남편으로부터 버림받은 후 이제는 회사 내 문제로 이제껏 쌓아온 명예를 잃기 위해 과정을 조합해가고 있는 중이었다. 그녀에게 필요한 것은 마음속 가장 깊은 곳의 이 슬픈 자기규정을 정면으로 대면하고 그것과

화해하는 것이었다. 이 작업은 외로워하는 내면아이에게 "나는 한 번도 전체로부터 분리된 적이 없어. 그러니 안심하렴"이라고 포기하지 않고 소통하는 작업이었다.

진심을 다해 가슴의 메시지를 전하기 시작하면 메인 카르마는 반응하기 시작한다. 인간의 삶에는 여러 카테고리가 있지만, 자아실현이라는 측면은 특히 이러한 메인 카르마의 규정에 절대적인 영향을 받는다. 겉으로는 잘나가고 있는 것처럼 보이지만 이뤄낸 모든 것이 한순간에 무너진다든지 하는 일들이 모두 이 같은 메인 카르마가 날리는 한 방이다. 그러나 메인 카르마는 죄가 없다. 모든 관념은 좋고 나쁨의 차별 없이 모두 동일한 현실의 씨앗일 뿐이다. 그러나 이를 받아들이는 것은 쉬운 일이 아니다. 그래서 비이원적 관점으로의 전환이 필요하다.

G씨는 지금 어떻게 살고 있을까? 결과적으로 모든 것이 잘 풀렸다. 지난번의 승진 기회는 놓쳤지만 이후 자연스럽게 승진 기회가 찾아왔고, 결국 승진하게 되었다. 그러나 그보다 더욱 큰 선물은 전남편과의 재결합이었다.

H씨는 매력적인 30대 초반 여성이다. 그녀의 외모는 누가 봐도 매력적이지만 막상 본인은 한 번도 자신의 외모에 만족해본 적이 없었다. 왜 이런 불만족이 생겼을까? 그녀의 말에 따르면 그녀의 집안 사람들의 외모는 상당히 뛰어난 편인데, 특히 두 명의 언니가 대단한 외모의 소유자들이었다. 딸만 셋인 집안의 막내로서 온갖 사랑을 받으며 자랐다고는 하지만 어른이 되어가면서 자신의 외모가 언니들보다 못하다고 느꼈고, 급기야 식구들이 자신에게 보여주는 사랑은 못난이에 대한 연민의 감정일 뿐이라고 여기기 시작한다.

이후 그녀는 학창 시절부터 다이어트를 해왔고 피부 관리, 머릿결 관리 등으로 언제나 예민해져 있었다. 그녀는 학창 시절부터 무리한 다이어트를 해 여리여리한 몸매를 유지하고 있었지만 키는 168, 170센티미터인 언니들에 비해 작은 161센티미터에서 더 이상 크지 않았다. 이때부터 그녀의 외모 불만은 폭발하기 시작했다.

더 예뻐지기 위해 성형수술도 여러 번 했지만, 수술을 아무리 해도 그녀의 갈증은 해결되지 않았다. 물론 사회적 기준으로 볼 때 아름다운 외모를 가진 그녀이기에 회사에서도 인기가 많았고 이성들의 구애는 끊이지 않았다. 하지만 아무리 주변에서 아름답다고 말해줘도 본인 스스로는 항상 불만족한 상태였기에 20대 중반이 넘어가자 마음의 상태를 따라 외모도 점점 변해가기 시작했다. 외모지상주의가 대세가 되어버린 현대 사회에서 그녀와 같은 외모 강박을 가진 사람들은 점점 늘어나고 있다. 그녀의 이야기를 통해 우리의 외모란 무엇이고 관념이 외모에 어떤 영향을 주는지 알아보자.

H    저는 스스로 예쁘다고 생각해본 적이 한 번도 없어요. "봐줄 만하다" 정도는 느껴봤지만 그러면 꼭 마음에 들지 않는 부분이 생기더라고요.

카밀로    어떤 식으로 말인가요? 사소해 보이지만 관념 작용을 알아보기에는 아주 중요한 문제입니다.

H    제 피부가 마음에 들면 어느 날 갑자기 피부에 뭐가 심하게 난다거나, 얼굴이 자주 붓는 체질로 바뀐다거나, 평소 잘 어울리던 화장품이 갑자기 안 맞는 얼굴이 된다거나 하는 일들은 예사입니다. 다음 날 아침에 보는 언니는 또 어쩜 그리 예쁘고 빛이 나던지. 지금은 독립해서 혼자 사느라 언니들을 자주 볼 일은 없지만 TV에 나오는 연예인들을 볼 때마다 제 얼굴과 몸매가 초라

해 보이고, 그런 불만을 느끼면 또 스트레스에 폭식으로 이어졌어요. 그럼 또 후회하며 다이어트를 강행했죠. 눈 모양이 마음에 안 들어서 수술을 했는데 시간이 많이 흘러도 모양이 제대로 자리 잡지 않았던 적도 있었고요. 그럴 때마다 스트레스가 어마어마했어요.

학창 시절에는 제 뒤통수와 이마도 불만이었네요. 조금 더 동그라면 좋았겠다는 마음을 달고 살았어요. 그러다 보니 할 수 있는 헤어스타일도 한정적이었고요. 요즘은 눈이 점점 처지며 작아지는 느낌을 받고 있어요. 또, 얼굴과 체형이 틀어지는 느낌이에요. 저는 이제 겨우 30대 초반인데 벌써 얼굴이 틀어지니 거울을 볼 때마다 스트레스가 말도 못 합니다.

**카밀로** 잘 들었습니다. 몇 가지 질문을 드리죠. 당신이 생각하는 미의 기준은 무엇입니까?

**H** 큰 눈, 오똑한 코, 날씬한 몸매 뭐 그런 거 말하는 거죠?

**카밀로** 지금 말한 모든 것을 이미 다 가지셨는데요. 그런데 왜 계속 불만인 걸까요?

**H** 잘 모르겠어요. 저 조건들이 제게 갖춰지면 이상하게 부족해 보입니다. 제가 어떤 외모를 갖추던 저보다 잘난 사람들이 항상 눈에 들어오더라고요. 언니들과 함께 살 때는 그 열등감에 정말 힘들었어요. 지금은 그래도 낫지만 제 외모가 부족해 보이는 느낌은 계속 있습니다.

**카밀로** 그렇다면 당신에게는 특정한 미의 기준이 없다는 말이군요.

**H** 제게 기준이 없다고요? 좀 전에 말씀드렸잖아요. 큰 눈,

오뚝한 코 뭐 그런 거요.

**카밀로**  그것은 사회에서 통용되는 일반적인 잣대들이죠. 당신만의 기준인 것은 아니지 않습니까? 그래서 그런 기준들을 따라가고 있으면서도 만족하지 못하고 있는 겁니다. 당신의 기준이 일반적인 기준과 같다면 그 조건들을 충족시켰을 때 당신은 만족했을 겁니다. 하지만 만족할 수 없었죠. 결국 당신에게는 미의 기준이 따로 없는 것과 마찬가지입니다. 당신만의 미의 기준이 없으니 아무리 외모를 가꿔도 만족할 리가 없지요.

**H**  그런 생각은 전혀 해본 적이 없네요. 저는 방금 말씀드린 것들이 제 기준이라고 생각해왔습니다.

**카밀로**  당신에게도 미의 기준이 있기는 있습니다. 그러나 제가 그것을 말하면 큰 충격을 받을 수도 있습니다.

**H**  그대로 들어볼래요. 저에 대해 알기 위해서 온 것이니까요.

**카밀로**  당신의 미의 기준은 '자신에 대한 불만'입니다. 이렇게 해도 불만이고 저렇게 해도 불만입니다. 그 불만이 정당한 명분을 가져야 하기 때문에 언니들과 비교하고, 연예인들과 비교를 하죠. 그들과 비교를 하면서 끊임없이 자기 자신을 초라하게 인식해야만 하는 어떤 이유가 당신 마음의 깊은 곳에 있는 것입니다.

**H**  짐작조차 못 하고 있었어요. 자기불만이 미의 기준이었다니. 이런 게 어떻게 가능한 거죠? 제가 이상한 사람처럼 느껴져요.

**카밀로**  생각보다 많은 사람들이 이런 마음 상태에 있습니다. 당신만 그런 건 아니에요. 그럼 이제 당신 안의 무엇이 이와 같은 불만족을 자기 기준으로 삼게 만들었는지를 알아봐야 합니다. 당신은 외모라는 것이 무엇이라고 생각하나요?

H　　　외적인 모양새가 외모 아닌가요? 그 사람을 대변하는 가장 외적인 모습이요. 또, 잘난 외모를 타고나면 강력한 무기가 되기도 하고요. 죄송해요. 사실 저는 외모가 무엇인지 제대로 알지 못하고 있었던 것 같네요.

카밀로　　외적인 모양새를 외모라고 말하는 것은 맞는 말입니다. 하지만 외모의 진정한 가치는 바로 한 개인의 침범받을 수 없는 개성과 매력을 대변하는 역할을 하는 것에 있습니다. 모든 인간은 각자가 고유한 하나의 우주입니다. 외모는 그 유일무이함을 대변하는 엄청난 역할을 하죠. 따라서 나의 외모는 나의 매력과 개성, 유일무이한 카리스마를 드러내기 위해서 있는 것입니다. 이렇게 느껴본 적이 한 번이라도 있나요?

H　　　아니요. 전 항상 사회적으로 통용되는 미인상을 조금이라도 더 따라잡으려고 노력해왔어요. 저 자신이 유일무이한 존재라는 생각은 해본 적이 없습니다.

카밀로　　바로 그것이 실수였습니다. 당신이 당신이기 위해서 타인의 시선이나 일시적 유행을 따를 필요는 없지 않습니까? 당신의 외모는 당신이라는 개인의 고유한 매력과 존귀함을 표현하면 되는 것입니다. 왜 나의 외모가 이런저런 기준에 부합해야 합니까? 따지고 보면 그러라는 법이 없는데 말입니다.

그러나 아까도 말했듯이, 당신은 마음속 깊숙이 스스로를 부족한 존재로 규정하고 있습니다. 그 결핍을 표현하기 위해 당신은 자신의 외모에 결코 만족해서는 안 되었던 겁니다. 그러나 그런 불만족과 별개로, 당신의 외모는 늘 매력적이었지요. 단지 당신의 눈에만 그렇게 보였던 것입니다. 하지만 자신에 대해 만족하지 못하는 시간이 길어지자, 이제 당신의 물리적 몸, 외모 자체가 변하기 시작했습니다. 자기 자신에 대한 불만족의 느낌이 임계치를 넘어선 것입니다. 이제 자신에 대한 결핍의 규정은 급기야 물리적인 외모를 변하게 만들었습니다. 나의 불만에 걸맞은 모습으로 외모가 변해가기 시작하는 겁니다.

H     맙소사! 맞아요! 최근 들어 제 외모가 정말로 못생겨지기 시작했어요. 단순히 나이가 들어서 변한 게 아니라 무언가 속으로부터 틀어지고 있는 느낌이 있었습니다.

카밀로     일단 진정하세요. 먼저 당신은 대단한 현실창조의 힘을 가진 사람임을 알아야 합니다. 자신의 외모를 바꿀 수 있을 정도의 힘이 있는 사람인 거죠. 당신은 이미 외모 시크릿 마스터입니다. 이제 그 힘을 다른 방식으로 사용하면 됩니다. 다시 말해, 외모에 대한 관념을 바꾸면 됩니다. 외모는 개인의 고유한 매력과 카리스마를 표현하는 것입니다. 그러니 첫 번째로, 당신의 외모가 세상에서 유일무이한 것이라고 진심으로 받아들여야 합니다. 남들을 따라 할 필요가 없습니다. 당신의 외모는 당신만을 표현하면 되는 것입니다. 외모가 당신의 자존감의 표현이라는 사실을 인정하세요.

두 번째로, 이제까지의 미에 대한 모든 기준을 모두 버리세요. 그리고 다시는 그것들에 눈길을 주지 마세요. 그 기준들은 당신 자신에 대한 잣대인 동시에 타인에 대한 잣대이기도 합니다. 외모로 비교당하고 차별당한다고 생각하는 저 마음을 잘 들여다봅시다. '외모의 우열 비교를 통한 차별'이라는 것이 애초에 당신의 마음속에 존재하지 않았다면 비교를 통해 열등감을 느끼는 그 마음도 일어날 수 없습니다. 인간은 내 의식의 깊은 곳에 이미 있는 것만을 체험할 수 있습니다. 생각해보세요. 내 안에 없는 것을 알아볼 수 있을까요? 내 안에 없다면 그것을 알아볼 수조차 없습니다. 따라서 외모로 열등감을 가지고 있는 사람은 타인을 대할 때 무의식적으로 외모로 대상을 평가하는 습<sup>習</sup>이 일어나게 됩니다. 그럼 당신의 마음은 그 불안정한 시선으로 세상을 난도질하게 됩니다. 세상을 바라보는 당신의 시선이 불안정하고 차별적이라면 당신의 현실에 나타나는 모든 인연들 또한 불안정하고 차별적인 관계로 형성됩니다. 그러니 그 마음을 멈춰야 합니다.

H       맞아요. 티는 안 내려고 하지만 사실 그렇습니다. 치부를 들킨 느낌이네요.

카밀로    외모는 당신의 자존감의 표현이고 당신의 현실은 당신의 카리스마를 표현하는 무대입니다. 당신만의 매력을 느끼세요. 그 매력을 자존감으로 삼아 매 순간 자신 있게 사는 것입니다. 다른 사람들의 눈, 코, 입을 왜 부러워해야 합니까? 그럴 시간에 자기 자신의 매력에 한 번 더 취해보세요. 당신 먼저 자기 자신의 매력에 빠져야 합니다. 스스로의 자존감에 만족해야 합니다. 나만의 개성에 취해야 합니다. 그렇게 내가 먼저 나의 팬이 되는 것입니다. 자기 자신의 열성 팬이 되세요. 그렇게 살 수 있을 때 당신의 외모는 전혀 다른 매력으로 빛나게 됩니다. 당당한 자신감과 어둠 속에 홀로 빛나는 듯한 카리스마가 당신의 본질입니다. 그것을 느끼고 드러내세요.

　　H씨 자신은 눈치채지 못하고 있었지만, 그녀의 마음속 깊은 곳에는 자기 자신에 대한 불만족이 항상 자리하고 있었다. 그 불만족을 만들어낸 자기결핍의 관념은 행복해지면 자신이 사라진다고 여기기에 어떻게 해서든 행복해지지 않기 위해 조건을 만들어낸다. "이 조건에 부합해야만 행복해"라는 마음, 즉 '조건에 의존한 행복'의 관념이다. 그러나 이 관념은 뒤집어보면 "행복해지기 싫어"라는 말과 같은 것이다. 그래서 그녀는 자신의 외모에 끊임없이 불만을 가질 수밖에 없었던 것이다.

　　사실 외모는 현실적으로 인간 사회에서 1차적인 분별 타겟이 된다. 그렇기에 경쟁사회에서 외모는 가장 큰 무기이기도 하다. 이 때문에 자신의 외모에 전적으로 만족하며 사는 사람은 별로 없다. 자신의 외모에 만족할 수 없는 표면적인 이유는 사회적인 미의 잣대라는 허상을 쫓아가기 때문이지만, 그보다 더 근본적인 이유는 심층의식 안에 있는 결핍에 대한 관념이 다양한 상황에서 편리하게 이용할 수 있는 불평불만의 통로가 바로 외모이기 때문이다. 따라서 외모가 가진 진정한 가치는 자기 자신의 침범받을 수 없는 존귀함에 대한 깨우침 없이는 드러나기가 힘들다.

　　H씨는 이와 같은 자기존중의 마음을 회복하기 위해 내면의 소통을 시작했다. 워낙에 뿌리 깊고 오래된 고정관념이라 소통과 변화의 과정에서 저항이 상당했지만, 언제나 그렇듯이 끝까지 밀어붙인 사람은 결국 결과에 도달하게 되어 있다. 그녀는 많은 노력 끝에 자신의 존귀함에 대한 규정을 밑바닥부터 새롭게 하는 데 성공했다. 그녀는 평생을 괴롭혀왔던 외모에 대한 강

박에서 벗어났다.

　동네 마트를 갈 때도 풀 메이크업을 하지 않으면 나갈 수 없었던 그녀는 당당하게 민낯으로 백화점을 갈 수 있을 정도로 변했다. 회사에 출근할 때는 예전보다 자연스럽고 가벼운 화장을 하고 다니기 시작했는데, 오히려 인기가 더 많아져 인간관계의 범위 자체가 달라졌다. 그녀는 사내에서만 세 명의 남성에게 고백을 받았고 길거리에서 헌팅을 당하는 횟수도 예전보다 많아졌다. 그녀의 외모 자체가 유일무이한 개성으로 빛나기 때문이다.

　외모 시크릿의 핵심은 이것이다. 나의 외모가 유일무이한 나의 표현임을 매 순간 가슴으로 인식하는 것이다. 외모로 고민하며 시크릿을 통해 외모를 바꿔보려는 많은 사람들이 더 큰 눈, 오뚝한 코, 갸름한 얼굴, 큰 키, 날씬한 몸매를 만드는 데 치중한다. 사회적 시선이 만들어놓은 흐름을 좇아 그것을 따라잡는 것이 외모 시크릿이라고 여기기 때문이다. 하지만 외모는 개인의 고유한 매력과 개성을 종합적으로 대변하는 겉모양이다. 그래서 다양할 수밖에 없다. 세상 모든 사람들이 공장에서 찍어낸 얼굴과 몸매로 살 수는 없는 법이다.

　시크릿을 통해 외모를 바꾸고자 하는 마음이 있다면 먼저 그 마음이 어떤 결핍으로부터 비롯되고 있는지를 알고 그 결핍부터 해결해주어야 한다. 내적인 결핍을 먼저 해결하지 않고 겉모습만 바꾸려 한다면, 그렇게 바꾼 외모는 결국 내면의 결핍을 반영해 언젠가는 다시 틀어지고 만다. 외모는 자존감, 자신감, 자부심의 표현이다. 스스로의 고유한 매력에 자기 자신이 먼저 만족하면 그 만족의 정서가 나에게 가장 잘 어울리는 이상적인 외

모를 만든다. 깊이 생각해보자. 내가 왜 타인의 기준에 맞추어
내 살을 찢고 뼈를 깎아야 하는가? 그것은 과연 나의 삶인가 아
니면 타인의 입맛에 맞추어 아첨하는 삶인가?

## 9장
## 항상 여기저기 아픈 나

I씨는 40대 중반의 여성이다. 그녀는 20년째 허리 통증과 심각한 과민성 대장증후군을 앓고 있다. 그녀가 어렸을 때부터 병약했던 것은 아니다. 이런 증상이 나타나기 시작한 것은 대학입시에 실패하여 재수를 준비하던 시기부터였다. 그녀의 병은 사회생활과 대인관계에도 심각한 영향을 미쳤다. 항상 몸 상태가 안 좋아서 제대로 직장생활을 할 수가 없었기 때문이다. 연애도 마찬가지였다. 몸이 아파 언제나 예민한 그녀를 제대로 이해해주는 사람이 거의 없었다.

다행히도 현재의 남편은 병약한 그녀를 이해하고 사랑해주는 사람이었다. 하지만 결혼생활 기간이 20년 가까이 되는 지금은 그런 남편도 그녀의 예민함을 받아주느라 많이 지쳐 있었다. 몸이 약해 여행 한번 제대로 갈 수가 없었고, 가족계획에도 문제가 있어 자녀는 한 명으로 만족해야 했다. 그녀는 병원도 다녀보고 이런저런 자연치유 요법도 시도해보았으나 좀처럼 차도가 없었다.

**카밀로**  증상이 나타나기 시작했던 시기가 언제라고 했죠?

ㅣ  첫 번째 대학입시에 실패하고 재수를 준비하던 시기였어요. 당시에는 대학입시 실패가 제 인생에서 가장 큰 아픔이라고 여겼었는데, 몸이 아프기 시작하니 모든 순간이 다 아픔의 순간이더라고요.

**카밀로**  힘드시겠지만 그때의 기억으로 돌아가보죠. 어떤 감정이 가장 크게 느껴지나요?

ㅣ  입시 실패에 대한 좌절감도 컸지만 저 자신에 대한 실망이 가장 컸습니다. "내가 이것밖에 안 되나" 하는 느낌이 소름 끼치게 싫었죠. 또 제게 기대를 걸었던 부모님, 선생님을 실망시켰다는 사실에 몸 둘 바를 몰랐어요. 쥐구멍이 있다면 숨고 싶은 정도였습니다. 사실 점수에 맞춰서 대학 진학을 할 수는 있었지만 그건 제 자존심이 허락하지 않았어요. 또 주위에서도 이번에는 실수니까 다음에는 제 실력을 낼 수 있을 거라면서 응원해주었습니다. 그런데 몸이 아프면서 컨디션이 계속 안 좋아졌고, 결국 저는 다음번에도 입시 실패를 했고 삼수를 하고서도 본래 목표하던 학교에 가지 못했습니다.

**카밀로**  좋습니다. 그 실망감 말인데요, 혹시 대학입시 실패를 시작으로 지금까지 계속 느껴지는 감정인가요?

ㅣ  네, 저는 병약한 제가 너무 밉고 원망스러워요.

**카밀로**  그렇다면 대학입시 전으로 돌아가보죠. 당신은 공부를 꽤 잘했던 사람이라고 들었습니다. 그렇다면 시험 볼 때도 본래 실력을 충분히 발휘하는 사람이었나요?

ㅣ　　　아니요, 그렇지 않아요. 정반대입니다. 저는 항상 시험에 약했어요. 모의고사를 보면 전국 상위에 잘만 들었는데 막상 실전에서는 극도로 예민해지면서 실력 발휘를 못 하곤 했습니다. 그래서 삼수를 하고도 원했던 학교에 가지 못했죠.

**카밀로**　혹시 그 탓이 본인의 예민하고 병약한 몸에 있다고 여기나요? 솔직하게 말해보세요.

ㅣ　　　그게 사실이죠. 저는 제 몸을 사랑하기 힘들어요. 저는 이 몸 때문에 학창 시절부터 지금까지 제 능력을 제대로 발휘해 본 적이 없어요. 아이 아빠와 여행 한번 편하게 가본 적도 없고요. 이 병약한 몸이 제 삶을 망쳤다고 느껴져서 너무 힘들어요.

**카밀로**　좋습니다. 당신의 메인 카르마가 보이는군요. 당신은 살면서 한 번도 자신의 능력을 제대로 펼쳐 보인 적이 없다고 불평하고 있습니다.

ㅣ　　　불평이 아니라 객관적인 사실이에요. 병만 아니었어도 저는 삶을 조금 더 즐길 수 있었을 겁니다.

**카밀로**　과연 그럴까요? 병은 당신의 삶에 약간의 장애는 될 수 있을지언정 당신의 능력을 심각하게 제어하는 수단이 될 수 없습니다. 단 한 가지 경우, 즉 스스로 그것을 원한 경우를 제외한다면 말이지요.

ㅣ　　　설마 제가 스스로 이 병들을 원했다는 말인가요? 대체 제가 왜요?

**카밀로**　당신은 병 때문에 능력 발휘를 못 했다고 말하고 있지만,

병이 심각하지 않았던 학창 시절에도 이미 능력 발휘를 제대로 못 하고 있었습니다. 그 이유는 병이 당신의 능력을 막은 것이 아니라 당신의 마음 깊은 곳에 "나는 사실 자신이 없어"라는 규정이 있었기 때문입니다. 자신의 능력을 신뢰하지 못하는 마음이지요. 이 마음이 당신의 메인 카르마입니다.

당신은 자기 자신을 믿지 못합니다. 자신이 무엇이든 잘 해낼 수 있다는 사실을 의심하지요. 그래서 평소에는 능력 발휘를 잘만 하다가도, 내 능력을 객관적으로 평가하는 무대인 실전 시험 앞에 서면 굳어지고 맙니다. 실전에 약한 사람들 대부분이 이런 관념을 갖고 있지요. 실전을 눈앞에 둔 당신은 자신이 무능하단 진실이 온 세상에 발가벗겨질 치욕의 무대에 서게 될 거라고 생각합니다. 그리고 그렇게 된다면 견딜 수 없을 거라고 생각하죠.

어차피 당신은 본 실력을 발휘할 수 없습니다. 이미 스스로를 부족하다고 규정하고 있기 때문이지요. 실패는 예정되어 있습니다. 그럼 어떻게 해야 할까요? 실패를 정당화해줄 구실을 만들어야겠죠. 일종의 명분, 실패해도 변명이 가능한 알리바이 말입니다. 그래서 당신은 건강을 잃기로 결정합니다.

| 맙소사. 제 건강 상태는 실패를 염두에 두고 그것을 변명하기 위한 수단이었군요.

**카밀로** 그렇습니다. 당신의 병약한 몸은 어떤 진실을 숨기기 위한 장치가 됩니다. 당신은 주위 사람들의 기대와 시선을 한 몸에 받으며 살아왔습니다. 그래서 기대와 시선을 원하면서도 그것들을 부담스럽게 느낍니다. 경쟁상대가 별로 없던 어린 시절에는 몰랐겠지만 나이가 들면서 점점 전국적인 학력 경쟁, 스펙 경쟁

으로 몰리게 되자 자신의 능력에 대한 불신이 커지게 됩니다. 그리고 당신에게 쏟아지는 기대가 너무나 부담스럽습니다. 그 기대에 부응은 해야 하는데, 그들과 나 자신의 높아진 눈을 만족시키기엔 자신이 없습니다. 그래서 자신을 지키기 위해 오히려 건강을 버리는 선택을 하게 된 것입니다. "몸이 아파서 내 능력을 제대로 발휘할 수 없었다. 그래서 실패했다"고 한다면 훌륭한 알리바이가 되니까요.

거기에 당신은 또 다른 캐릭터까지 얻게 됩니다. 병약한 몸 때문에 능력을 발휘할 수 없었던 '비운의 천재'라는 캐릭터 말입니다. 이로써 주위 사람들은 당신을 비난하는 대신 동정하게 될 것입니다. 그래서 당신의 몸은 그 어떤 치료에도 차도가 없었던 것입니다. 당신의 몸에게 주문을 건 사람은 자기 자신이었으니까요.

ㅣ　　　눈물이 멈추지 않네요. 맞아요. 저는 어렸을 때부터 주변의 과도한 기대가 부담이었어요. 하지만 계속 기대에 부응해야만 할 것 같았어요. 그렇지 않으면 부모님과 지인들이 저에게 사랑과 관심을 주지 않을 것 같았거든요. 항상 불안했습니다. 저는 막연하게 그런 제 마음이 스트레스가 되어 몸이 망가졌다고만 짐작하고 있었답니다. 그런데 그게 아닌 더 큰 그림이 있었다는 게 놀랍네요.

**카밀로**　당신의 마음은 스스로에 대한 불신과 타인의 기대에 대한 부담을 느꼈지요. 당신은 이 모든 감정을 일시적으로 해결할 수 있으면서도 그들에게 버림받지 않고 관심을 받을 수 있는 방법으로 건강을 잃었던 겁니다. 아픔으로써 이득을 얻은 것이죠. 그리고 불행하게도 이 건강 상태는 당신의 모든 인간관계와 사회생활을 컨트롤하는 무기가 되어버렸습니다. 몸이 아프니 모든 것이 용서됩니다. 시험을 망쳐도 몸이 아파서 망친 것이고, 예민하게 성질을 내도 사람들은 몸이 아파서 그러려니 합니다.

가족들, 지인들의 관심이 멀어지는 것 같다 싶으면 몸 한번 제대로 아파주면 됩니다. 그러면 또 관심을 받습니다. 사람들이 나에게 아무리 실망해도 몸이 아프면 용서를 받습니다. 자세히 살펴보세요. 몸이 아프지만 그 아픈 몸이 있기 때문에 얻게 되는 이득이 분명히 있을 것입니다. 당신이 그 이득에 집착하여 손을 움켜쥐고 있는 이상, 당신의 몸은 쉽게 회복되지 않을 겁니다.

I씨의 이야기가 충격적으로 들릴 수 있다. 하지만 만성질환을 앓고 있는 사람들 상당수에게는 이와 같은 관념이 작용하고 있다. 아무리 낫길 원해도, 어떤 방법을 써도 건강에 차도가 없다면 이제 자신의 건강을 바라보는 시선을 달리해야 한다. 몸은 마음의 표현이고 현실은 관념의 투영이니 내가 건강하지 못한 데는 '건강해서는 안 되는 모종의 이유'가 있을 것이다.

이 이유는 사람마다 다르다. 무언가를 숨기기 위해 시선을 분산시키는 역할을 하거나, 무언가를 얻기 위해 관심을 모으는 역할을 하거나, 자기 자신에 대한 결핍의 관념이 그대로 건강에 투영되거나, 건강을 희생하여 보다 중요하다고 생각되는 무언가를 보장받기 위한 형태 등 아주 다양하다.

I씨는 어려서부터 항상 지나친 기대에 노출되어 살아왔다. 그러나 그녀는 자기 자신에 대한 신뢰가 없었고, 사람들이 자신의 진짜 능력보다 더 큰 기대를 한다는 생각에 괴로워했다. 그

녀는 매우 여리고 외로운 사람이었다. 그래서 남들의 관심을 받지 못하면 자신의 가치가 부정당한다고 느껴 또 힘들어했다. 그래서 다른 이들의 기대를 저버리더라도 괜찮은 변명거리, 불가항력적인 면죄부가 필요했던 것이다. 그렇게 그녀는 건강을 버렸다.

관념분석 후, 그녀는 어떤 과정을 겪었을까? 그녀는 가족들의 관심을 잃는 것을 상당히 두려워했었다. 그래서 먼저 부모님과 가족들에 대한 왜곡된 인상과 화해해야 했다. 그녀가 그들의 기대에 부응하지 못해도 그들은 여전히 그녀를 사랑한다는 사실을 스스로 인정하는 과정이었다. 많은 저항이 있었지만 I씨는 그 과정을 해냈고, 또 용기를 내어 부모님께 이 모든 사실을 털어놓았다. 그 사실을 전해 들은 부모님은 또 그들만의 속내를 털어놓으며 온 가족이 울음바다가 되었다. 길었던 부모 자식 간의 오해는 끝났다.

남편과의 관계 또한 마찬가지였다. 그녀의 진실을 전해 들은 남편은 그녀를 책망하기는커녕 솔직하게 말해준 그녀에게 감사해했고, 그녀에게 공감해주는 큰 사랑을 보여주었다. 그녀의 평생을 짓누르고 있었던 마음의 빗장이 벗겨지자 그녀의 몸은 빠른 속도로 회복되기 시작했다. 그렇게도 효과가 없던 약이 차도를 보이고, 무기력과 통증으로 시도조차 할 수 없었던 운동을 시작했다. 또 평생 처음으로 입맛이 돈다는 느낌을 체험하며 사랑하는 남편과 맛집 투어를 다니는 취미가 생겼다.

## 10장
## 타인의 시선을 못 견디겠어

이 책의 3부, 특히 건강 카테고리는 단순히 "몸에 병이 있을 때 이렇게 하면 건강해질 수 있다"는 식의 정보 전달이 목적이 아니다. 나는 그보다 우리의 표면적인 건강 상태 안에 일반적인 의식으로는 헤아릴 수 없는 어떤 목적이 숨어 있음을 독자 여러분께 말씀드리고자 한다. 어떤 관념이 무엇을 위해 어떤 건강 상태를 만들어낼 수 있는지에 대한 설명인 것이다. 이제 몸을 도구로 삼아 자신을 드러내는 또 다른 관념형태를 J씨의 경우를 통해 알아보자.

J씨는 40대 초반의 공무원이다. 그는 어려서부터 지나치게 소심한 성격의 소유자였다. 그는 고교 시절 패스트푸드 식당에서 계산을 하려던 순간, 자신을 빤히 바라보는 점원의 시선에 자신도 모르게 손이 덜덜 떨려 지폐를 떨어뜨릴 정도로 소심했다. 그리고 그와 동행한 다섯 명 모두가 그 황당한 모습을 목격했

다. J씨는 이날의 사건을 대참사라고 표현한다. 이 정도면 일종의 대인공포증에 가까운 반응이다. 그의 말에 따르면 타인의 시선을 의식하면 심장이 뛰고 식은땀이 흐르는, 공황증상에 가까운 반응이 나타난다.

 당연히 그는 연애 한 번 제대로 할 수 없었고, 직장에서도 회의 시간이 가장 힘들었다. 본인이 발표라도 해야 하는 상황이 되면 며칠 전부터 앓아누울 정도로 몸의 반응이 크게 왔다. 병원도 다니고 상담도 받아봤지만 큰 효과가 없었다. 약을 복용하니 증상의 호전은 있었지만 정신이 멍해져서 일상생활과 업무에 지장이 있었다. 그래서 지금은 약도 최대한 절제하고 있었다.

**카밀로** 당신의 이야기를 들어보니 타인의 시선에 몸이 반응하는 군요. 혹시 본인이 생각하는 이유가 있나요?

**J** 제가 성격이 무척 소심합니다. 병원에서도 소심한 성격이 원인이 되었을 거라고 말을 했었고.

**카밀로** 소심함이 원인이라면 소심하게 된 이유가 또 있을 것입니다. 그것을 한번 알아봅시다. 당신의 기억 속에 남아 있는 가장 큰 트라우마를 들어봐도 될까요?

**J** 지금도 그 기억을 떠올리니 몸이 떨리네요. 고교 시절 패스트푸드 식당에서의 사건이 제게는 가장 큰 트라우마였습니다. 그 이후로 저는 누군가와 어울린다던가 사람들이 많은 곳에 가는 행동 자체를 거의 안 했습니다. 지금 직장에서도 정해진 업무만 할 뿐 사람들과 거의 어울리지 못하고 있습니다. 사실 저도 답답합니다. 어쩌다가 이런 성격이 되었는지 모르겠습니다.

**카밀로**　당신은 죄가 없습니다. 그러니 일단 속상한 마음부터 진정시키길 바랍니다. 당신의 삶은 반드시 변하게 될 테니 걱정하지 마세요. 당신은 지금 저와 대화하면서도 눈을 거의 마주치지 않는군요. 혹시 지금 대화하는 게 힘든가요?

**J**　네… 하지만 대화 자체는 좋아요. 누군가가 나를 신경 써주고 있다는 사실이 고맙죠. 그런데 상대방의 시선, 그 에너지가 느껴지면 이미 몸이 부담스러워합니다. 저도 의도한 것이 아니에요. 그냥 몸이 그렇게 반응합니다. 그러니 더 소심해지는 것 같습니다.

**카밀로**　누군가에게 시선을 받는 자신의 모습이 어색해서 견딜수가 없다는 거군요. 그렇죠?

**J**　네, 굳이 표현하자면 그렇습니다. 감사하기는 한데 또 어색하고, 부담스럽고 그러네요.

**카밀로**　당신의 메인 카르마가 보이는군요. 혹시 주목받을 때의 느낌이 '감시당하는 느낌'에 가깝지 않나요?

**J**　아! 그걸 어떻게 아셨나요? 제게 관심을 주시는 분인데 실례가 될까 봐 말하지 못하고 있었어요. 그런데 먼저 말씀해주시네요. 맞습니다. 제게는 모든 시선이 마치 저를 감시하는 것처럼 느껴집니다.

**카밀로**　좋아요. 감시당하는 느낌이 올라오면 자신이 무엇이 된 것 같나요?

**J**　거기까지는 자세히 모르겠습니다. 이 느낌을 느끼는 것 자체가 곤욕이라….

**카밀로**　한번 생각해봅시다. 우리 사회에서 감시가 필요한 사람들은 어떤 사람들이죠?

J        혹시 죄인을 말씀하시는 건가요? 아! 그러네요.

카밀로   당신은 타인의 주목을 감시로 느낍니다. 감시당한다고 느낀다는 것은 뭔가 떳떳하지 못한, 구린 부분이 있다는 것을 의미합니다. 그래서 마치 내가 죄인이 된 것 같은 기분이 드는 것입니다. 그런데 애당초 당신이 사람들의 시선을 감시로 느끼고, 또 스스로를 죄인으로 여기는 이유는 뭘까요?

J        모르겠습니다.

카밀로   당신은 제가 캐내지 않으면 말을 안 하는군요. 반전이지만, 혹시 평소에 주변 전체를 신경 쓰고 있지는 않습니까? 마치 레이더나 CCTV처럼 말입니다. 타인의 시선을 부담스러워하는 당신 또한 사방을 훔쳐보고 있지 않냐는 말입니다. 솔직히 말해주세요.

J        네… 그것을 어찌 아셨는지 모르겠네요.

카밀로   본래 타인의 시선에 민감한 사람은 자신도 모르게 주변을 관찰하고 있습니다. 그러니까, 경계하는 것이지요. '훔쳐본다'고 말을 해서 미안합니다. 하지만 사실입니다. 당신은 타인의 시선을 부담스럽게 느낍니다. 그 이유는 당신이 주변을 마치 감시, 사찰하듯이 둘러보기 때문입니다. 당신이 자신을 향한 시선을 감시로, 죄인이 된 기분으로 느끼는 이유가 바로 여기에 있습니다. 당신이 먼저 자기 자신과 주변을 감시하는 시선으로 바라보기 때문입니다. 자기 자신이 먼저 스스로와 타인을 감시하고 "이러면 안 돼, 저러면 죄인이야" 등으로 평가하고 있기 때문이지요. 내가 타인을 감시하듯 바라보니 타인이 나를 볼 때도 당연히 그렇게 볼 거라고 여기는 겁니다.

J        정말 기가 막히네요. 저는 이제 어떻게 해야 할까요? 저 자신이 부당한 사람처럼 느껴집니다.

카밀로   당신은 죄가 없습니다. 당신이 그러는 게 아니라 당신 안의 '감시자의 시선'이 주시자가 되어 활동하고 있기 때문에 이런 일이 일어나는 것입니다. 이제부터 잘 들어두세요. 우리 안에는 이성적으로 도저히 이해가 되지 않는 '자기파괴적 성향'이 존재합니다. 그러기에 개인의 입장에서 볼 때 손해가 되는 생각, 선택, 행위를 서슴없이 하게 되죠.

이유가 뭘까요? 인간에게는 원죄라고 불리는 '이원적 착각'이 존재합니다. 이는 자기 자신을 전체로부터, 근원으로부터, 종교적 감성으로 말하자면 신으로부터 분리된 존재라고 여기는 관념입니다. 이원성 자체가 분리감을 전제로 하기 때문에 이는 자연스럽게 생겨나는 관념입니다. 조금 더 자세히 설명해보지요.

이원성 자체가 불러오는 분리의 감각은 일원적 일치 속에 있었을 때는 알 필요가 없었던 상태, 즉 '관계(나와 너)'를 만듭니다. 그런데 이 관계에 대한 첫 번째 경험 자체가 그리 좋은 기분이 아닙니다. 일치감이 아닌, 찝찝하고 불안한 분리감이 느껴지기 때문이죠. 그런데 그 감정을 느끼는 주체가 누구입니까? 사람들은 이를 "내가 느낀다"고 여깁니다. 그래서 그 불안함의 원인이 그것을 느끼고 있는 '나'에게 있다고 받아들여 버립니다. 따라서 자연스럽게 '분리된 관계를 유발한 죄인인 나'와 '분리되는 피해를 입은 자(대상, 세상 전체)'라는 도식이 생깁니다. 그리고 이것이 "나는 분리되어 버려진 죄인이다"라는 자기규정이 되어버립니다. 이 관념은 원초관념 영역에 속하는 아주 뿌리 깊은 관념입니다. 이 관념이 당신을 통로로 하여 메인 카르마로 발동되었고, 그렇게 나타난 현실이 지금의 당신 모습입니다.

J　　　제가 저 자신을 죄인이라고 느낀다는 거군요. 그러니 자동적으로 죄인을 감시하는 시선이 느껴지고, 그 시선은 나뿐만 아니라 주변을 모두 감시하는 거고요.

카밀로　　그렇습니다. 내가 세상을 몰래 감시하듯 바라보기에 누군가가 나를 볼 때 나 또한 감시당하는 느낌에 빠지는 겁니다. 뭔가 나쁜 짓을 하다가 들킨 것 같은 느낌이 드는 것은 내가 먼저 남을 몰래 감시하고 있기에 드는 느낌입니다. 당신의 건강을 회복하기 위해서는 스스로에 대한 가장 깊은 곳의 규정을 새롭게 해야 합니다.

당신은 당신의 우주를 창조해낸 근원으로부터 분리될 수 있는 무언가가 아닙니다. 단 한 번도 분리되어본 적이 없습니다. 다만 당신의 그 몸만을 '나'라고 여기는 관념에 의해 그런 착각이 일어난 것뿐입니다. 몸이 나라는 착각에서 벗어나면 단박에 알게 될 것입니다. 나는 분리되거나 감시당하는 죄인 같은 것이 아니라는 사실을 말입니다.

　　　J씨는 인간의 원초관념 영역에 있는 분리감이 만들어낸 슬픈 인격, "나는 죄인이다"라는 관념이 현실에 강력하게 발현되어 나타난 경우였다. 사실 대부분의 심인성 질병들이 이와 같은 심층의식 속 관념의 발현 때문에 발병한다. 작게는 사소한 알레르기 반응부터 심각한 공황, 강박, 공포에 이르기까지, 심인성 질

환을 치유하려면 마음의 치유가 일어나야 한다.

그렇다면 이런 치유를 일으키는 데 가장 강력한 힘을 발휘하는 마음이 무엇일까? 그것은 바로 '자기 자신에 대한 전적인 허용-사랑'이다. 방법도 특별할 게 없다. 그저 어머니의 마음이 되어 상처받은 아이로서의 자신과 대화하는 것이다. 버림받은 느낌이 환상이라는 사실을 받아들일 수 있도록 자기 자신과 있어주는 것이다. 내 안의 내면아이에게 말을 걸고, 진심으로 그 아이를 이해하고 공감해주며 함께 있어주는 것이다.

J씨는 이 작업을 2년 동안 지속했다. 그리고 지금 그는 평생을 괴롭히던 시선 공포증과 모든 강박으로부터 자유로워졌다. 그가 시행한 방법은 사실 기존의 심리치료 기법들과 별 차이가 없다. 오히려 평범한 기법이다. 그런데 효과는 전혀 달랐다. 이유가 무엇일까? 자신 안에 존재하는 관념들에 대한 전적인 이해와 허용이 없이 시행하는 심리치료는 가슴으로부터 우러나오는 자기 사랑의 소통과는 전혀 다른 것이기 때문이다.

잊지 말자. 내 안에는 수많은 내가 있다. 그들과 만나기 위해서는 내가 먼저 준비를 해야 한다. 그들의 입장이 되어 그들의 말에 귀를 기울이고 공감해줄 줄 아는 마음이 준비되어야 하는 것이다. 만약 이런 준비가 제대로 되어 있지 않다면 먼저 이 마음을 준비해야 한다. 그것이 바로 마음공부다.

## 11장
### 책임지는 게 무서워

K씨의 사례 또한 질병이 관념의 연막으로 어떻게 이용되는지를 알 수 있는 좋은 사례이다. K씨는 40대 후반 남성으로, 작지 않은 규모의 카페를 운영하고 있는 자영업자다. 그는 어린 시절부터 꿈이 하나 있었다. 바로 가수가 되는 것이었다. K씨는 20대 초반의 젊은 시절에 길거리 공연도 자주 하고 밴드 활동도 하면서 활기차게 자신의 꿈을 키워갔었다. 그리고 그가 스물아홉 살이 되던 해, 그의 밴드는 한 공연 기획사로부터 본격적인 가수 활동 제안을 받게 된다. 그들이 바라던 절호의 기회가 찾아온 것이다.

그런데 그때부터 이상한 일들이 일어난다. 자신들의 꿈을 이룰 길이 열렸는데 묘하게 가슴이 답답해지기 시작한 것이다. 그리고 사람이 변했다는 말을 들을 정도로 성격이 예민해지기 시작했다. 사소한 일에도 예민하게 반응하고, 평소와 똑같은 팀원들의 연주도 마음에 들지 않았다. 이것저것 지적해대는 그의 행동에 팀원들도 참지 못하고 그와 사이가 틀어졌다.

공연 기획사와 기획했던 열 번의 공연 중 네 번을 진행했을 때 그의 밴드는 더 이상 함께하지 못할 정도로 분열된다. 급기야 두 명의 멤버가 한꺼번에 탈퇴를 하고, K씨는 부랴부랴 그들의 빈자리를 메꿀 연주자들을 구해 공연을 이어나갔다. 하지만 항상 함께하며 호흡을 맞추던 이들의 자리를 메꾸기에는 역부족이었다. 설상가상, K씨의 컨디션 난조로 공연도 망치고 말았다. 결국 열 번의 공연을 모두 채우지도 못하고 기획사는 그들과의 계약을 없던 일로 하고 만다.

가수의 꿈은 그렇게 물거품이 되어버렸고 남아 있던 멤버들은 리더인 K씨에게 책임을 전가하기 시작했다. 결국 밴드는 해체되었다. 당시 K씨는 호흡곤란과 가슴 통증으로 고생하고 있었는데, 이 일을 계기로 더욱 심한 발작이 일어나 병원에 실려갔다. 그리고 그는 심각한 부정맥 진단을 받게 된다. 병원에서는 그 원인이 과도한 스트레스와 불규칙한 생활패턴 등이라고 했다. 그것들이 정말 병의 원인이었다면 스트레스를 덜 받고 생활을 규칙적으로 하면서 몸이 나아져야 했다. 하지만 그의 병은 20년이 다 되도록 나아지지 않았다.

카밀로 　스스로 느끼기에 당신 병의 가장 큰 원인이 무엇이라 생각하십니까?

K 　이 병을 통해 알게 된 것이지만, 저는 스트레스에 상당히 약한 사람인 것 같습니다. 함께 즐겁게 밴드 활동을 하던 시기에는 제가 음악을 즐긴다고만 느꼈는데 막상 정식 데뷔를 앞두자

엄청난 스트레스가 오더군요.

**카밀로**  스트레스를 병의 원인으로 생각하시는군요? 그렇다면 어떤 부분에서 가장 큰 스트레스를 받았던 것 같나요?

**K**  전 어렸을 때부터 스스로를 자유로운 영혼이라 여기며 살아왔습니다. 그런데 밴드를 조직하고 리더가 되어 이런저런 책임을 맡다 보니 오히려 행복하지 않았습니다. 저 자신을 구속하는 느낌이었죠. 그것이 큰 스트레스가 아니었나 합니다. 그 스트레스가 병이 된 것 같습니다.

**카밀로**  지금 당신은 병을 치료하기 위해 어떤 노력을 하고 있나요?

**K**  술, 담배를 끊고 규칙적으로 생활하고자 노력합니다. 이런저런 약도 챙겨 먹고, 운동도 합니다. 제 병으로 고생했던 아내와 아이에게 조금이나마 보답하는 마음으로 살고 있죠. 하지만 이놈의 심장은 좀처럼 나아지질 않습니다. 자꾸 재발하네요.

**카밀로**  흔히들 스트레스가 쌓이면 병이 된다고 하죠. 이러한 관점은 시간이 과거에서 미래로 흐르고, 모든 일은 원인에서 결과로 이어진다는 인식 속에서 내리는 결론입니다. 당신 또한 그와 같은 관점으로 현실을 인식하고 있습니다.

당신은 스트레스가 원인이 되어 병이 나타났다고 생각합니다. 한 단체에 속하게 되면서 예전의 자유로운 삶을 잃었다는 느낌이 그 스트레스였지요. 또한 당신은 그 병이 균형 잡히지 않은 생활패턴 때문이라고도 생각하고 있죠. 하지만 그것이 정말로 병의 원인이라면 그 요소들이 사라졌을 때 병도 함께 사라져야 하지 않을까요? 당신이 생각하는 것들이 진짜 원인이라면요.

K      맞습니다. 환경이 변하면 병도 사라져야 하는 게 맞는데, 여전히 계속되고 있네요. 제가 잘못 생각한 걸까요? 그렇다면 무엇이 원인일까요?

**카밀로**  이제 당신의 메인 카르마에 대해서 말하겠습니다. 당신의 메인 카르마는 '책임에 대한 부담'에 숨어 있습니다. 당신에게 있어서 가장 큰 스트레스는 바로 무언가를 책임져야 한다는 사실 자체에 있습니다. 생각해보세요. 어린 시절 큰 부담 없이 자유롭게 음악을 즐기며 살 때는 병이 나타나지 않았습니다. 밴드 활동 초기에도 병이 없었죠. 하지만 정식 데뷔의 기회가 열리고 무언가 짜 맞춰진 계획 속에서 움직여야 할 상황이 되자 병이 나타나기 시작했습니다. 그리고 당신은 그 밴드의 리더였지요. 리더라는 직책상 많은 것을 당신이 책임져야 한다고 느꼈을 것입니다. 그것이 당신의 심장을 무겁게 짓눌러버린 것입니다.

K      그러고 보니 제가 책임지는 것을 질색하기는 합니다. 그러나 또 벌여놓고 책임을 지지 않는 것도 싫어합니다. 그래서 벌인 일에는 힘들지만 반드시 책임을 지는 편입니다.

**카밀로**  그것이 문제입니다. 당신은 책임을 지는 게 힘들다고 말하고 있습니다. 그렇다면 가장 좋은 방법은 무엇이겠습니까? 아예 책임질 일을 만들지 않으면 되는 거 아닐까요?

K      그렇군요. 책임지기 무서우면 아예 책임질 일을 만들지 말자. 그게 제 마음이었다는 말이군요.

**카밀로**  책임감이라는 것에 대해 알아봅시다. 인간의 원초적인 의식영역에는 책임에 대한 두려움이 존재합니다. 이원성이 가져오는 원초적인 분리의 느낌은 절대적인 근원으로부터 떨어져 나가게 만든 원인이 자신에게 있다고 느끼게끔 합니다. 종교에서 흔히들 말하는 원죄가 바로 이 감각이죠. 이 느낌은 버려진 느낌, 홀로 된 외톨이의 느낌에 가깝습니다.

이때, 하나의 방어기제로서 자기 자신에게 책임을 묻는 마음이 나타납니다. 그러나 이 책임을 묻는 마음은 추궁당하는 느낌에 가깝습니다. 즉, 벌을 받는 느낌, 징벌적 느낌입니다. 따라서 인간의식은 본능적으로 책임지는 것을 두려워하게 됩니다. 우리 주위에 일어나고 있는 일들을 잘 살펴보세요. 인간 사회에서는 무슨 일만 터졌다 하면 뭐부터 따집니까?

**K**     책임을 따지죠.

**카밀로**   맞습니다. 사고가 터지면 가장 먼저 하는 것이 책임 관계를 분명히 하는 것입니다. 예전에는 역모를 저지르면 삼대를 멸하여 책임을 지게 했죠. 어디부터 어디까지 책임을 질 사람들을 찾고, 책임자들은 말 그대로 책임을 지고 값을 치러야 합니다. 그러나 그 과정이 깔끔하지 않습니다. 책임을 진다는 것 자체를 두려워하는 인간의식은 항상 그 책임을 전가하여 살아남으려는 본능을 만듭니다.

이와 같은 본능적 회피의 움직임은 성경에 나오는 에덴동산 이야기에 아주 잘 나옵니다. 금지된 선악과를 따 먹어서 벌을 받게 된 아담은 그 죄를 자신의 아내 이브에게 전가하고, 이브는 그 책임을 또 뱀에게 전가합니다. 이와 같은 책임회피의 움직임은 선악과를 따 먹은 직후, 즉 원죄(이원성이 활성화된 순간)를 저지른 직후에 나타난 것입니다. 인간의 원초적인 본능과도 같은 것이라는 말이지요. 당신의 마음 또한 밴드의 미래에 대한 책임감 앞에서 겁을 먹었던 것입니다. 그러나 왜 겁을 먹었을 거라고 생각하십니까?

K  전혀 모르겠습니다. 저도 이상해요. 그렇게나 원하던 가수 데뷔의 기회였는데 말이에요.

**카밀로**  여기서 당신의 메인 카르마가 나타납니다. 당신은 가수가 되기를 간절히 바라고 있었지만 사실 당신의 의식 깊은 곳에서는 '나는 가수가 되기에는 부족해'라는 자기규정이 있었습니다. 스스로의 능력을 전적으로 신뢰하지 못하고 있었던 겁니다. 자기 자신을 진정으로 신뢰한다면 스스로를 부족하다고 느낄 때마저도 의지가 꺾이지 않습니다. "나에게 부족한 것은 지금 당장의 스킬이나 멘탈적인 부분이고, 이것들은 열심히 훈련해서 성장해나가면 된다"고 생각하면 될 일입니다.

하지만 마음속으로 이미 스스로가 부족하다고 단정 지은 상황이라면 오히려 자신을 찾아온 좋은 기회 앞에서 묘하게 망설이게 되지요. 당신의 자기규정은 '나는 가수를 하기에 실력이 부족한 사람'입니다. 그런데 당신에게 덜컥 기회가 찾아와버렸습니다. 만약 여기서 훌륭히 기회를 이어나간다면 당신의 메인 관념이 어떻게 느끼겠습니까? 자신은 부족한 존재여야 하는데, 일이 착착 진행되어 간다면 말입니다.

K  자기 자신을 부정당하는 느낌이겠군요. 이게 그 가슴 답답함의 정체였나 봅니다.

**카밀로**  그래서 메인 관념이 일을 꾸미게 된 겁니다. 메인 카르마에게 필요했던 것은 확실한 명분입니다. 일을 그르칠 수 있으면서도 그 결정을 변호할 확실한 알리바이가 필요했던 거죠. 그래서 채택된 것이 바로 "몸이 아프면 기대에 못 미쳐도 약한 몸을 탓할 수 있어"라는 마음입니다. 당신의 메인 카르마의 입장에서는 몸이 아프면 모든 것이 해결됩니다. 물론, 모든 것이 해결된다는 것은 메인 카르마의 주관적인 입장입니다. 그 입장에서는 일이야 어떻게 되든 자기비판의 목소리 앞에서 자신을 변호할 수 있으면 된 것이니까요. 당신의 병은 이렇게 시작된 겁니다. 이 관념을 만들어낸 자기규정을 해결하지 않는 한, 당신의 병도 쉽게 낫지 않을 것입니다.

**K** 기분이 처참합니다. 제가 제 앞길을 막고 있었다니.

**카밀로** 일부러 그러려고 한 것이 아닙니다. 관념들도 자신이 살아남기 위해서 그런 선택을 한 것입니다. 그럴 수밖에 없었던 것이지요. 당신의 메인 카르마인 '스스로를 결핍된 존재로 규정하고 자신의 능력을 의심하는 관념'을 만나거든, 철저하게 그의 입장이 되어주세요. 그의 입장이 되어 가슴으로 공감하고 위로해주어야 합니다. 가식은 통하지 않습니다. 이 관념을 잘 구슬려서 내가 원하는 결과를 만들어야겠다는 얄팍한 마음도 통하지 않습니다. 관념을 정화하고 새로운 현실을 만들어야겠다는 목적성 자체를 가지지 마세요. 그저 순수하게 내면아이의 심정을 함께 느껴주고 "힘들었겠구나, 괜찮아. 괜찮아" 하며 함께 있어주는 겁니다. 당신은 이러한 진심을 내야 합니다.

그러나 진심이라는 것은 마음먹는다고 낼 수 있는 게 아니지요. 따라서 수행이 필요합니다. 그것은 바로, 자기 자신을 사랑하는 어머니의 마음을 가지는 수행입니다. 이 마음이 준비될 때 당신은 과거의 모든 기억과 상처, 그 밑에 숨어 있는 스스로에 대한 결핍된 인상을 치유할 수 있을 것입니다. 그러면 당신의 몸은 더이상 메인 카르마에게 그럴듯한 명분을 만들어주기 위해 지금의 모습으로 있을 필요가 없어집니다.

　K씨의 병은 단순히 스트레스와 생활 습관 때문에 생긴 병이 아니었다. 어떤 관념을 정당화하고 숨겨주기 위해 고용된 하나의 수단이었다. 우리가 겪고 있는 많은 질병들이 이와 같은 이유로 찾아온다. 뚜렷한 원인을 알 수 없거나 아무리 노력해도 별다른 차도가 없는 만성질환들은 대부분 어떤 관념들을 강화, 은폐, 변명하기 위한 용도로 고용된 용병들이다.

　관념분석 후 20년 동안 문제였던 K씨의 심장은 완전히 정상으로 돌아왔다. 더불어, 그의 마음도 진짜 자유를 되찾았다. 그는 20년 가까이 놓았던 기타를 다시 들고 자신의 카페에서 라이브 공연을 하고 있다. 자신이 사랑하던 음악 활동을 자유롭게 하게 된 것이다.

## 12장
## 나는 피해자야

L씨는 30대 중반의 여성이다. 그녀는 7년째 심각한 공황장애와 섭식장애를 앓고 있었는데, 그 정도가 사회생활을 제대로 할 수 없을 정도라 그녀의 사회생활은 사실상 20대 중후반 회사를 퇴사할 때 이미 끝이 났다. 그 이후로 그녀는 쭉 부모님 집에서 생활하고 있었다. 그녀의 이야기를 살펴보니 매우 중요하고도 특이한 부분이 하나 있었다.

그녀는 몸이 아프기 전에 무역회사에서 일했었는데, 원래는 어린 시절부터 클래식 바이올린을 전공하던 음악가 지망생이었다고 한다. 당시 그녀의 집안은 풍족한 편이어서 그녀는 부모님의 든든한 지원 아래 음악을 공부할 수 있었다. 하지만 그녀가 중학교 2학년 때, 아버지의 회사가 기울기 시작했다. 결국 고등학교에 진학한 그녀는 진로를 변경할 수밖에 없었다. 예체능을 전공하던 중에 진로를 변경한지라 공부를 따라가는 것이 무척 힘들었으나 L씨는 각고의 노력으로 수도권에 있는 대학에 진학한다. 그리고 졸업 후 바로 취업을 하여 퇴직 전까지 한 회사에서 근무했다.

음악가를 꿈꿀 정도로 감수성이 무척 예민한 편이었던 그녀는 한참 사춘기를 겪을 시절에 큰 좌절을 경험했다. 그래서 활달했던 성격도 많이 변하고, 항상 우울한 정서에 빠져 있었다. 회사에서도 마찬가지였다. 그녀는 스스로 원해서 그 회사에 취업한 것이 아니었다. 당연히 회사에 적응하는 것도 힘에 겨웠다. 그렇게 버티던 중, 그녀에게 공황장애가 찾아온다. 이와 동시에 섭식장애도 찾아와 그녀는 정신적으로도, 체력적으로도 도저히 일을 계속할 수 없었다. 그렇게 일을 그만둔 그녀는 지금 거의 집 밖으로 나가지 않는 삶을 살고 있었다.

**카밀로** 증상이 시작된 지는 얼마나 되었나요?

**L** 회사 재직 중에 증상이 시작되었으니 벌써 10년은 된 듯해요. 공황장애도 무섭지만 음식만 먹으면 체하는 통에 벌써 몇 년째 몸무게가 30킬로그램대까지 빠진 상태예요.

**카밀로** 공황장애가 시작된 게 직장생활을 시작하면서부터라고 말씀하셨는데, 그 이전에는 전혀 없었던 증상인가요?

**L** 이렇게까지 심한 적은 없었어요. 다만 가위에 자주 눌리는 편이었는데 한의원에 가도 기가 허해서 그렇다고만 이야기하더라고요. 보약도 많이 먹었는데 딱히 좋아지는 건 없었어요.

**카밀로** 보약을 먹을 때도 마음의 상태가 받쳐주어야 효과가 커진답니다. 마음 상태가 피폐해져 있는데 약의 기운이 몸에 제대로 흡수될 리가 없지요. 이제부터 제가 몇 가지 질문을 할 텐데, 최대한 솔직히 대답해주셔야 합니다. 원래는 음악을 전공하셨다고 했지요? 집안 사정이 기울어져서 관둬야 했고요. 그때 느낌이 어땠는지 말해주실 수 있나요?

ㄴ      하늘이 무너지는 느낌이었어요. 저는 음악적인 재능밖에 가진 게 없었어요. 제 삶 자체가 온통 음악뿐이었고요. 그런데 그걸 못 하게 되었을 때, 솔직히….

카밀로   나의 권리를 빼앗긴 느낌이었나요?

ㄴ      네, 모든 것을 빼앗긴 기분이었어요. 그러나 힘들어하시는 부모님을 보며 티도 제대로 못 냈지요.

카밀로   부모님이 원망스럽지는 않았습니까? 자식의 꿈 하나 제대로 밀어주지 못하는 부모님이라는 생각에 화가 나지는 않았나요? 솔직히 말씀해보세요.

ㄴ      부모님 원망도 남모르게 많이 했죠. 어릴 때부터 함께 레슨 받던 친구들이 계속 음악을 하는 모습을 보면서 나는 왜 이렇게 부모 복이 없는지를 한탄하기도 했고요.

카밀로   그 이후에 대학에 진학하고, 졸업 후에 바로 직장생활을 시작한 거군요?

ㄴ      네, 집 형편상 저도 돈을 벌어야 했으니까요. 아버지 채무를 갚기 위해 저도 도와야 했습니다.

카밀로   당신의 병은 자아실현을 위한 꿈이 어긋나면서 나타나기 시작했다고 볼 수 있겠군요. 그런데 이후의 행보를 보면 그 이유가 그리 단순하지는 않은 것으로 보입니다. 취직 이후의 삶에 본인이 어느 정도나 적응했다고 봅니까?

L　　　저는 제 인생의 반을 음악을 하면서 보낸 사람입니다. 갑자기 입시경쟁을 해서 대학에 들어가는 것도 힘들었지만 사무업무에 적응하는 것도 힘들었어요. 제 능력이 부족하다는 느낌이 지배적이었습니다. 스스로 위축되다 보니까 사내 인간관계도 극히 제한적이었고요. 하루가 멀다 하고 상사로부터 야단을 맞는 날들이 계속됐습니다.

카밀로　그럼 아주 솔직히 말해서, 자신이 원래부터 이와 같은 업무에는 많이 부족한 사람이라고 여겼었나요? 아니면 인생의 반을 다른 방식으로 살아와서 익숙하지 않기에 이런 일에 모자라는 사람으로 여겨졌었나요?

E　　　후자에 가까워요. 저는 이 방면으로는 남들보다 많이 늦었으니까요. 그렇다고 해도 회사에 피해를 주는 사람 취급을 받을 때면 그 모멸감을 참기 힘들었어요. 사실 피해는 제가 받았다고 생각해요. 조금 기다려줄 수 있는 것 아닌가요? 저라면 그렇게 했을 것 같아요. 하지만 회사는 기다려주지는 않고 재촉만 하더군요. 저도 잘할 수 있었어요. 또, 노력도 했고요. 그러다 어느 날 공황이 생겼습니다.

카밀로　좋습니다. 당신의 뿌리 깊은 관념이 좀 보이는군요. 당신은 자기 자신을 피해자로 설정하고 있습니다. 부유한 부모를 만나지 못해서 재능을 꽃피우지 못한 피해자, 뒤늦게 합류한 예체능 이외의 교육 시스템에 적응하지 못한 피해자, 회사에서는 진짜 능력을 인정받기도 전에 지나친 압박으로 이탈할 수밖에 없었던 피해자로 말입니다.

L　　　제가 그렇게 설정한 것이 아니라 그런 취급을 받았으니

그렇게 느낄 수밖에 없는 것 아닌가요?

**카밀로** 그렇지 않습니다. 세상 모든 사람이 그런 상황에서 당신과 동일하게 상황을 받아들이고 동일한 결론을 짓지는 않습니다. 오히려 그것을 동기부여로 삼아 더욱 성장하는 사람들도 있고, 주저앉는 사람들도 있죠. 모든 이가 같은 방식으로 받아들이지 않는다면 결국 내 안의 관념대로 상황을 해석하고 그것을 자기 자신에 대한 규정으로 삼은 것입니다.

**L** 도대체 이유가 뭐죠? 왜 이렇게 부정적인 모습으로 자신의 모습을 규정하고 현실을 선택한 걸까요? 사실 말이 안 되는 것 같아요. 이 세상에 누가 자신에게 불리한 선택을 일부러 한단 말인가요?

**카밀로** 이와 같은 성향을 자기파괴적 성향이라고 부르는데, 이 성향은 인간의식의 깊은 곳에 실제로 존재하는 성향입니다. 사실 이성적으로는 이해가 안 되기는 하죠. 왜 안 좋은 생각과 감정을 느끼는지, 그리고 왜 현실마저 그렇게 돌아가도록 계속 선택을 하는지 말입니다. 사실, 그 이유는 당신의 표면적인 자아가 이같은 결정을 내리는 것이 아니기 때문입니다. 이 결정은 보다 깊은 의식의 영역에서 일어나는 일입니다. 관념작용에 의해서요. 관념작용은 한 개인의 현실태를 결정합니다. 그리고 현실에서는 그 결정된 관념의 내용을 체험할 수밖에 없는 무대가 펼쳐집니다. 표면의 자아는 이것들을 직접적으로 체험하는 당사자가 되는 거고요. 그러니 중요한 것은 이와 같은 삶의 메커니즘을 탓하는 것이 아닙니다. 도대체 왜 이런 선택이 일어났는지를 이해하는 것이 첫 번째 목표입니다. 도대체 왜 이런 일이 일어났을까요? 그 원인은 당신의 의식 깊은 곳에 있는 스스로에 대한 규정인 "나는 음악을 제외한 다른 것들은 자신이 없어"라는 자기결핍의 관념을 표현하기 위해서입니다.

ㄴ　　제가 음악을 계속했다면 전혀 다른 삶이 펼쳐졌을까요?

카밀로　반드시 그렇지는 않습니다. 그런 생각은 미련만 더 커지게 하고 피해자 의식을 강화할 뿐입니다. 지금과 다른 형태의 삶이 펼쳐졌을 가능성은 얼마든지 있지만 그것 역시 힘들었을 것입니다. 그 이유는, 당신의 자기규정 자체가 자신을 결핍된 존재로 규정하고 있기 때문입니다. 결국 언제 어디서든 그럴듯한 인연 과정을 만들어내며 그 결핍을 체험할 만한 일들을 만들어내고야 말았을 겁니다. 이제 당신의 병에 대해서 말해보죠. 결론부터 말하자면 당신의 병이 아무리 노력해도 차도가 없는 것은 그 병이 어떤 필요에 의해 유지되고 있기 때문입니다.

ㄴ　　이 병은 저를 갉아먹고 있습니다. 그런데 필요에 의해 유지되고 있다뇨.

카밀로　당신은 음악을 제외한 다른 것들에는 자신이 없습니다. 이 관념의 이전 형태는 스스로를 결핍된 존재로 인식하는 이원성에서 나옵니다. 개인마다 캐릭터의 고유성과 인연 조합의 형태가 모두 다르기 때문에, 사람들은 각기 다양한 형태로 이 존재적 결핍을 만들어냅니다. 당신의 경우에는 음악이 자신의 모든 것이었기에 그러한 형태의 관념이 만들어진 것으로 보입니다. 당신의 존재적 결핍은 어떤 모종의 이유로 인해 활성화되었습니다. 그러나 그 이유는 단지 당신 개인의 차원에만 국한되는 것은 아닙니다. 당신의 부모님을 통해 활동하는 관념에도 영향을 받았을 것이며, 부모님이 연결되어 있는 또 다른 사회적 관념들에도 영향을 받았을 것입니다. 실로 모든 것은 연결되어 있기 때문입니다.

어쨌든 당신의 깊은 곳에 있는 존재적 결핍이 활성화되자 그것을 체험할 무대가 필요해졌습니다. 그래서 그 결핍은 부모님의 고유우주와 합작하여 '아버지의 부도'라는 현실을 만들어냈습니다. 이 때문에 당신은 음악이라는 자신 있는 분야가 아닌 전혀 생소한 업종으로 취직을 하게 되었고요. 그 과정에서 당신이 지속적으로 체험했던 것은 자신의 부족함에 대한 자각이었습니다. 그런데 그것을 지속적으로 체험하게 되자 스스로의 존재가치가 부정당하고 있다는 위기감이 생깁니다. 그럼 어떻게 해야 할까요? 자신이 부족해도 용서가 될 만한 무언가 그럴듯한 이유가 필요하지 않을까요?

L　　그것이 제 병이 되었다는 말이군요.

카밀로　당신이 심각한 불치성 질환을 앓게 됨으로써 당신의 능력이 부족한 이유가 병 때문이라는 알리바이가 세워집니다. 그럼 스스로의 부족함을 용서할 수 있게 되겠지요. 또한 그 병을 스스로 선택했다는 사실 자체를 숨겨야 합니다. 그래서 나타난 마음이 바로 스스로를 끊임없이 피해자로 인식하는 '피해자 코스프레' 마음입니다. 사실 살면서 피해를 볼 수도 있습니다. 그러나 피해를 보면 어떻습니까? 다시 일어서면 되지 않습니까? 그러나 피해를 딛고 일어서기보다 자신을 지속적으로 피해자로 인식한다면 계속 피해를 볼 수밖에 없는 상황들이 이어집니다.

이러한 '피해자 관념'은 온갖 인연 관계를 조합하며 계속해서 당신의 삶에 되풀이되고 있습니다. 그리고 이 관념을 감춰주고 정당한 명분마저 부여해주고 있는 당신의 병은 '나을 수 없는 것'이 아니라 오히려 '나으면 안 되는 것'입니다. 이렇게 하여 당신의 병은 자신에 대한 고정된 규정으로 자리를 잡게 되었습니다. 그럼 이제 무엇을 해야 할지 감이 잡히시나요?

ㄴ　　감은 잡히는데 정확히 뭘 해야 할지 명료하게 떠오르지는 않아요. 제 안의 관념들과 화해해야 한다는 것 정도는 알겠는데….

카밀로　먼저 자신을 피해자로 인식하기를 멈춰야 합니다. 스스로를 피해자로 인식하며 세상을 탓하면 당신의 병은 당신에게 필요한 명분을 계속 제공하게 됩니다. 그러나 스스로를 피해자로 인식하기를 멈추면 그 관념을 만드는 데 참여했던 모든 인연 조합에 브레이크가 걸립니다. 당신은 진심으로 병을 고치고 싶나요?

ㄴ　　네, 진심으로 고치고 싶습니다.

카밀로　그럼 자신을 피해자로 인식하기를 멈추고, 그런 선택을 할 수밖에 없었던 당신 안의 내면아이와 소통하며 그 아이를 위로해줘야 합니다. 그러나 조심하세요. 당신의 마음이 준비되어 있지 않다면 어느샌가 당신은 내면아이를 다그치고 있을 것입니다. 내면아이 소통을 하면서 자신도 모르게 저지르게 되는 실수지요. 그러니 가르치려 들지 말고, 훈계하려 들지 말고, 왜 그랬냐고 따지려 들지 말고 오직 진심으로 그들의 이야기를 들어주고, 공감해주고, 함께 있어주세요. 그것이 가능할 때 당신의 병은 자연스럽게 치유될 것입니다. 자기 자신을 피해자가 아닌 완벽한 존재로 인식하세요. 그러면 병은 그 완벽함이라는 관념에 걸맞게 자신의 모습을 바꿀 것입니다. 건강한 육체와 정신으로 말입니다.

L씨가 건강을 되찾기까지는 1년 3개월이 걸렸다. 그만큼 뿌리 깊은 관념들을 바꾸는 것은 힘든 일이다. 하지만 이는 사람마다 각자 다른 '임계점'의 문제이기도 하다. 마음의 힘으로 새로운 현실을 만들어내려면 변화가 일어나는 임계점을 돌파해야 한다. 어떤 이는 그 임계점이 낮을 수도 있고, 어떤 이는 까마득히 높을 수도 있다. 현실에서 물은 100도에서 끓기 시작하지만 각자의 마음속 물은 끓는 점이 모두 다르다. 이 과정에서 나타나는 저항과 명현현상이 격렬하기에 정화과정을 도중에 포기하는 사람도 많다. 하지만 포기하지 않고 꾸준히, 진심으로 관념들의 입장이 되어 정화과정에 임한다면 현실은 반드시 변한다.

마음이 변하면 저절로 의도와 행위가 일어나는 법이다. 정화과정을 시작하며 L씨는 포기하고 있던 의학적 치료와 식이요법, 규칙적인 운동을 활기차게 이어갈 수 있었다. 그리고 마침내 건강을 되찾았다.

그녀의 정화과정은 조금 복잡한 매듭을 풀어야 했는데, 이 과정의 핵심은 부모님에 대한 기억과의 화해였다. 하지만 이것은 단순히 그녀의 음악 인생을 끝까지 밀어주지 못한 부모로부터 받은 상처에 대한 용서와 화해가 아니었다. 이는 표면적인 형태일 뿐이고, 그녀에게 진짜로 필요했던 작업은 자신의 관념에게 명분을 주기 위해 부모님의 사정을 이용했던, 자신의 '관념의 연막'을 마주하는 일이었다. 그녀는 오히려 회사의 부도 때문에 자식을 밀어주지 못했던 부모님께 용서를 구할 필요가 있었다. "당신 탓이오"가 아니라 "내 탓이오"로 관점을 전환하는 것이다.

표면적으로 보면 부모로부터 지원을 받지 못한 자식이 무슨 잘못이 있느냐, 오히려 부모의 잘못이 아니냐 물을 수 있지만 하나의 현실은 단순히 한 사람만의 관념이 발동되어 만들어지지 않는다. 관념들은 상호 공조를 통해 현실을 공동으로 창조해낸다. 일방적인 가해자와 피해자의 관계는 존재할 수 없다. 피해자는 가해자를 필요로 하고, 가해자는 피해자에 의해 성립된다.

L씨는 자신의 결핍에 대한 명분을 얻으려면 피해자가 되어야만 하는, 자신의 피해자 코스프레 작전에 부모님의 어려운 사정이 어떻게든 동원되었음을 인정했고, 부모님께 용서를 구하기로 했다. 그녀는 먼저 상황을 이렇게 만들 수밖에 없었던 관념들의 입장이 되어 그들을 알아보지 못하고 이해하지 못했음에 용서를 구했다. 그리고 그 관념들에게 사랑한다고 말해주는 작업을 진행했다. 물론 작업 기간 동안 심한 저항을 경험하기도 했지만, 그녀는 작업을 훌륭히 끝마칠 수 있었다. 그렇게 내면 정화를 진행하던 어느 날, 그녀의 가슴이 열렸다.

가슴의 감성 영역이 열리고 내면아이와의 화해가 이루어질 때의 미묘한 느낌이 있는데, 그녀는 거의 2주 동안 그 느낌 안에 있었다. 눈물, 콧물을 쏟아내고 울고 웃으며 자신의 관념에 대한 내면 정화를 끝낸 날 저녁, 그녀는 부모님을 찾아가 자신 안에 그러한 마음이 있었음을 고백하고 용서를 구했다. 그녀의 고백은 자식을 끝까지 밀어주지 못했다는 죄책감에 시달리던 부모님의 가슴마저 활짝 열어젖혔다. 세 사람은 그날 서로를 부둥켜안고 한참을 울었다고 한다. 그렇게 그녀의 피해자 코스프레는 자신의 역할을 다하고 막을 내렸다.

　　지금 그녀는 어떤 삶을 살고 있을까? 그녀는 건강을 회복했을 뿐 아니라 직업적인 측면에서도 변화를 겪었다. 지인을 통해 한 음악 학원에서 제의가 들어와 자신의 전공을 살린 바이올린 강사가 된 것이다. 이 모든 과정에서 깨닫게 된 의미와 가치는 그녀의 자산이 되어 삶을 새롭게 채워주었다.

## 13장
### 건강하려면, 깨달으려면 채식만 해야 해

M씨는 30대 중반의 매력적인 여성이다. 영어와 독일어를 유창하게 구사하며 외국계 기업에서 일하는 그녀는 겉으로 보이는 화려한 모습과는 달리 평생을 왠지 모를 공허함에 시달리며 살아왔다. 그녀는 지인의 소개로 20대 중반부터 명상을 비롯한 마음공부에 입문했고, 지금도 꾸준히 그것을 이어오고 있는 재가 수행자였다. 그리고 이를 통해 자신이 느끼는 공허한 마음의 정체가 자기 자신이 누구이며 세상이 무엇인지를 알고 싶어하는 마음으로부터 오는 것이라는 사실을 알아차렸다.

    이후 그녀의 관심은 온통 깨달음이라는 대상으로 쏠리게 된다. 그리고 3년 전 어느 날, 우연히 참석한 한 영성 모임에서 채식에 대한 정보를 얻게 된다. 그 모임의 가르침은 간결했다. 깨닫기 위해서는, 그리고 심신의 건강을 유지하기 위해서는 채식을 해야 한다는 것이었다. 이 가르침에 매혹된 M씨는 그 이후로 채식주의자로 살아왔다. 그런데 1년 전부터 그녀의 건강상태가 오히려 더 나빠지기 시작했다. M씨는 당황했다. 완전 채식만 하고 업무시간을 제외한 대부분의 시간을 명상 수련과 경전 공부에 쓰는 그녀였기에 자신의 건강이 나빠졌다는 사실을 받아들일 수가 없었던 것이다. 그녀에게 어떤 일이 일어나고 있는 걸까?

**카밀로**  반갑습니다. 당신의 현재 건강상태에 대해서 구체적으로 알 수 있을까요?

**M**  몸에 힘이 거의 없어요. 몸이 이렇다 보니 마음도 무기력해지는 것 같고요. 예전보다 감정에 끌려다니는 일이 현저하게 줄었습니다. 처음에는 이런 느낌을 명상의 효과가 나타나는 것으로 생각했었어요. 전보다 훨씬 살 만하니까요. 하지만 어느 날 상처받은 지인과의 대화에서 제가 그의 감정에 전혀 공감을 안 하고 있다는 사실을 알아채고 깜짝 놀랐습니다. 감성적인 것에 영향을 받지 않아 좋지만, 어떻게 보면 감성이 메말라버린 느낌이기도 합니다. 감정이 별로 움직이질 않으니 삶의 의미가 없는 것 같기도 하고요.

**카밀로**  좋습니다. 일단 알아두어야 할 것이 하나 있습니다. 음식의 조절은 영성 수행의 어떤 시기에 선택적으로 필요할 수 있으나, 그 자체가 영적 성장의 필수조건은 아닙니다. 영적인 성장을 위해 반드시 채식을 해야 한다는 법은 없습니다. 채식을 하는 가장 큰 이유는 의식 에너지 파동의 중첩현상 때문인데, 동물의 육체를 이루는 에너지 파동이 식물의 파동보다 복잡하고 역동적이기 때문에 감정이나 느낌으로 변환되는 파동이 더 많이 포함되어 있습니다. 가뜩이나 복잡한 인간의 마음이 이 파동에 영향을 받기 때문에 자제하는 것이죠. 특히, 마음의 고요한 심연으로 침잠하는 형태의 수행을 할 때는 식물에 비해 복잡한 에너지 파동을 지닌 육류의 섭취를 자제하는 기간이 필요할 수는 있습니다. 하지만 그것이 절대적인 것은 아닙니다. 오히려 채식과 육식을 이분하며 우열을 칼같이 나누는 마음 자체가 또 다른 이분법입니다. 그런 공부는 오히려 또 다른 이분법을 강화할 수 있습니다.

M   그렇다면 오히려 제가 채식을 해서 몸이 안 좋아졌다는 말인가요?

카밀로   그것도 아닙니다. 채식 자체는 잘못된 것이 아닙니다. 오히려 문제는 당신의 분별심에 있습니다. 인간은 육체와 정신작용으로 이루어져 있습니다. 겉으로 드러난 모습으로만 보면 육체에 정신이 작용하는 것처럼 보이지요. 이는 육체가 없으면 개인성을 드러낼 수 없기 때문에 의식이 개인의 육체에 자신을 비추어서 개인의식으로 작용하기 때문입니다. 육체는 물리적인 존재성의 차원과 정신적인 존재성의 차원을 동시에 드러내는 중요한 역할을 합니다. 그러니 육체는 소중한 것이지요. 건강한 몸을 만들기 위한 이런저런 노력이 필요한 이유도 이 때문입니다. 그런데 당신의 채식은 육체를 위한 노력입니까? 아니면 육체를 정신작용보다 하등한 것으로 보고, 정신적인 깨달음을 위해서 채식을 선택한 것입니까?

M   육체보다 정신이 중요하다고 여겼던 게 사실입니다. 저는 깨달음을 위해 채식을 선택했습니다.

카밀로   인간이라는 존재는 육체에 기대어 자신을 드러냅니다.

그 육체를 유지하기 위해 필요한 것이 두 가지 있습니다. 하나는 물질적인 육체의 직접적인 연료가 되는 음식이고, 또 하나는 에너지의 순환 작용을 일으키는 호흡입니다. 호흡을 할 때는 단순히 산소와 이산화탄소의 교환만 일어나는 게 아닙니다. 호흡을 하면 우주적인 에너지와 개인성의 에너지가 조화를 이루며 순환하게 되지요. 정신은 이처럼 물질적 연료인 음식과 에너지적 연료인 호흡이 이상적으로 작용할 때 더욱 완벽하게 자신의 기능을 펼칠 수 있습니다.

그런데 인간의 육체를 비롯한, 고등 의식작용을 하며 살아가는 유기체들은 대부분 다른 종의 육신을 취함으로써 몸을 유지합니다. 따라서 인간의 몸에 가장 좋은 것은 고기든 채소든 생선이든 가리지 않고 먹는 것입니다. 다른 종을 영양분으로 섭취할 때는 그 마음가짐이 가장 중요합니다. 예수님도 이렇게 말씀하셨지요. "입으로 들어가는 것은 사람을 더럽히지 않는다. 더럽히는 것은 오히려 입에서 나오는 것이다."

깨달음이라는 것이 채식이라는 특정 연료만 섭취해야 도달할 수 있는 무언가라고 생각한다면 그것은 오산입니다. 음식은 죄가 없습니다. 그 음식을 먹을 때 내 몸이 될 음식에게 얼마나 감사할 수 있는지가 중요합니다. 내가 먹는 음식이 내 몸이 됩니다. 당신의 한쪽 팔은 얼마 전 당신이 섭취한 음식이 변해서 된 것입니다. 그러니 음식을 먹을 때 내 입에 들어가는 그것을 나의 몸으로 바라보고 사랑과 존중, 감사의 마음을 낼 수 있어야 그 음식의 온전한 의미와 가치가 내 몸을 통해 펼쳐집니다.

하지만 당신의 마음은 어땠나요? 오히려 음식을 차별했죠. 음식

을 차별하고 깨달음이라는 이상을 잡기 위해 '깨달음에 좋은 것'
과 '깨달음에 나쁜 것'을 이분해 차별하는 마음에서 과연 모든 이
분법을 초월한 깨달음이 제대로 피어날 수 있을까요? 그러니 이
는 음식 자체의 문제가 아니라 음식을 대하는 당신의 분별심이
문제였던 것입니다. 당신이 먹는 음식이 당신의 몸이 됩니다. 당
신은 음식이 되는 채소들을 먹을 때 은연중에 그것이 내 몸속에
서 나의 깨달음을 키워줄 양분이 되기를 기대했습니다.

그러나 인간의 몸은 고른 영양섭취를 할 때 이상적인 건강을 유
지할 수 있습니다. 결국, 당신은 몸이 원하는 것을 주지 않은 것
이지요. 당신의 체질이 채식만으로는 건강을 유지할 수 없는 체
질이었고, 나아가 채식할 때의 마음 자체가 분별심에 빠져 있는
것이었다면 당신의 몸이 지금처럼 무기력하고 감정적으로도 메
말라버린 것도 이상한 일은 아니지요.

M        제가 잘못 생각하고 있었나 봐요. 저는 이제 어떻게 해야
할까요?

카밀로    음식을 차별하는 마음부터 새롭게 해야 합니다. 그렇게
해서 깨닫게 되는 깨달음은 야채에 의해 만들어진 것이니 야채
만을 대변하는 것이 될 것 아닙니까? 당신의 삶에는 육적인 부분
또한 존재하지 않습니까? 그 부분을 더 이상 외면하지 마세요.
아주 간단한 문제입니다.

또한 당신은 깨달음에 대한 환상을 깨야 합니다. 깨달음이란 이
원적인 마음이 성장해 그 대립을 깨고 비이원적인 본질로 거듭
나는 앎입니다. 좋은 것과 나쁜 것을 나누고 육식과 채식을 차별
하는 마음은 여전히 이원적인 마음입니다. 당신의 몸은 그 관념

을 돌아보라고 계속 경고를 보내고 있었던 것입니다. 그러니 당신의 입에 들어가는 모든 것들을 차별하지 말고 존중하며 사랑해주세요. 그 사랑을 듬뿍 받고 당신의 몸이 된 음식들은 그 몸을 건강하고 이상적인 상태로 새롭게 표현할 것입니다.

M씨는 깨달음을 추구한다며 여전히 이분법적인 눈으로 육체와 정신을 대하고 있었다. 전통적으로 인간의 육체는 이원적 분리감의 빌미를 제공했다는 점(몸의 느낌이 가져오는 분리감)을 구실로 마음공부를 하는 사람들에게 은근히 외면받아왔다. 내가 몸담았던 수도회 또한 육체와 정신에 대한 차별을 받아들여 고행생활을 모토로 내세운 수도회였다.

물론 지금은 이런 부분이 많이 개선되었지만, 육체가 정신보다 하등한 것으로 취급되어온 것은 사실이다. 육체와 마음은 둘이 아니다. 육체가 없으면 정신도 드러날 수 없다. 육체야말로 전체성이 지니는 무한한 다양성과 고유성을 한 몸으로 표현하는 소중한 도구다. 육체는 사랑받아야 할 대상이지 외면받아야 할 대상이 아니다.

M씨는 이 부분을 크게 깨닫고 채식만을 고집하는 식생활과 이분법적인 관점을 바꿨다. 결과적으로 지금 M씨는 이전과는 비교도 할 수 없는 활기찬 삶, 감성적으로 충만한 삶을 살고 있다. 하나의 편협한 인식이 그 사람의 삶을 메마르게 만들 수도 있다. 그러니 무엇을 하든 나의 이 마음이 어떤 관념으로부터 비롯되고 있음을 항상 살피는 것이 기본 자세가 되어야 한다.

**셀프 코칭 가이드** ◆ 자아실현과 외모, 건강 시크릿

## 자아실현

**1. 원하든 원치 않든 누군가와 경쟁해야 하는 상황이 되었습니다. 어떤 느낌이 가장 주도적인가요?**

경쟁 상황에서 가장 먼저, 가장 빈번하게 나타나는 정서가 있을 것입니다. 그 정서에 따라 생각, 감정, 반응, 의도, 행위가 달라집니다. 당신의 마음이 경쟁 상황을 어떻게 받아들이는지 알아보세요.

**2. 나는 경쟁을 두려워하는 걸까요? 아니면 경쟁을 통해 확인되는 나의 어떤 모습과 그에 동반되는 감정을 두려워하는 걸까요?**

만약 경쟁의 결과에 따라 나에 대해 이런저런 평가와 판단이 가해지지 않는다면, 이를 통해 스스로를 규정짓고 단죄하지 않는다면 어떨까요? 내게 있어 경쟁을 한다는 건 무슨 의미인지 깊게 생각해보세요.

이제 다시 한번 생각해보세요. 내가 진짜 두려워하는 것은 과연 무엇일까요? 경쟁이라는 현상일까요? 아니면 주위의 시선과 이에 편승해 스스로를 단죄하는 내 마음속 목소리일까요?

### 3. 반복적인 실패를 경험하고 있지는 않나요?

만약 그렇다면 자아실현에 실패하는 것이 당신의 깊은 자아에게는 더 이득일 수 있습니다. 이를 인정한다면 중요한 사실을 한 가지 더 깨달아야 합니다. 당신의 자아실현 실패가 예정된 것이었다면, 당신의 실패는 능력이 모자라서 일어난 게 아닙니다. 그러니 안심하세요. 당신은 모자란 존재가 아닙니다. 당신의 실패는, '실패해야 성공하는 것'이었기 때문에 일어난 것입니다. 깊이 묵상해보세요. 당신은 더 이상 자신을 실패한 존재로 믿을 필요가 없습니다.

### 4. 휴식은 당신에게 무엇을 주나요? 당신은 진정으로 휴식했나요?

항상 바쁘게 사는 당신, 하루의 마감과 함께 가지는 나만의 휴식 시간이 매우 소중하겠지요. 열심히 일한 당신은 편안히 휴식하고 취미 생활을 즐길 권리가 있습니다. 하지만 아무리 잘 쉬어도 반복되는 일상은 변하는 게 없고 나의 능력은 계발되지 않는다면, 혹시 당신의 휴식은 활력을 충전하기 위한 시간이 아니라 남은 시간의 우울을 충전하기 위함은 아니었을까요? 관념의 무서움을 잘 느껴보세요. 관념은 소중한 휴식마저도 자신의 도구로 사용합니다.

### 5. 당신은 자기 자신을 솔잎만 먹어야 하는 송충이로 여기고 있지는 않나요?

송충이가 솔잎만 먹는 이유는 그것만 먹을 수 있기 때문입니다. 마찬가지로, 나의 능력이 제한되어 있고 미래의 가능성 또한 선택의 여지가 별로 없다고 느끼고 있지는 않나요? 그렇다면 당신은 이미 솔잎만 먹을 수 있는 송충이가 된 것입니다. 자신을 돌아봅시다. 당신은 송충이로 남고 싶나요?

## 6. 현재 자기 자신의 능력을 어떻게 평가하고 있나요?

누구나 한 번쯤은 자신의 능력을 평가해본 적이 있을 것입니다. 스스로 해본 적 없다 해도 타인의 시선에 의해 끊임없이 평가받으며 살고 있지요. 그리고 그 결과에 따라 울고 웃기도 합니다. 당신 또한 자기 자신을 평가할 것입니다.

그런데 스스로의 능력을 평가하고 단정 짓기 전에 한 가지 사실을 알아야 합니다. 당신은 자기 자신을 얼마나 알고 있나요? 자신이 지닌 잠재력, 가능성 또한 모두 알고 있나요? 만약 자신을 잘 모른다면 스스로에 대한 단정을 멈춰야 합니다. 그렇지 않으면 잘못된 판단을 내리고 스스로의 능력을 제한하게 될 것입니다. 나도 타인도 섣불리 판단하지 마세요.

깊이 묵상해보세요. "나는 나를 얼마나 알고 있지?" 그 이후에 자기 자신을 다시 한번 평가해보세요. 이번에는 무한한 가능성에 초점을 맞추어서 평가해보세요. 그 관념이 당신의 미래 현실을 만들 것입니다.

## 7. 완벽이 뭐라고 생각하나요? 내가 설정한 이런저런 조건이 한 치의 오차도 없이 충족되어야 완벽한 걸까요?

완벽에 대한 견해는 모두 다를 것입니다. 바로 여기에 우리가 생각하는 완벽이 왜 완벽이 아닌지에 대한 힌트가 들어 있습니다. 완벽이 무엇인가에 대해 사람들의 견해가 각기 다르다면, 그 어떤 견해도 완벽이 될 수 없지는 않을까요? 조건의 충족에 집착하는 마음을 완벽을 추구하는 마음이라고 착각하고 있지는 않나요? 당신이 말하는 완벽의 조건이란 결국 '내 안의 결핍'을 말해주는 것은 아닐까요?

8. 타인에게 인정받지 못하면 어떤 느낌이 드나요? 주도적인 느낌을 파악해봅시다. 여기에 이어지는 생각, 감정도 살펴보세요.

아주 근원적인 질문을 하나 해보세요. 안심하기 위해, 행복하기 위해 왜 타인의 인정이 필요할까요? 나는 나인데 말입니다. 깊이 묵상해보세요. 타인의 인정을 받기 위해 살아가는 삶이 과연 나의 삶일까요? 아니면 진열장 속 트로피와 같은 꼭두각시의 삶일까요?

9. 내 성에 차지 않는 현실의 성취를 보면 어떤 느낌이 드나요? 또한 내 성에 차지 않는 현실을 만나는 빈도수는 어떻게 되나요?

관념으로부터 현실이 나옵니다. 만약 일상의 대부분이 마음에 들지 않는 사건, 사고로 채워져 있다면 그 사실에 힘들어하고 자책하거나 분노하는 대신, 왜 나의 일상이 대부분 이런 식으로 반복되는지를 고민해보세요. 나의 겉마음이 어떻든 간에, 반복되는 현실은 보다 깊은 곳의 자아에 의해 선택된 것입니다. 만약 그렇다면 무엇을 위해, 어떤 관념을 위해 이 현실이 선택되었을까요?

10. 당신은 세상을 내 편과 내 편이 아닌 것, 아군과 적군으로 나누어 보고 있나요?

이를 구분하는 잣대가 하나 있습니다. 세상을 '아군 vs 적군'으로 바라보는 시선을 갖게 되면 '되갚아주기'가 내 사고의 기준이 되고, 행동원칙이 됩니다. '되갚아주기'란 아군에게는 보상을 주고 적군에게는 복수를 하는 것입니다.

그러나 보상을 내리는 마음 안에도 보상에 적합한 기준을 충족시켜야 한다는 조건이 있을 것입니다. 그러니 자신 또한 스스로 생각하기에 적절한 행위를 하면 보상을 기대하게 됩니다. 이 보상이 충족되지 않으면 나에 대한 배신으로 간주하게 되지요. 그 대상이 사람이든, 부든, 사회제도든 마찬가지입니다. 사람으로부터 배신당하고, 사회로부터 배신당했다고 여기게 됩니다.

반대로 복수를 실행하는 마음 안에는 내 기준에 부합하지 않는 자세, 태도, 상황, 반응, 결과 등을 '나에 대한 공격'으로 받아들이는 마음이 있습니다. 이 마음이 나의 기본적인 관점으로 설정되면 내 삶은 '보상과 복수'를 반복하는 형태로 계속될 것입니다.


11. 내가 누군가에게 복수하는 것이 정당하다면 다른 누군가가 나에게 복수하는 것도 괜찮겠지요? 어떻게 생각하나요?

혹시 "나는 되고 남은 안 돼!"라는 마음이 있나요? 그 마음이 바로 '내가 하면 로맨스 남이 하면 불륜', 즉 내로남불입니다. 나의 기준을 적용할 때 남의 눈치를 볼 필요가 없듯이, 남 또한 자신만의 기준으로 나에게 복수할 때 나의 눈치를 볼 필요가 없다는 걸 받아들일 수 있나요?


12. 나의 목표를 실현하기 위해 무엇이 필요하다고 생각하나요? 생각나는 대로 적어 목록을 만들어보세요.

이 과정이 중요한 이유는, 실현이 가능하다고 여겨지는 것과 불가능하다고 여겨지는 것이 나의 고정관념이 되어 현실창조의 대략적인 한계를 결정하기 때문입니다. 내 마음속에서 가능하다고 여겨지는 것들은 내가 받아들인 '개연성'입니다. 즉, 내 삶에서 충분히 일어날 수 있다고 생각되는 일들이지요. 이렇게 개연성이 부여된 것들에게 는 마음의 저항이 크게 발생하지 않습니다.

일단 목표 실현에 필요하다고 생각하는 것들을 쭉 적어보세요. 그런 뒤 중요도를 따져보고 순위를 매겨봅니다. 그다음 그것들에 개연성 이 있다, 없다를 판단하며 분류해보세요. 이 과정에서 내가 두려워 하는 것, 집착하는 것, 외면하고자 하는 것, 숨기고 싶은 것 등을 알 아낼 수 있습니다. 이 목록들에 동반하는 마음을 알면 그 마음에 대 한 내면 소통을 할 수 있지요.

내면 소통이 완료되어 두려움, 저항감 등이 승화된 후에는 어떻게 해 야 할까요? 목록의 세부 사항들, 그러니까 지금 당장 실천 가능한 작 은 목표들을 이루면서 큰 목표를 향해 가면 됩니다. 작은 목표부터 시작하는 이유는 저항이 적기 때문입니다. 작은 목표를 실천할 때는 그 목표가 더 큰 목표를 향한 과정이라는 사실을 상기하세요.

### 13. 내가 누리지 못하는 것을 누리는 사람을 보면 어떤 생각이 드나요?

여기서는 크게 두 가지를 살펴봐야 합니다. 첫째, 그 사람이 정당한 그의 권리를 누린다고 여겨지나요? 아니면 내 것을 빼앗긴 느낌이 드나요? 둘째, 내심 나는 저렇게 될 수 없을 것 같은 느낌에 질투가 일어나지는 않나요? 혹시 이 두 가지 느낌을 모두 느꼈나요? 그렇다 면 당신이 그렇게나 부러워하는 그것을 소유하지 못하고, 그것에 도 달하지 못하는 이유는 저 두 가지 느낌을 반복하기 위해서라고 볼 수 있습니다. 시기, 질투, 분노는 내 삶을 불사르는 감정입니다. 쉽게 변하기도 힘든 감정들이지요. 이런 감정들을 통해서 자신을 유지하는 관념들의 입장에서는 이것들이 가장 안정적인 고액 연금이기 때문입니다.

이 두 느낌을 해소하기 위한 첫 번째 스텝은 '순수한 창조의 욕구'와 '집착하는 욕망'에 대해 파악하는 것입니다. 내가 가지지 못한 것을 가진 사람을 볼 때, 별 반응이 없는 경우를 제외하면 관념망에 따라 두 가지 반응이 일어납니다.

첫 번째 반응은 시기와 질투를 동반한 욕망이 발현되는 경우입니다. 욕망은 집착이 섞인 마음입니다. "내가 가지지 못한 것을 가진 네가 너무 부러워. 그런데 나는 저걸 영영 가지지 못할 것 같아서 시기, 질투가 나. 내가 너보다 못한 존재인 것 같아서 참을 수 없어. 나도 저걸 가지고 싶어. 가지지 못하면 죽을 것 같아"라는 마음이지요. 하지만 이런 마음 깊은 곳에는 나는 그것을 가질 수 없을 것만 같다는, 나는 자격이 없는 것 같다는 자기 불신의 마음이 깔려 있습니다. 이 "어떻게든 가지고 싶다"는 마음이 욕망으로 변질되면 대부분 시기, 질투가 동반됩니다. 심지어는 내가 누려야 할 것을 빼앗긴 것 같은 마음마저 생겨납니다. 그럼 그것을 소유한 대상은 나의 것을 빼앗아가는 약탈자로 느껴집니다.

두 번째 반응은 순수한 창조의 욕구가 발현되는 경우입니다. 이때는 "와아!!!" 하고 경탄이 먼저 일어납니다. 부러움이라기보다는 경탄에 가깝습니다. 삶의 롤 모델을 만난 것 같은 느낌이 듭니다. 그것을 가진 사람은 질투의 대상이 아니라 선망의 대상이며, 내게 길을 제시해주는 것 같은 느낌이 듭니다. 결정적으로, "나도 저렇게 될 수 있어. 저렇게 되어야지!"라는 결심이 일어납니다. 이때 동반되는 마음 안에는 자기 자신의 능력에 대한 의심이 없습니다. 이 결심이 원동력이 되어 목표에 도달하게 되는 길이 열립니다.

이 두 가지 관념을 해소하는 길은 몇 가지의 오해를 푸는 것입니다. 한 가지 이치를 깊이 사유해서 말이지요. 첫째로, 나의 성공이 불확실하다면 반대로 실패 또한 불확실하다는 사실을 인정하세요. 미래의 존재 상태를 결정하는 것은 인식입니다. 내가 나 자신을 어떻게 받아들이느냐에 따라 미래는 달라집니다. 나의 실패를 인정하는 마음은 절대적인 진실이 될 수 없습니다. 이 마음은 자기 자신에 대한 신뢰와 자신감의 부족으로 인한 일종의 유추이자 지레짐작입니다. 이 망상을 꿰뚫어 보세요. 자신을 믿지 못하고, 자격이 없다고 규정하고 있는 그 마음을 사랑으로 품어 안아 치유해주세요. 왜 그렇게 생각하는지에 대해 따지지 말고 먼저 충분히 들어주고, 공감해주고, 안아주고, 위로해서 내면아이의 다친 마음을 풀어주세요.

두 번째로, 내면아이를 큰 사랑으로 납득시켜 자신의 능력과 자격에 대한 오해를 풀어주세요. 내면아이에게 "나는 무한한 가능성을 가진 존재란다. 두려움아, 우리 스스로의 힘을 한번 믿어볼래? 나는 이 멋진 선물을 받을 자격이 충분하단다"라고 말해주세요. 부모의 마음이 되어 새로운 미래를 인식해 선물하는 것입니다. 이 작업의 핵심은, 내가 나를 알아주고 이해해주는 마음, 그리고 새로운 선물을 주는 마음을 통해 실패를 전제하고 자기 자신을 규정하는 마음의 습을 멈추는 데 있습니다.

14. 세상에는 결핍과 좌절을 통해 자신을 확인하는 데 익숙해져버린 사람들이 있습니다. 당신은 어떤가요?

힘들고 괴로운 현실 앞에서 왠지 안도하는 느낌을 느껴본 적 없나요? 마치 이것이 나에게 맞는 옷인 것 같은 느낌을 느껴본 적 없나요? "내가 그렇지 뭐"라는 마음은요? 그렇다면 당신은 결핍된 현실에 굴복하고 타협한 것입니다. 불가항력, 어쩔 수 없는 현실이라는 말로 변화와 성장의 가능성을 일축하고 있는 것입니다. 그 마음이 '어쩔 수 없이 받아들여야만 하는 불만스러운 현실'을 정당화하는 관념입니다.

이 글을 읽고 "그래서 어쩌라고?" 하는 마음이 드나요? 어찌할지는 당신이 결정해야 합니다. 이제 더 이상 도망치지 않고 일어나 성장할 것인지, 아니면 그냥 계속 그렇게 살지 말입니다. 성장을 선택했다면 절대 포기하지 말고, 안주를 선택했다면 적어도 신세를 한탄하거나 힘들다고 티 내지 마세요.

한 가지 더…. 만약 신세 한탄을 멈추고 힘든 티 내기를 진짜로 멈춘다면, 당신은 기적을 경험하게 될 것입니다.

### 15. 당신의 직업적 성취나 사회적 위치가 당신의 자부심을 높여줍니까? 아니면 수치심을 높여줍니까?

여기서 말하는 것은 자존심이 아니라 자부심입니다. 자부심이란 스스로에 대한 확신과 당당함, 그리고 존중의 마음입니다. 나의 성취에 자부심을 가지고 있는지, 아니면 부족함을 느끼고 수치스러워하고 있는지 살펴봅시다. 만약 수치심을 느끼고 있다면, 무엇이 그렇게 수치스러운지 찾아보세요. 그 수치의 대상 안에 메인 카르마가 숨어 있습니다.

### 16. 당신의 사회적 성취욕구 안에는 무엇이 숨어 있을까요?

어쩌면 당신은 자아실현을 원하고 있는 것이 아닐지도 모릅니다. 당신의 소망은 무엇에 가장 깊게 근거하고 있을까요? 순수한 창조의 의지인가요? 아니면 결핍에 대한 반발로부터 나온 집착인가요? 그도 아니면 이 소망이 무언가 더 깊은 것을 가리기 위한 가면이거나 이미 중독되어버린 부정적 느낌을 계속 체험하기 위한 장치로 쓰이고 있지는 않은지 살펴보세요. 만약 당신의 소망이 부정적인 관념들을 강화하기 위한 장치로 쓰이고 있다면 당신의 '자아실현'은 멈추었지만, '자아결핍실현'은 완벽하게 채워지고 있음을 알아야 합니다.

### 17. 주변의 시선이나 마음속 조급한 목소리에 쫓겨 무언가를 시도해본 적이 있나요? 그런 경우 결과가 대부분 어땠나요?

나의 자아실현적 소망은 타인의 시선이나 조급함, 불안감 등에 지배받아서는 안 됩니다. 물론 이러한 것들이 시작 지점에서의 동기는 될 수 있으나, 소망의 동기에 녹아 있는 그 결핍된 속성을 계속 유지한다면 결국 아픈 결말에 이르게 됩니다. 당신은 어떤가요?

### 18. 내가 이룬 것을 지키기 위해 끊임없이 위로 올라가야 한다는 느낌이 있나요?

그렇다면 내심, 지금 나의 성공은 운이 좋았을 뿐 진짜 내 실력은 아니라고 규정하고 있는 것입니다. 스스로에 대한 확신이 없는 것이죠. 당신은 어떤가요?

## 외모와 건강

### 1. 당신은 자신의 몸을 사랑하나요?

당신은 이 질문에 뭐라고 답했나요? 우리는 몸이 없으면 이 현실을 체험할 수 없습니다. 몸은 현실을 체험하게 해주는 소중한 통로입니다. 이 몸은 세상에 둘도 없는 존재, '유일무이'한 존재입니다. 이 몸을 느껴보세요. 원인과 조건, 상황과 배경에 따라 변하는 미추의 개념을 떠나 바라보면 당신의 몸은 정말로 경이롭습니다. 이 드넓은 우주 안에는 당신의 몸과 비견될 대상이 없습니다. 당신의 몸은 유일무이한 존재로서 당신의 고유우주를 표현해내고 있습니다. 당신의 몸은 개성이라는 이름으로 다양성의 마지막 퍼즐을 완성시키고 있습니다. 당신은 이 신비를 가슴으로 느낄 수 있나요?

### 2. 당신은 자신의 몸을 어떻게 대우하고 있나요?

당신은 존중받는, 행복한 현실을 바라고 있습니다. 외모적으로도 훌륭하고, 건강한 현실을 바라고 있습니다. 하지만 정작 자신의 몸은 어떻게 대하고 있나요? 행복한 현실과 몸에 대한 대접이 무슨 상관이 있냐고요? 큰 상관이 있습니다.

현실이란 무엇일까요? 현실은 지금의 이 몸을 통로로 체험되는 세상입니다. 당신이 부정해왔던 이 몸을 통해 당신의 행복한 현실이 펼쳐집니다. 당신은 좋은 것을 바라고, 행복하고 풍요로운 삶을 바라면서 정작 그것을 체험하게 해주는 통로인 몸에 대해서는 부정적입니다. 몸의 입장이 되어보세요. 얼마나 가슴이 아프겠습니까? 얼마나 화가 나겠습니까? 그래서 몸에 병이 드는 겁니다. 자신을 인정해주지 않는 당신의 마음에 상처받은 것입니다.

당신의 몸은 본래 완벽합니다. 있는 그대로 완전한 존재로 표현되도록 운명지어졌습니다. 그러나 당신의 마음(관념회로)은 몸을 배신하고 천대하며 배척해왔습니다. 몸은 그 괴로움을 건강의 이상 신호로 표현합니다. 이렇게 몸이 아프기 시작하니 당신은 자신이 벌을 받았다는 생각을 하기 시작합니다. 그래서 스스로에게 더더욱 실망하고 맙니다. 죄책감과 후회, 괴리감의 바다에서 허우적대고 있습니다. 그러나 그러는 와중에도 단 한 번도 지금의 몸을 인정해주거나 감사를 표하지 않습니다.

묵상해보세요. 당신은 당신의 몸을 어떻게 대해왔나요? 어떻게든 몸을 바꾸고 싶어하지는 않았나요? 내 몸을 흠잡고, 온갖 불평불만을 하며 수치스러워하지는 않았나요? 또, 당신의 깊은 마음속에는 몸에 대한 불만을 표출하는 감정에 중독된 모습이 있지는 않은지 살펴보세요.

3. 외모 문제든 건강 문제든, 지금 몸 때문에 고통받고 있나요? 몸이 밉나요?

외모와 건강은 대체 뭘까요? 외모는 개성의 상징이자 그 무엇과도 비길 수 없는 고유성의 상징입니다. 건강은 고유우주 속 관념들에 대한 허용의 상징입니다. 고유우주를 형성하는 관념들이 가지는 각양각색의 모습들에 대한 허용(사랑)이 내 몸을 통해 표현된 것이 건강입니다. 내 현실을 형성하는 관념들 간에 불화가 심해지거나 균형이 깨지면 몸 또한 망가지기 시작합니다. 그것이 질병이지요.

이제 나의 지난날을 되돌아보세요. 타인의 시선을 통해 외모와 건강에 수치스러운 감정을 느꼈던 적은 없는지 돌아보세요. 수치심을 느꼈다면 왜 그랬을까요? 그리고 그 기준은 누구의 것이었나요? 그러니까, 내가 내 몸에 대해 내린 평가의 기준이 누구의 것이었냐는 물음입니다. 내 것이었나요? 그렇다면 비뚤어진 내 시선을 바로잡으면 됩니다. 남의 것이었나요? 그렇다면 타인의 것을 나의 기준으로 착각하고 있었던 것입니다.

외모는 '천상천하 유아독존'의 개성을 표현하기에 세상에서 가장 존귀합니다. 건강은 나의 고유우주를 형성하는 관념들에 대한 존중과 허용이기에 고귀합니다. 드러난 모습으로서의 외모와 건강을 이리저리 평가하고 단정하기 이전에 당신의 지금 이 모습 그대로가 얼마나 대단한 신비인지를 느껴보세요.

4. 예뻐지고 싶고, 건강해지고 싶나요? 그 멋진 외모와 건강을 통해 경쟁에서 더 쉽게 이겨, 성공적인 자아실현을 이루고 싶나요?

지금의 내 몸을 혐오하고 배척하면서 그런 바람을 가지고 있지 않은지 고찰해보세요. 우리는 이미 부 시크릿 장에서 상대성 안의 어떤 한쪽 부분을 밀어내면 다른 쪽도 밀려난다는 것을 배웠습니다. 지금의 몸을 마음에 안 든다고 배척하면서 새로운 몸을 누릴 자격을 갖출 수 있을까요?

우리의 몸 그대로가 현실입니다. 나는 몸을 얼마나 사랑하나요? 몸을 사랑하는 것은 몸을 이루는 모든 감각과 의식을 사랑하는 것입니다. 그리고 그것은 곧 나의 현실을 있는 그대로 사랑(허용)하는 것입니다. 몸이 간직하고 있던 비밀이 바로 이것입니다. 몸은 나의 현실입니다.

몸을 배척하는 마음은 가끔 가면을 씁니다. 그래서 몸이 아닌 다른 것을 사랑하도록 주의를 돌립니다. 내 몸 아닌 다른 것을 느끼고 체험하는 통로 또한 몸입니다. 하지만 우리는 자신의 몸을 배척하는 동시에 몸이 아닌 다른 것을 원하는 묘한 불균형의 상태에 있습니다. 몸을 인정하지 않으면 다른 부분도 있는 그대로 허용할 수 없습니다. 나의 몸을 인정하지 않으면서 나의 지성을 사랑한다? 나의 몸을 배척하면서 나의 성격을 사랑한다? 나의 몸을 미워하면서 나의 부나 인간관계를 사랑한다? 사실 속고 있는 것입니다. 이러한 관계는 있을 수 없습니다.

이 모든 것은 몸을 거쳐야만, 구체적으로 보자면 몸으로 느껴지는 오감을 거쳐야만 체험됩니다. 그러니 나의 우주를 현실로 체험시켜주는 주인공인 몸을 사랑해야 합니다. 몸과 대화해보세요. 그동안 내가 나의 몸으로부터 주의를 돌리기 위해 다른 어떤 가치를 숭상하고 있었던 게 아닌지를 살펴보세요.

있는 그대로의 사랑, 온전한 허용이란 이 몸을 통해 느껴지는 모든 감각이 있는 그대로 완벽하다는 사실을 매 순간 인정해주는 것입니다. 들려오는 소리, 보이는 시야, 코를 자극하는 냄새, 행복하게 해주는 미각, 몸으로 느껴지는 감촉, 그리고 이 모든 것을 인식하는 의식에 이르기까지요. 나의 몸이 작동하며 표현해내는 모든 느낌, 감정, 의도, 행위가 전체성, 상대성, 동시성 안에서 완벽하다는 사실에 대한 인정과 존중이 있는 그대로의 사랑, 온전한 허용입니다.

지금 당장 몸이 표현해내는 모든 것을 사랑하려 해보세요. 그저 허용하는 것입니다. 이 몸을 통로로 나타나는 모든 것이 그 자체로 존중받을 만하다는 사실을 가슴 깊은 곳으로부터 인정해봅시다. 나는 나의 몸과, 몸을 통해 체험되는 세상 자체를 사랑합니다.

## 5. 병약한 몸에서 벗어나고 싶나요?

첫째, 내 몸에 찾아온 병에 어떤 이유가 있음을 알고, 그 이유를 찾아보세요. 둘째, 내 안의 방어기제 및 결핍의 관념들이 이 몸을 통로로 쓰고 있다는 사실을 깊이 자각해, 그 관념들과 만나보세요. 셋째, 건강한 몸을 그리워하며 지금의 이 병든 몸을 배척하지 마세요. 건강한 몸은 병약한 몸이 회복하며 만들어집니다. 새로운 몸이 어디서 뚝 떨어지길 바라지 마세요. 넷째, 자기 스스로를 회복이 불가능한 병자로 인식하기를 멈추세요. 이 병이 자신의 역할을 다하는 날, 그래서 내가 반드시 깨달아야 할 것을 깨닫는 날, 이 병은 스스로 물러갈 것임을 확신하세요.

◆ 관념분석의 기초 ◆

지금까지 우리는 관념분석의 여러 사례들을 카테고리별로 알아보았고, 독자가 스스로 관념분석을 할 수 있도록 구성한 셀프 코칭 가이드의 질문들도 살펴보았다. 하지만 꼭 필자가 제시한 셀프 코칭 가이드의 질문만을 따라야 하는 것은 아니다. 독자가 스스로 관념분석의 원리를 이해하고, 실제로 활용할 수 있도록 하기 위해 여기에 관념분석의 기초를 간단하게 소개하겠다.

## 1. 상황에 대한 원초적이고 직관적인 인상 파악하기

관념분석을 위한 첫 번째 단계는 무엇일까? 그것은 어떤 상황에서 주도적으로 반복되는 정신작용들을 알아보는 것이다. 가장 먼저 분석해야 할 대상은 삶의 각 카테고리에 대한 원초적인 느낌, 즉 인상이다. 삶의 카테고리를 간단하게 나누면 부, 인간관계, 자아실현 그리고 몸 정도가 될 것이다. 이 카테고리의 주제를 대상으로 하여 원초적인 인상을 알아봐야 한다.

질문 예시: '부' 혹은 '돈'을 떠올리는 순간 원초적으로 떠오르는 느낌과 인상을 적어보세요.

원초적 인상을 도출할 때는 그것이 긍정적인지 부정적인지를 먼저 판단해야 한다. 긍정과 부정은 인간이 자신을 하나의 개인으로 규정할 때 나타나는 최초의 이분법적 분별이기 때문이다. 긍정과 부정으로부터 나에게 좋은 것(유리한 것)과 나에게 나쁜 것(불리한 것)이 분별되기 때문이다. 이러한 분별들이 자기 자신에 대한 규정이 되고, 그에 따라 현실이 펼쳐진다.

답 예시: 긍정적/부정적, 따스하고 포근함/차갑고 두려움, 밝음/어두움, 친밀함/거리감이 느껴짐

## 2. 인상에서 파생되는 생각과 감정 알아보기

생각과 감정은 펼쳐지는 인생의 순간순간마다 온기와 색을 입혀주는 중요한 도구이다. 또한 삶의 의미와 가치를 발견해내는 통로이기도 하다. 우리의 인생에는 이미 어떠한 관념이 작용하고 있기 때문에 주도적으로 반복되는 생각과 감정이 점점 딱딱하게 굳어지고 있을 가능성이 크다. 관념분석의 두 번째 단계는 어떤 관념이 이러한 특정 생각과 감정을 만들어내는지 분석해보는 것이다.

질문 예시: 돈에 대한 원초적 인상으로부터 어떤 생각과 감정이 일어나나요? 또, 그 생각과 감정은 돈에 대한 어떤 관념에 영향받아 나타나고 있을까요?

만약 관념분석의 첫 번째 단계에서 떠오른 것이 부정적인 관념

이라면 부정적인 생각과 감정이 나타난다. 반면, 긍정적인 관념이라면 긍정적이고 희망찬 생각과 감정이 나타난다. 물론 관념들은 여러 가지 연막을 치고 미끼를 던지기도 한다. 하지만 이는 의식의 심층으로 파고 들어갈 때의 일이고, 지금은 일단 단순하게 알아보는 것만으로도 충분하다.

### 3. 생각과 감정에서 생성되는 반응 패턴 알아보기

첫 번째 단계에서 파악한 인상을 근간으로 하여 구체적인 생각과 감정이 생겨난다. 그리고 이에 따라 반응 패턴이 만들어진다. 다시 말해 생각과 감정에 이어지는 반응, 의도, 행위가 일어난다. 예를 들어 돈에 대한 인상이 두려움인 사람은 돈이 없으면 죽은 목숨과 같다는 생각, 궁핍이 마귀 같이 느껴지고 소름 끼친다는 느낌을 가질 수 있으며, 이에 따라 궁핍할 미래를 대비하는 반응 패턴을 만들어낼 수 있다. 물론, 어떤 생각과 감정을 가지는지, 어떤 반응 패턴에 따라 행동하는지는 사람마다 다르다. 한 가지 알아둬야 할 것은, 이 반응 패턴이 행위로까지 이어지면 과거의 패턴이 미래로 이어지는 관념의 윤회가 시작된다는 것이다.

질문 예시: 생각과 감정에 이어서 어떤 반응이 반복적으로 일어나나요? 대부분 어떤 식으로 반응하고, 결정 내리고, 행위하나요?

## 4. 하나의 관념으로 정리하기

지금까지 분석해본 당신의 모든 인상, 생각, 감정, 반응 패턴을 한 문장으로 정리해보자. 그 문장 자체가 당신이 지닌 하나의 관념이다. 그것이 당신의 현실에 대한 진술이자 당신의 존재 상태다.

질문 예시: 위의 모든 과정을 종합해보세요. 당신이 가지고 있는 부에 대한 관념은 무엇인가요?

이제 어떤 뿌리 관념에서부터 지금의 상황, 느낌(인상), 생각, 감정, 반응, 의도, 행위가 나왔는지를 더욱 깊이 알아가야 한다. 하나의 관념은 그보다 더 깊은 뿌리 관념들로부터 파생되기 때문이다. 이 과정은 관념의 형성 과정과 작용 메커니즘에 대한 이해가 깊을수록 용이해진다. 이 과정에는 매우 정교한 추적 과정, 그리고 비이원성에 대한 이해가 필요하다. 관념분석 사례를 중심으로 다루는 이 책에서 이런 깊은 이해까지 다루지는 않겠다. 위에서 제시한 과정을 따라 자신의 일상을 분석적으로 추적하는 행위를 반복하라. 이를 반복하면 할수록 눈이 열리기 때문이다. 반복보다 큰 힘은 없다.

## 5. 내면 정화

관념분석은 단지 분석에서 그치는 것이 아니다. 분석만큼이나 그 관념을 어떻게 재처리할 것인지도 중요하다. 이 과정을 내면 정화라고 부를 수 있다. 내면 정화는 보통 대화 형식으로 진행된

다. 관념이나 상처받은 감정들을 인격으로 받아들여 내면아이화
하는 것이다. 하지만 비이원성에 기초한 내면 정화는 여타의 내
면 정화작업과 차별되는 특징이 하나 있다. 바로, '정화의 대상을
정화해야 할 것으로 바라보지 않는 마음'이다.

## 정화 대상은 더럽거나 없애버려야 할 것이 아니다

'정화'라는 단어는 얼핏 들으면 매우 좋은 말 같다. 하지만 정화라
는 말 속에는 정화의 대상을 깨끗하게 해야 할 더러운 것, 잘못된
것으로 바라보는 시선이 숨겨져 있다. "너는 더럽고 잘못된 녀석
이니 내가 깨끗하게 해줄게"라는 마음으로 관념을 대하면 진짜
정화가 일어나지 않는다. 이 마음 자체가 대상을 배척하는, 부정
성의 마음이 쓴 가면이 될 수 있기 때문이다. 정화의 궁극은 '정
화의 대상을 가지지 않는 시선' 자체에 있다.

우리가 해야 할 것이 정화가 아니면 무엇일까? '승화'이다. 승화
는 어떤 현상이 더 높은 상태로 발전하는 것을 뜻한다. 승화의 마
음은 절대로 관념들을 단죄하지 않는다. 승화란, 대상이 지니는
의미와 가치를 새롭게 발견해주는 마음이다. 내 삶을 부정적으
로 물들였던 관념들이 그럴 수밖에 없어 그랬음을 인정하고, 그
들이 상대적, 전체적으로 온전한 가치를 지니고 있음을 받아들
이는 대허용의 마음이다. 부정성은 이와 같은 허용의 마음 안에
서만 변화될 수 있다.

부정적 관념들은 부정성을 표현하는 역할을 맡고 있다. 따라서
그들은 맡은 역할을 다했을 뿐, 아무런 잘못이 없다. 부정성에는
중요한 속성이 하나 있다. 바로, 배척받고 미움받아야 하는 속성

이다. 부정적인 관념들은 오히려 미움을 받아야만 자신들의 존재를 유지할 수 있다. 따라서 부정성은 부정을 통해 부정될 수 없다. 그렇다면 부정성은 언제 변화하게 될까?

## 부정성은 대허용의 마음을 통해 변화한다

부정성은 전체성 안에서 그것이 가지는 상대적 가치가 온전히 허용될 때 변한다. 부정되어야만 유지되는 관념이 허용되니 더 이상 그 형태를 유지할 수 없는 것이다. 따라서 부정적인 관념, 그로부터 파생된 결핍된 현실을 변화시키는 진정한 힘은 배척이 아니라 허용의 마음이다. 이를 두고 관념의 정화가 아닌 승화라고 부른다.

부정적인 관념이 승화되었을 때, 그것들은 자연스럽게 그 상대적 모습인 긍정적인 관념들로 재규정된다. 부정적인 관념을 정화의 대상으로 간주해 치워버리고 그 자리에 새로운 관념을 심어 넣는 것이 아니라, 그것의 또 다른 얼굴과 이름이 긍정적인 관념이라는 사실을 알아야 한다. 그러나 이와 같은 마음은 온전히 관념들의 입장이 되어볼 때 비로소 알 수 있다. 따라서 내면 소통 시에는 온전히 내면아이들의 입장이 되어주어야 한다.

사람은 고쳐 쓰는 게 아니라는 말이 있다. 하지만 이와 같은 견해는 비이원성의 세계에서는 통하지 않는다. 비이원의 마음은 "사람(관념, 현실)은 고쳐 쓰는 것"이라는 앎이다. 비이원성에 기반한 치유 작업이 가지는 특징이다. 관념분석의 분석 파트는 바로 이와 같은 허용과 재규정을 위한 사전 작업이다.

## 관념의 재규정

허용 작업이 제대로 이루어지면 마음속에서 이제까지 외면해왔던 관념들에 대한 사랑이 일어난다. 그 사랑은 마치 부모의 마음과 같다. 이제껏 고생했던 자식들(부정적인 역할을 맡아야만 했던 관념들)의 노고를 치하하고, 그들에게 새로운 것을 선물해주고 싶은 마음이다.

누군가를 깊이 사랑해본 적이 있는가? 그럼 뭐라도 해주고 싶어진다. 상대방의 존재 자체만으로도 기쁘며 그를 위해 선물을 준비하고 싶어진다. 이 마음과 같다. 부정적인 관념들을 허용하고, 품어 안아 위로하고, 사랑이 깊어지면 그들을 자연스럽게 새로운 모습으로 인식하게 된다. 이 과정이 바로 관념분석의 피날레인 '관념의 재규정'이다. 현실은 이렇게 재규정된 관념을 따라 변하기 시작한다.

◆ 맺음말 ◆

이 책을 쓰기 시작한 지 벌써 2년에 가까운 시간이 흘렀다. 그간의 수고들을 양분 삼아 또 한 권의 책이 나왔다. 매번 책을 쓰면서 느끼지만 글을 쓴다는 것은 참으로 어려운 일이다. 특히 필자는 쉬운 말을 어렵게 하고, 어려운 말을 더욱더 어렵게 하기로 명성을 날리고 있었던 바, 편집 과정에서 너무나 수고해주신 정신세계사 편집자님과 대표님께 이루 말할 수 없을 정도의 감사를 전하고 싶다. 그저 끄적거리며 적었던 한글 파일을 예쁜 책으로 탈바꿈시켜주신 디자이너님께도 그저 감사할 뿐이다. 이제 책을 끝내며 독자분들께 꼭 하고 싶은 몇 가지 이야기를 들려드리려 한다.

이 책은 관념분석을 소개한 책이다. 겉으로만 보면 여타 심리치료 기법들과 별다르지 않아 보일 수도 있다. 하지만 관념분석은 일반적인 심리치료 기법과 결정적인 차이점이 하나 있다. 바로, 전체적인 관점 자체가 다르다는 것이다. 똑같은 분석적 사고라도 이원적 관점에서 바라보느냐, 비이원적 관점에서 바라보느냐에 따라 접근방식과 적용과정 그리고 결과물이 크게 달라질 수 있다. 원인이 먼저 있고 그 후에 결과가 생긴다는 생각, 즉 원인과 결과의 이분법적 인과율에 익숙한 현대인들의 사고방식으로는 그것들이 상대성 안에서 동시에 존재하는 하나라는 생각에 익숙해지기가 쉽지 않다. 그래서 관념분석은 어려운 작업이다.

관념분석의 핵심은 단순히 어떤 현상의 원인의 원인을 찾아 기계적으로 해결하는 데 있지 않다. 원인의 원인을 찾아내고 분석하는 과정은 그들을 뽑아내고 치워버린 다음, 내 입맛에 맞는 새로운 것을 심어주기 위해서가 아니다. 오히려 그들의 사정을 이해하고 품어주기 위한 과정이다. 따라서 단순한 이성적 접근이 아니라 열린 가슴이 필요하다.

우리 안의 진실은 이원적인 사고방식으로는 미처 알아챌 수도, 제대로 이해할 수도, 합리적으로 해결할 수도 없는 부분이 분명히 존재한다. 그 부분을 해결할 수 있는 연결 고리가 바로 비이원적 사고방식으로의 전환이다. 이 같은 관점의 전환을 '메타노이아metanoia'라고 부른다. 이 단어는 신약 성경에서 예수께서 외치신 "회개하여라"라는 표현의 그리스 원어이다.

이 책은 이원적 관점에서 비이원적 관점으로의 전환을 위해 쓰인 책이다. 이 과정이 어떻게 진행되고, 또 얼마나 지난한 과정을 거쳐야 하는지를 알려주는 책이기도 하다. 실제로 나는 수많은 사람들과 작업을 하면서 기존의 관념들이 이러한 전환에 저항하는 모습을 많이 봐왔다. 따라서 이 글을 읽는 독자 역시 책에서 얻은 바를 소화하는 과정에서 많은 저항과 어려움을 겪을 수도 있다. 하지만 절대로 포기하지 말라고 당부하고 싶다.

무언가를 시작한다는 것은 어찌 됐든 이미 존재하는 어떤 결과에서부터 펼쳐지는 것이다. 지금 나의 시작이 중도 포기로 끝난다면 얼마나 애석한 일인가? 그러니 단순히 글자를 읽고 지적인 호기심을 충족시키는 데서 끝내지 말고, 반드시 한 글자 한 글자 꼭꼭 씹어 소화시키기를 바란다. 자신을 신뢰하며 이 작업을 해

나간다면 당신의 삶은 반드시 변한다. 또한 내 삶이 어떤 의미와 가치를 담고 있었는지를 깨닫고, 매 순간 감탄하며 삶을 살아갈 수 있을 것이다.

자기 자신에게 감탄해본 적이 있는가? 모든 존재는 감탄할 만한 존재이다. 그런 삶을 사시기를 바란다. 이 책을 읽는 모든 분들의 성장을 기원하며, 독자에게 남기고 싶은 문장 하나와 함께 이만 글을 줄인다.

"당신은 고된 현실 안에 갇혀 있는 존재가 아닙니다. 오히려 현실이라는 무대를 창조하는 자입니다."